U0498972

主　编：陈　恒

光启文库

光启随笔

光启文库

光启随笔　　光启讲坛

光启学术　　光启读本

光启通识　　光启译丛

光启口述　　光启青年

主　编：陈　恒

学术支持：上海师范大学光启国际学者中心

策划统筹：鲍静静

责任编辑：陈　雯　　刘雨君

问道东西

纽约聊斋随笔

洪朝辉 著

商务印书馆
The Commercial Press

图书在版编目（CIP）数据

问道东西：纽约聊斋随笔 / 洪朝辉著. — 北京：
商务印书馆，2024
（光启文库）
ISBN 978 - 7 - 100 - 23635 - 5

Ⅰ. ①问… Ⅱ. ①洪… Ⅲ. ①文史哲 — 文集
Ⅳ.①C53

中国国家版本馆 CIP 数据核字（2024）第083353号

问 道 东 西
纽约聊斋随笔

洪朝辉 著

商 务 印 书 馆 出 版
（北京王府井大街36号 邮政编码 100710）
商 务 印 书 馆 发 行
山 东 临 沂 新 华 印 刷 物 流
集 团 有 限 责 任 公 司 印 刷
ISBN 978 - 7 - 100 - 23635 - 5

2024年8月第1版　　　开本 889×1194　1/32
2024年8月第1次印刷　　印张 10¼
定价：78.00元

出版前言

梁启超在《清代学术概论》中认为，"自明徐光启、李之藻等广译算学、天文、水利诸书，为欧籍入中国之始，前清学术，颇蒙其影响"。梁任公把以徐光启（1562—1633）为代表追求"西学"的学术思潮，看作中国近代思想的开端。自徐光启以降数代学人，立足中华文化，承续学术传统，致力中西交流，展开文明互鉴，在江南地区开创出海纳百川的新局面，也遥遥开启了上海作为近现代东西交流、学术出版的中心地位。有鉴于此，我们秉承徐光启的精神遗产，发扬其经世致用、开放交流的学术理念，创设"光启文库"。

文库分光启随笔、光启学术、光启通识、光启讲坛、光启读本、光启译丛、光启口述、光启青年等系列。文库致力于构筑优秀学术人才集聚的高地、思想自由交流碰撞的平台，展示当代学术研究的成果，大力引介国外学术精品。如此，我们既可在自身文化中汲取养分，又能以高水准的海外成果丰富中华文化的内涵。

文库推重"经世致用"，即注重文化的学术性和实用性，既促进学术价值的彰显，又推动现实关怀的呈现。文库以学术为第一要义，所选著作务求思想深刻、视角新颖、学养深厚；同时也注重实用，收录学术性与普及性皆佳、研究性与教学性兼顾、传承性与创新性俱备的优秀著作。以此，关注并回应重要时代议题与思想命题，推动中华文化的创造性转化与创新性发展，在与国外学术的交流对话中，努力打造和呈现具有中国特色的价值观念、思想文化及话语体系，为夯实文化软实力的根基贡献绵薄之力。

文库推动"东西交流"，即注重文化的引入与输出，促进双向的碰撞与沟通，既借鉴西方文化，也传播中国声音，并希冀在交流中催生更绚烂的精神成果。文库着力收录西方古今智慧经典和学术前沿成果，推动其在国内的译介与出版；同时也致力收录汉语世界优秀专著，促进其影响力的提升，发挥更大的文化效用；此外，还将整理汇编海内外学者具有学术性、思想性的随笔、讲演、访谈等，建构思想操练和精神对话的空间。

我们深知，无论是推动文化的经世致用，还是促进思想的东西交流，本文库所能贡献的仅为涓埃之力。但若能成为一脉细流，汇入中华文化发展与复兴的时代潮流，便正是秉承光启精神，不负历史使命之职。

文库创建伊始，事务千头万绪，未来也任重道远。本文库涵盖文学、历史、哲学、艺术、宗教、民俗等诸多人文学科，需要不同学科背景的学者通力合作。本文库综合著、译、编于一体，也需要多方助力协调。总之，文库的顺利推进绝非仅靠一己之力所能达成，实需相关机构、学者的鼎力襄助。谨此就教于大方之家，并致诚挚谢意。

清代学者阮元曾高度评价徐光启的贡献，"自利玛窦东来，得其天文数学之传者，光启为最深。……近今言甄明西学者，必称光启"。追慕先贤，知往鉴今，希望通过"光启文库"的工作，搭建东西文化会通的坚实平台，矗起当代中国学术高原的瞩目高峰，以学术的方式阐释中国、理解世界，让阅读与思索弥漫于我们的精神家园。

上海师范大学光启国际学者中心

2020年3月

自 序

纽约聊斋（New York Academic Forum）以我家为基地，于2016年11月成立，属于一个学术交流和社交娱乐的平台。2020年3月之后，因新冠疫情走到线上，无意中吸引了来自全球各地的众多听众。借设计讲座、邀请嘉宾的便利，更利用担任主持人、与谈人和主讲人的机会，我围绕相关主题即兴、即时分享了一些体会，现梳理和编辑成册，既供自己留存，也做公开分享。

首先，为了折射纽约聊斋的定位、特点和状态，我将自己在2020年、2021年、2022年和2023年11月的纽约聊斋年庆仪式的简短讲话，重新整理，作为自序的一部分。

2020年感言

我们共同的baby四岁了。除了感谢、感恩，就是感叹。主要有三点感叹。

第一，一个人做点好事真的不难。2016年7月1日，我从偏远的地处印第安纳州的普渡大学，闯进纽约这个大观园，但在不到四个半月的时间里，竟然在这个地生但人不生的大纽约，得到朋友的帮助，把纽约华人中的诸多精英集结在纽约聊斋的大家庭。非常感谢和感恩大家的不离不弃，帮助我们成就了一件简单的好事。

第二，一个人长期不做"坏事"有点难。过去四年，曾经多次想放弃，想去干点"坏事"、博点眼球、造点热点，但四年来，在各位高人的指点和支撑下，我们响应了谷歌（Google）的初衷：不作恶（Don't be evil）。所以，可以毫不夸张地说，我们过去40期的沙龙不能说完美，但我们守住了底线：不做坏事！

第三，我们长期做好事、不作恶，主要得益于三项基本原则。一是毫不利己、专门利人，心地坦然地把沙龙当一份公益事业来经营，不以人多而喜，不以客稀而忧，一切随缘。尽管我们这些书生没有财力，也没有蛮力，但我们有口力、有智力，能够扬长避短地做一些文化公益、学术慈善。二是谨慎选择嘉宾和题目，尽量做到三平衡：时效性与学术性、趣味性与知识性、争议性与平和性。争取雅俗共赏、通俗易懂。三是建立宽容、轻松、愉快、干净的沙龙生态，我们不突出学术批判、针锋相对，在当今高校和社会，我们不缺批判的张力，缺的是心平气和的交流与学习，少的是好好说话和耐心听话的习惯。我们提倡辩论是非的时候，尽量做到十字：温良恭俭让、仁义礼智信。退一步，和为贵，追求最大公约数。

2021年感言

纽约聊斋五岁了，有关其身份（Identity）这个大问题，我非常赞赏哥伦比亚大学高琴教授的归纳：我们聊斋是一个三跨小群，一是跨学科，因为我们的主讲人已涉及了十二大学科；二是跨国界，过去五年，我们的50多位主讲人和100多位主持人、与谈人、点评人来自中国大陆、香港、台湾，以及美国、加拿大、澳大利亚，其中涉及中国大陆13所大学和美国21所大学；三是跨代际，因为我们主讲人的年龄跨度整整六十年，从"30后"到"90后"，可谓"三代同堂"。下面我想分享五年来生聊斋、养聊斋、玩聊斋的内心感受。

第一，忽悠不是万能的，但没有忽悠是万万不能的。这个忽悠是双向忽悠，第一个忽悠是我自己忽悠自己，在困难的时候，常想到光明，遇到毒舌的时候，就多想想阿Q，你们各位都有很高的IQ和EQ，但我有阿Q。过去五年，我常用精神胜利法，不断地自我忽悠、自我表扬。第二个忽悠来自聊斋的旧雨新知，他们常常给我们来点高级红，什么这是一个"伟光正"的园地，不要停下、不能躺平。正是在这种内外的双重和双向的忽悠下，聊斋跌跌撞撞走了五年。

第二，适度和中端能够帮助我们走得更远。我们一方面拒绝低俗、庸俗和媚俗，另一方面也绝不追捧高端，不求大起来、强起来，也不想富起来，期待的状态就是适度，中游荡荡、胜过天堂。大家千万不要轻忽适度两字，正因为适度，我们才能好好说人话、静静听人话，我们交流、交心，但不交战、交锋；也正因为适度，有助于我们兼容、包容、宽容，因为我们的主题不偏激、不极端，允许主讲人选择性、概括性地回答听众的问题，而非每问必答，避免不必要的张力，而且，我们坚持上线不登记注册，不屏蔽观众信息，不对观众封口，也不对来宾封脸，斋门洞开，构建一个开放、轻松的交流环境。同时，我们不碰钱，既不向听众收费，也无报酬给主讲人，这样，主讲人少了负重感，听众也能够感受义务演讲的主讲人那颗做公益的心、那份积功德的情。正因为这些机制的建立，我们聊斋的主讲人源源不断，我们的讲座已经排到了2022年10月，很多主讲人先是带着好奇的心理，拿一条板凳，当一下听众，接着被我们主讲人的魅力感召，成了与谈者，然后，就顺理成章地成了我们尊敬的主讲人，与聊斋这座小庙同呼吸、共命运。

第三，尽管我们聊斋的前途不一定光明，但道路也不会太曲折，因为我们随时可能退出网上江湖，再度回到我们家庭沙龙或线下沙龙的模式。正因为我们的心态是佛系的、无为的，所以，我们需要珍惜当下，不管你来自何方，趁我们聊斋还在呼吸，多多给我们一些关注、关照和关爱，有力的出个力气，有才的出个才气，但不要来出怨气和怒气，共同维护和谐、快乐、趣味横生的学术和社交园地。

2022年感言

过去六年我们有缘、随缘、惜缘在聊斋，追求的是调性一致——格调、情调、腔调，所谓同声相应、同气相求。同时，也请大家一年一次，片面、肤浅、沉重地体会一下我们这些主办聊斋义工们的功劳、苦劳与疲劳！

有人问：聊斋在这么一个恶劣环境下，能够苟延残喘六年的原因是什么？我的体会是不碰钱，没有了物质利益的纠葛，各路朋友就来帮助。今天，聊斋已经无为而又无序地生长六年了，明天开始，聊斋就要进入"七年之痒"，能否止痒，后继是否有力，就靠大家给力了。

随着疫情的缓解，大家对我们聊斋的未来命运也很关心，追问：明年的聊斋准备怎么走？世事多变，无人可以预知明天，我只能说，你也走，我也走，跟着感觉摸石头，希望做到不卷、不跑、不躺平，最多告别云上江湖，不带走一片云彩，逐渐回归线下。

我们聊斋是从家庭作坊开始的，一直在与时俱进、不断创新。当疫情来袭，我们从线下的私密活动走到线上的对外开放，现在，我们已实现与病毒同生共长的新常态、新生态，便于我们恢复最自在、更轻松的线下聚会。但我们不搞一刀切，会以2023年作为过渡，线上线下、社会面、私交面，交叉举行、适度平衡。大致计划，明年线上和大家约会的频率控制在一月一次，继续强调质量和聚焦，奉上叫好又叫座的话题，还望各位老朋友、新朋友、好朋友多多捧场。

说到"聊斋"，大家就想到"志异"，所谓的"聊斋志异"，在此，我确实必须"致意"，但此"致意"非彼"志异"，我们要向学术致意、向快乐致意、向所有支持我们的朋友致意，更向在疫情中乘风破浪的兄弟姐妹们致意。至于鬼、神、狐、仙之类，就免了！

最后，让我们举杯不干杯、喝酒不喝醉、保重更保健。

2023年感言

聊斋小儿七岁了，这意味着聊斋从幼儿进入少年，从幼儿园进入小学了。七年来，纽约聊斋共举办线上线下讲座101期，其中疫情之后推动的线上讲座是65期。过去一年，我们成功地走出了一条适度、中端的聊斋新模式：既照顾线上的五湖四海，也满足了线下的纽约同仁，一共举办了20期，正好一半线上、一半线下，相得益彰。纽约聊斋能够健康、喜乐地活到今天，不外三个原因。

第一，无名。纽约聊斋不是一个组织，所以就不需要选任一批有可能为争名而斗的会长、副会长、董事会董事长、理事会理事长、监事会监理长等。既然没有位子，也就无位可争、无名可图，更没必要玩什么公平、公正、公开的选举，投票之类的游戏。民主尽管是个好东西，但也是个贵东西。

第二，无钱。纽约聊斋没有账户，自然就没有一分钱，也不需要一分钱，所有聊斋朋友皆为义工，选择主题、邀请嘉宾、组织讲座、后台技术、广告制作、公众号打理等，清一色的公益。而且，所有主讲人都是公益奉献，他们不取分文。我们所有的线下聚会和聚餐，基本实行AA制。正因为无利可图，所以参与聊斋的朋友们，动机纯洁、目的纯正，那就是文化启蒙、学术交流、结交朋友，聊斋也成为一个没有功利心、铜臭味的学术、社交和娱乐的平台。

第三，无争。这是一个逻辑的因果关系：正因为没有名、没有利，于是就没有争斗的理由和土壤。尤其在今天两极分化、非黑即白的环境下，我们聊斋始终坚持和保持了温良恭俭让、仁义礼智信的十字传统。而且，我们还保持了一个非常自由、轻松、平等、开放的聊斋文化，任何产官学的大咖来到我们聊斋，立即被我们的三不文化所同化：不装、不假、不端。如果不适应或者不喜欢，自然就不再光顾聊斋。这就是聊斋文化不断磨合与养成的过程。

时值聊斋诞辰，我内心充满感恩，有时有一种恍惚感：聊斋何德何能，让这么多学界和非学界的兄弟姐妹们，不离不弃、一路相挺？或许说明，我们的三无理念（无名、无钱、无争）吸引了大家，我们高水准的学术供应适应了大家的需求，我们的三不文化（不装、不假、不端）得到了许多人认同。尽管"三无"和"三不"是我们的底色，但我们还是拥有"四有"：有知识、有文化、有思想，更有快乐。我们不主张什么"无欲则刚"，这年头，要刚做什么？我们提倡无欲则乐，快乐、幸福才是我们人生的终极目的。所以，在这里，我们宣誓：2024年，我们继续下不网线，与大家一起挺过"七年之痒"，迎接聊斋八岁生日的到来。

　　这本小书属于随笔集，分四个部分。一是纽约聊斋的拳头产品，即民国名人篇，侧重民国政治、学术和社会各界名人，雅俗共赏、深浅合宜。二是文史哲观篇，属于民国时期以外的古代和现代的文史哲主题，学术性和通俗性兼顾。三是多学科交流篇，它不按年代分类集结了一些非文史哲的主题，从科技到金融、从政治到经济，以及从教育到媒体，杂而有序、博而有约。四是经济思想篇，如果前三部分属于我的点评和与谈的心得集成，旨在为主讲人抬轿，那么此部分是我主讲内容的编辑，侧重于经济思想史的研究等。每部分之首，有一段序语，介绍基本学术背景和知识；每部分又由三大分类主题构成，便于读者择要和择需选读，全书形成章节目的三大层次，既相互联结，又可独立成篇。

　　随笔属于"快餐"作品，淡化学术、侧重通俗，便于将学术请下象牙塔，接近地气、贴近大众。所以，文章的有关注释与出处大多省略，除非极为必要。

　　纽约聊斋云集了多个学科学者和专家，在三年疫情期间，为跨文化的学术交流提供了一个机会和平台。借此机会，非常感谢参与纽约聊斋的主讲人，他们对本书的内容都提供了指教、启发和帮助，按姓氏笔画，他们包括历史学学者王奇生、王希、王笛、牛军、刘亚伟、杜春媚、李怀印、李玺林、张信、陈丹丹、陈怀宇、林小青、林少阳、金光耀、袁清、董存发等；文学学者李同路、杨早、沈澜、陈言、季剑青、袁一丹、钱志熙、凌云岚、黄仕忠、黄易居、商伟等；哲学学者郑开、董平、韩爱国等；戏剧学者冯伟、吕锁森、江棘、张诗洋、傅谨等；教育学学者万毅平、关小茹、林晓东、俞立中、钱高垠等；法学学者沈岿、季卫东、於兴中等；以及其他学科的学者与专家王昊辰、王雪磊、刘宇、刘嫄、孙宇政、张晓玲、罗小朋、周子梅、荣剑、俞燕敏、骆宁、顾晓光、高琴、黄亚生、曹力群、程健等。还有许多主讲人的主题，因为本书没有涉及，所以就不一一列举他们的名字了。很感谢上海师范大学的陈恒教授，以及商务印书馆的鲍静静、陈雯和刘雨君的鼎力相助。特别需要感谢的是我太太沈澜教授，她是纽约聊斋最大的幕后功臣，也是本书第一个读者和编者，我从中受益匪浅。

当然，本书出现的所有错误皆由本人负责。

洪朝辉

2023年11月于纽约

目录

民国名人篇

民国名人篇

序 语

纽约聊斋已经组织了20多场关于民国名人系列的讲座，大致包括政界和军界名人蒋介石、顾维钧、熊式辉、郑介民、徐永昌；文化名人陈寅恪、周作人、沈从文、辜鸿铭、梅兰芳、齐如山、王重民、袁同礼、汪曾祺、张爱玲、蔡元培、丰子恺、刘大白、章太炎；社会名人杜月笙；洋名人杜威、史迪威、马歇尔；还有一位小人物王伯衡等。

纽约聊斋对民国名人的兴趣源于三个理由。

第一，民国是一个类似狄更斯《双城记》所描述的：这是一个最好的时代，这是一个最坏的时代；这是一个最光明的时代，这是一个最黑暗的时代。只有38年历史的民国，是中国历史上精彩、多元、跌宕起伏的转型时代。如今有"复兴中华"之说，"复兴"与"振兴"是两个概念，"振兴"是往前看，"复兴"是向后找，比如文艺复兴的目标是古希腊，孔子克己复礼的复兴目标是西周。那今天"复兴中华"该定位在哪个时代？也许不再是某个特定的朝代或时代，而是选择性地集合各个时代的长处，如春秋战国时代的百家争鸣、汉唐时代的强国地位、1840年前的不落后不挨打、20世纪80年代激情燃烧的改革开放岁月，当然，民国时代的社会、政治、文化和思想的全方位多元不能缺席。

第二，中美文化交流正处于困难时刻，民国是中美两国学者专家能够找到最大公约数的一段历史，无论美国共和党、民主党，还是中国共产党、国民党都可以并有兴趣聊聊这一时代的主题，因为民国历史的课题，五色缤纷，又有恰到好处的可谈性和历史距离，大家可以各取所需，多重讨论。

第三，重要的历史时期需要重要人物作为窗口予以窥探和反射，而有了名人做衬托，就会增加公共讲座的趣味性和故事性，达到叫好又叫座的双重效应。需要一提的是，我们聊斋走的不是纯学术路线，而是雅俗共赏的专业路线。我们的来宾，整体上是三百六十行的专家，但我们的主讲人一定是某一个领域的专家，他们大多拥有与演讲主题有关的专著。不过，他们的演讲一般都会比较接地气，擅长浅入深出，而不是深入浅出，因为一开始太深入，容易把一般的听众吓跑，后来想浅出的机会都没了，毕竟我们是一个公益性和公众性的平台。

本篇汇集了我作为主持人或与谈人的即兴随感与杂谈，侧重于探求顾维钧、王重民、袁同礼、徐永昌、蔡元培、蒋介石、杜月笙、沈从文、辜鸿铭、陈寅恪、周作人、梅兰芳、章太炎和杜威等民国中外名人的独特人生。

民国名人与美国

顾维钧外交魅力

如果我们对中美关系和国际关系感兴趣的话，就需要了解民国第一外交家顾维钧。在进入主题前，我想分享一下史学界的一大学派：修正学派（Revisionism）。我的博士论文导师埃尔伯特·B. 史密斯（Elbert B. Smith），就曾是修正学派的领军人物之一。这一学派认为：许多重大历史事件和外交事件主要是由各种主观因素、偶然因素、人为因素决定的，即与所谓的蝴蝶效应（Butterfly Effect）有关，而非客观因素。这一学派是对古希腊斯多葛派（Stoicism）的反动，因为斯多葛派强调所有外在的事件都是由命运决定的，个人无法掌控。

修正学派起源和流行于"二战"后，因为面对"二战"耗损几千万生命、摧毁无数城市的惨痛经历，一些学者竟然强调这是必然的、不可避免的，或迟或早都会发生，客观世界的政治、经济、社会、战略都决定了这一结局。作为亲历"二战"的老兵，我的导师绝对无法接受这种观点，他强烈抨击那些过于强调客观因素、推崇经济决定论的学者，认为他们其实就是一些宿命论的信奉者，因为在他们眼里，你我他的人为努力是没有多大意义的，一切听天/规律由命！

于是，修正学派就开始寻找重大历史事件发生的主观原因、心理原因、偶然因素，有了这样的视角，人们就会发现导致人类灾难的那些主观因素一直存在，而且都是可以纠偏、预防和避免的，这就给了我们一种积极和乐观的历史观，也就是说，面对险恶的客观环境，通过主观努力，我们至少可以最小化危险、最大化机会。

除了修正学派理论外，我想聊聊与这个学派有关的一个故事和案例，那就是中美的乒乓外交，这与顾维钧的外交理念存在关联。我曾研究过乒乓外交与蝴蝶效应，发现当时所有的客观条件，都无法使人相信，中美会在无产阶级"文化大革命"正进行得如火如荼的1971年，通过乒乓这一小球，转动中美外交和世界大势的大球。其中多位大小人物的主观和偶然行为起了很关键的作用，这里既有四位大人物的影响，包括毛泽东、周恩来、尼克松和基辛格；也有五位小人物的作用，包括日本乒乓球协会会长后藤钾二、毛泽东的护士长吴旭君、中国代表团秘书长宋中、中国运动员庄则栋、美国运动员科恩；但更重要的是一位类似顾维钧的外交官，美国驻日本大使馆的政治处一等秘书坎宁安（William Cunningham），我们常常忽略这个小外交官的历史性作用。

我曾经在1999年1月28日采访当时在休斯敦的坎宁安。他说，1971年4月7日上午10点30分，美国乒乓球队的副团长哈里森（Rufford Harrison）从中国代表团秘书长宋中那里得知，在日本参赛的美国队已被邀请访华，但哈里森当时找不到美方团长。于是，哈里森立即打电话给美国驻日本大使，希望立刻得到明确的指示。但因为是周末，大使不在，只有一等秘书坎宁安在值班。对于如此重大的事件，坎宁安完全可以推卸责任，静等大使回来做决定。但是，时间不等人，因为美国队原计划第二天一早（4月8日）就回国，而被邀访华的时间是4月10日。对此，一向以服从为天职的外交官坎宁安，大胆承担责任，毫不犹豫地鼓励和支持美国队访华，明确提出，美国队访华与美国的外交政策不相抵触。

在采访中，坎宁安提到他当时绝对无法预测和想象，周恩来总理会同意接待美国代表队。当然，他更不会知道在4月6日深夜，毛泽东在吃了安眠药后的昏昏欲睡状态下，会叫吴旭君转告周恩来，立即、马上邀请美国队访华。但坎宁安说，他可以断定，如果美国队拒绝邀请，中美关系的破冰可能将推迟很多年，或者可能造成一场外交灾难。

难怪后来基辛格大力赞扬坎宁安的大胆和勇气，并说如果他是坎宁安，是绝对不敢做出这个重大决定的。结果，就是这位不按外交牌理出牌、擅自同意美国队访华的小小外交官，为美国队争取了时间，保证了乒乓外交的顺利进行。这就是外交官在关键时刻的关键作用。

将修正学派的理论和乒乓外交的故事运用到对顾维钧外交风格的理解，似乎可以有下列几个要点，值得关注。

第一，位卑言轻的小外交官往往更能放下包袱，开拓进取。在1919年巴黎和会中国代表团五个成员中，顾维钧的年纪最轻，资历也很浅，原本轮不到他去面对西方列强，代表中国发表演讲。但当时的其他代表要么没有准备，要么临阵退缩，这正好给了有准备的顾维钧"以公理争强权"的机会，这与年轻的坎宁安所起的作用，存在异曲同工之妙。

第二，外交官积极和乐观的心态很重要。弱国无外交是当时的共识，但顾维钧能辩证地认识弱国与强国的两重性。一方面，弱国的弱虽客观存在，但外交官高超的外交技能和修养，能够弥补国力的不足，因为弱国者，不可、不能、不该松懈。而且，正因为客观的实力不足，更需要主观的外交助推。而弱国外交一旦有所进取，弱国往往更懂得珍惜和利用，相反，强国容易傲慢、大意，而大意者，比较容易失荆州。

第三，外交官要避免匹夫之勇，要懂得妥协。顾维钧深得中国的中庸和妥协之道，在外交上，他坚决反对"宁为玉碎，不为瓦全"的匹夫之勇，因为这块玉代表了国家，国家决不能轻言被粉碎，所以，只能多多追求瓦全。而且，顾维钧主张外交妥协需要把握适度的区间，当你想要的目标实现了51%时，尤其需要谨慎。似乎，外交和政治谈判也需要遵循黄金分割率，61.8%是临界点，之后，需要慎之又慎，千万不要奢望得到你想要的100%，赢者通吃的游戏是很危险的。亚里士多德有一段名言：如果你要2，我要10，最好的具有德性的适度就是6，因为如果我拿到10，你拿到0，表面上我赢了，但有可能只是赢了一场短期的战役，而有可能输掉一场长期的战争，因为输得精光的对手，最后必定铤而走险、兵戎相见。

由此，我想起诺贝尔经济学奖得主谢林（Thomas Schelling）在论述博弈论时的名言：你可以向对方举枪，但谁先开枪，谁就输了。不开枪而屈人之兵，那才是真正的高手。这其实也是如何平衡见坏就上、见好就收的关系。一般而言，见坏就上比较容易，但见好就收就很难，这里体现了一个外交官掌握适度的有理、有利、有节是多么重要。外交官不是万能的，但没有适度、修养、智慧，外交官是万万难以成功的。

我觉得顾维钧的名言"以公理争强权"这六个字，含金量很高，值得细细体会。这六字真言的原始出处是顾维钧在哥伦比亚大学求学时，于1911年在哥大的《留美学生年报》上发表的一篇文章《中国外交私议》，他提到："当今之世虽曰有强权无公理，然国际交涉之时诚能以公理争强权，则强权者亦不能以一手掩天下之目，而抹杀公理也。"这一铿锵金句可以引出很多感想。

首先，当弱国与强国博弈的时候，需要知己知彼。当时的中国积弱积贫，而西方则既是强权，又在理论上、道义上、口头上主张公理，掌握着强大的话语权。这里"公理"的"公"，应该是指公平、公正、公道，这里的"理"应该是指理念、理论、理想，尤其是，巴黎和会期间美国的总统威尔逊是民主党出身，他曾与老罗斯福一起，成为美国左翼进步主义运动的领袖。所以，顾维钧强调，在外交交涉时，弱国需要实施以彼之矛、攻彼之盾的策略。鉴于当时的西方人不敢公开反对自己所标榜的所谓公理，所以，顾维钧就发出"以公理争强权"的口号。尽管我的船不坚、炮不利，但只要我善用"公理"这面大旗，在国际交涉过程中，就可能将列强逼入被动，这也就是现在所说的软实力、巧实力和锐实力。

其实，在当时，高喊公理，但又做不到，是西方社会长期的软肋，就像奴隶制是55个美国国父的软肋一样，因为他们几乎个个都是万恶的奴隶主。在1850年9月20日，美国两党的奴隶主们迫于形势不得不接受1850年妥协案（Compromise of 1850），同意取消在首都华盛顿特区的奴隶贸易，因为当时外国人来到美国的第一站，就是这个号称象征公理的首善之都，但他们一到华盛顿特区，就会发现满目都是买卖奴隶的拍卖市场，这实在是在打美国民主、自由、公理的脸。最后，美国国会同意取消奴隶贸易，但仅局限于首都，也仅局限于奴隶贸易，而非取消整个奴隶制度。

同时，这个抗争强权的理念，也反映在顾维钧的联美制日战略上，因为在巴黎和会时，对公开不讲公理的日本人讲公理，那只能是缘木求鱼，所以只能与满嘴公理正义的西方列强，特别是美国讲公理。这一联美制日的战略与中国战国时代秦国的远交近攻战略，一脉相承。

还有，这个"以公理争强权"的"争"也许是一语双关。一是刚才提过的抗"争"强权的意思，但另外是否还存在"争取"成为强权的意思呢？这也许反映了一个国家由弱到强的两步走战略：先以公理为武器，来抗争强权；再以公理为旗帜，来打倒旧强权，帮助自己成为新强权。

（此文系2021年9月18日笔者主持与点评复旦大学历史学系金光耀教授演讲的发言整理）

杜威研究的比较视角

我们曾经讨论民国时期中国艺人梅兰芳1930年访美演出引发的效应，今天讨论的则是美国学者杜威（John Dewey）于1919—1921年访问中国产生的影响，看起来两者并无交集，但却是一个值得比较的跨文化课题。

第一，杜威访华也许不自觉地代表了西学东渐的一种努力，而梅兰芳访美则开创了近代中学西传的先河。双向互动、取长补短是中美文化和跨文化交流的题中应有之义。尽管他们两人对外交流的主题和各自的三观完全不同，但他们所从事的交流本身，能够引出东西方文化交流研究中的两大问题。一是交流中，能否"通过他者重构了自己"，也就是说，通过美国戏剧界对梅兰芳的评价和中国学术界对杜威的反馈，是否能够帮助两位大师审视和修正自己的艺术与学术？有关梅兰芳的自我重构与完善，我与董存发先生合作的文章已有涉及，但杜威通过与胡适、陶行知等中国学界的互动是否学到了什么？杜威的访华经历是否帮助他转型为一个公共知识分子，或者在程度上更加关怀社会与公共事业？这个值得探讨。

另一个是文化在地化问题。美国著名戏剧家奥尼尔（Eugene O'Neil）承认京剧对他戏剧的旁白有影响，而《彼得·潘》（Peter Pan）这部著名美国儿童剧的作者也承认，京剧的虚拟和非现实主义的特性影响了美国儿童剧的想象力。那么杜威的思想对中国哲学和中国教育是否有具体和明显的影响？1917年十月革命刚刚给中国送去了马克思主义，杜威的实用主义与实事求是的思想，与胡适的"多研究一些问题、少谈一些主义"的见解，是否存在关联？杜威所竭力推动的民主与科学，和五四运动所宣扬的德先生、赛先生有多少相似之处？杜威的基层教育理念与陶行知的乡村教育实践是否有互动？杜威著名的教育理念"教育即生活，学校即社会"对中国产生了什么影响？梅兰芳访美演出总导演、哥伦比亚大学博士张彭春在1924年10月21日的日记中曾质疑，杜威的形而下实验与中国的形而上教育能匹配吗？知识论是近代西方学术的枢纽，道德（品行）论是中国学术历来的中心，两者如何融合？其实，从文化在地化的角度，我们要问：杜威访华对杜威的实用主义修正了什么？坚持了什么？又发展了什么？这种发展是否具有中国的特色和痕迹？类似肯德基到了中国，早餐加上了中国特色的豆浆油条，而中国的餐饮到了美国，也必须符合美国人爱甜腻、喜油炸的口味，推出左宗棠鸡、甜酸咕咾肉、炸馄饨等美国味的中国菜。

第二，除了文化交流意义之外，杜威与梅兰芳的访问是否具有共同的民间外交意义？这里引出一个讲故事者的素质问题。现在流行一种说法：讲好中国故事。我以为这个故事能讲成功的最重要元素不是国家有多强盛、口号有多响亮。1930年梅兰芳访美时的中国，刚刚从战乱和贫弱中开始复苏，梅兰芳却把中国故事讲好了，所以，讲故事者的素质是讲好故事的重要元素。

我觉得，讲故事者的素质一般需要具备三大条件。其一当然是令人信服的专业水平和无可争议的专业实力。其二是超然的立场和独立的身份。例如杜威与梅兰芳的访问费用都很少有政府背景。北京师范大学刘幸老师在其大作《超越文化猎奇：杜威的中国之旅》中对此做了精彩论述。当时，杜威担心讲课没有薪水，北京大学因为五四运动等正在罢课罢教，欠薪是常态，而哥伦比亚大学只给他一年的无薪学术假。类似地，梅兰芳为了访美则把自己在北京的无量大人胡同的宅子都典押了，如果演出无人捧场，就打道回府，权当一次自费旅行，他们都是自我承担主要责任和义务。其三是协助单位都以民间为主。杜威因陶行知和胡适等人的邀请与安排才来中国，与中国教育部没有直接关系，尽管杜威自己和陶行知等很想得到中国教育部的正式邀请，但至今未发现官方邀请函。中国社科院近代史所的彭珊珊老师认为，教育部次长袁希涛较早介入了杜威访华一事，但有一点似乎是肯定的，杜威在1919年4月30日到了上海，之后的5月3日，他还在希望得到中国教育部的正式邀请，根据5月3日杜威给哥伦比亚大学校长的信，说明哥伦比亚大学也没有批准他访华，杜威是先斩后奏。但是，歪打正着，两位的访美或访华虽存在随机性、偶然性、民间性，但因其声誉、专业和影响力所起到的民间外交的效用，特别明显，事半功倍。

第三，杜威与梅兰芳有一个有趣的共同点，相对而言，两位大多是"墙内开花墙外香"。梅兰芳得到美国主流媒体几乎一边倒的赞美，而五四时期的中国学界对杜威的肯定也非常明显。有人认为，美国人追捧梅兰芳是受到东方主义的影响，是一种西方人对中国演员男扮女装、京剧表演的好奇和猎奇，是一种偏见式的追捧。当然，梅兰芳的真功夫才是这种追捧的关键，对此萨义德为首的学者对此东方主义做过深刻分析与批判。同理也许可以反证，中国人当初追捧杜威，是否存在西方主义的因素？加利福尼亚大学戴维斯分校的陈晓眉教授曾写过一本著名的《西方主义》大作，对东方人的崇洋媚外、殖民心理、既卑又亢的双重标准，进行了分析。所以，这有助于我们今天的学者反思：当面对当时中美各界正面评论的时候，需要保持清醒的定力，要区分好奇与好评的区别、赞美之笑与嘲讽之笑的区别，不能把"laugh at"当作"laugh with"，把礼节性好话诸如"you are great"之类当作含金量很高的学术赞誉。

第四，杜威与梅兰芳两位的墙外香，在墙内却存在许多非议。杜威的访华得到美方学者的负面批评，如著名中国问题大家费正清在《伟大的中国革命》中，就对杜威的中国之行进行了批评[1]，

---

[1] John King Fairbank, *The Great Revolution: 1800–1985*, New York: Harper and Row, Publishers, 1986, p. 201.

还有史华慈在《中国的共产主义与毛泽东的崛起》一书中，也有类似言论。他们的批评主要是认为，杜威对中国的理解实在肤浅、幼稚可笑、以偏概全。确实，杜威在日记上感叹，中国是一个很民主的民族，还赞美中国人有很强的团结与合作精神，就是例证。

类似地，梅兰芳访美也受到林语堂等中国学者的严厉批评。这里以林语堂1930年7月31日在英文周刊《中国评论周报》上的文章为例。林语堂说，梅兰芳自吹自擂是中国的慈善大使，其实他不配，因为创造亲善不是梅兰芳访美的主要目的，梅先生只是一个相当有人情味的人，很害羞，不是特别喜欢政治家的花言巧语。林语堂还认为，如果梅兰芳能够实话实说，我这次美国之行的主要目的与我们任何国人出国一样，只是去看看西方世界，那就很有人性而且可爱，也很真实，这样所有人都会赞美梅先生的勇敢和冒险。

而且，林语堂还提到，梅兰芳所有的关于"中国文化的使徒"的言论，"仅仅是垃圾或胡说八道（bunkum）"。如果说梅兰芳京剧征服了美国，那么，"麻将和杂碎"则都做了同样的事情，因为它们都引起了美国人的兴趣，而把中国人一些低级的哗众取宠的玩意称为"文化"或"征服"的话，这是很危险的。林语堂怀疑，中国的麻将、杂碎和梅兰芳一样，并没有使真正智慧的美国人对中国生活和文化增进丝毫的理解，这好像一位穿着一对三寸金莲的中国女士，走在纽约百老汇的大街上，也会像梅先生一样吸引美国人的注意，但如果说这位中国女士促进了中美之间更好的理解和友谊，那显然是不公平的。林语堂的批评文章后来部分出现在他于1935年出版的英文名著《吾国吾民》(*My Country and My People*)里，其中再次提到："梅兰芳在舞台上拿着鞭子假装骑马或玩划船的演技，比我五岁的女儿好不了多少。"林语堂的评价当然有失偏颇，但也代表了一部分墙内学者对梅兰芳"墙外香"的质疑。

此外，梅兰芳与杜威的私人关系，也有可研究之处。1930年2月梅兰芳访问纽约的时候，杜威介入很深，他是由威尔逊总统夫人为主席的欢迎梅兰芳筹备委员会的主要成员。同时，杜威积极参与募款，是纽约首批219位捐款人之一。他还主持和参加欢迎梅兰芳的聚会，主动出面邀请哥伦比亚大学教授参与，观看梅兰芳演出等。梅兰芳儿子梅绍武在《我的父亲梅兰芳：续集》中就提到这一点[1]，齐如山的《梅兰芳游美记》也提及杜威在50多位教授和博士出席的欢迎宴会上发言，强调中美文化互相交流的重要。李斐叔日记也提到，1930年2月24日，500多位纽约著名艺术表演家聚会欢迎梅兰芳，杜威博士亦在座首。

但是，他们两人是如何认识、最初在哪里相识的？至今难以找到来自杜威或梅兰芳方面的第一手档案，尽管梅兰芳儿子梅绍武的传记多次提到早在1919—1921年杜威访华期间，两人就已认识，杜威还观看了梅兰芳的演出，而且，杜威对中国戏剧很感兴趣。也许他的兴趣重点是中国的教育，包括戏曲教育，而不是戏

1　梅绍武：《我的父亲梅兰芳：续集》，天津：百花文艺出版社，2004年，第58页。

曲本身? 梅绍武在《我的父亲梅兰芳: 续集》的回忆录中提到,梅兰芳在北京无量大人胡同的梅宅里接待过英国作家毛姆、美国威尔逊总统夫人、泰戈尔、杜威、罗素等。1919年胡适邀请杜威访华,便是胡适先生陪同杜威观看梅剧、拜访梅宅。而多年后邀请梅兰芳赴美的,正是由杜威、胡适、张伯苓等中美学者创办的"华美协进社"。胡适在日记中也多次提到在无量大人胡同吃饭,但没有提及是梅兰芳的故居。[1]

总的来说,我上面的问题,只是一个外行人的好奇,需要更多专家学者的指点,深化对杜威访华事件的研究。

(此文系2023年1月14日笔者主持与点评北京大学中国语言文学系季剑青长聘副教授、研究员演讲的发言整理;另见笔者已发表论文,洪朝辉、董存发:《民国时期梅兰芳、杜威与中美跨文化交流》,《河北师范大学学报(哲学社会科学版)》2024年第1期)

王重民、袁同礼与国宝运美

抗战时期,北平图书馆保存了一批价值连城的国宝,为了免于日军的战火和抢盗,中国图书馆学、目录学和敦煌学大师王重民先生等人历经千难万险,将国宝从上海运到美国避难,这是一

---

[1]《一九二〇年 日程与日记·九年三月十一日、[九]年五月二日》,载胡适著、曹伯言整理:《胡适日记全编(第二册)》,合肥:安徽教育出版社,2001年,第655、699页。

次中美两国精诚合作、保护文物的经典案例。

这个事件的经过，首先展示了民国文人的许多精气神。第一个感想是，我们能够感受他们荡气回肠、感天动地的爱书、爱国的精神境界。如果没有王重民等一大批具有崇高使命感和强烈爱书心的学者文人的奉献，这样的国宝抢救事件不可能成功。日本占领中国时期，许多文人将爱书升华到了爱国的境界，在他们的观念里，命可以丢，地可以失，但中华民族的文脉不能断，因为文脉代表一个民族的魂，如果脉没有了，魂不见了，生命就成了行尸走肉。在这里，国宝级的藏书就代表文脉。同时，我们从北平图书馆工作人员装书、运书、藏书、护书的整个过程和细节中发现，他们是一批嗜书如命的学者。四川宜宾《李庄镇志》编撰者左照环先生在后来接受中央电视台采访时说，西南联大当时的重要古籍是傅斯年校长用黄金等价买来的，一两黄金一两书，这不是一个夸张的说法。

其实，那次国图善本运美事件不是一次孤立的抢救国宝事件，而是抗战国难时期，如何使中国传世文献免遭浩劫的一个小小案例。在同一时期的上海，郑振铎先生为了国家的文脉，节衣缩食，到处筹款，花费9000银圆购得记录古代戏曲最多的珍本秘籍《脉望馆抄校本古今杂剧》，并与有识之士在上海秘密组成"文献保存同志会"，为国家抢购了善本古籍3800余种。

而在山西，一部价值连城、长达4813卷的金代汉文大藏经《赵城金藏》，在战火中不被日本人掠夺而幸存，它与《永乐大典》《敦煌遗书》《四库全书》同为今天北京国家图书馆的四大镇馆之宝，这部国宝的幸存则与赵城广胜寺力空法师的竭力护经和八路军的舍命相助分不开。

第二个感想是，在抢救国宝的过程中，我们见证了有文化和没文化的官员的区别、有爱心与无爱心的书商的不同。胡适就是一位兼具知识文化与爱心高度的官员，作为当时的中国驻美大使，没有他的不懈努力，不可能有美方的妥协和配合。作为对比，当时一些国民政府的执政者，尤其是控制拨款权的官僚，严重缺乏基本的国宝保护意识，没有文化视野，也不愿给国宝转移提供足够的财政支持。一个国家的精神财富得以留存，需要学界、民间、官方的有识之士通力合作才能实现。当时的上海也出现了一批发国难财的书商和奸商，毫无爱心可言。例如，一位书商就是比郑振铎先生早了一步，用900银圆抢先买到《古今杂剧》的大部分，但转手给郑振铎，却叫价1万银圆，最后才以9000银圆成交。所以，这次抢救国宝的启示是，我们需要多多培养和保护有文化、有爱心的官员和书商。

第三个感想是，这次抢救国宝的壮举是一次集体行动，其中的大功臣当然是王重民、胡适和钱存训，但不能忽略运筹帷幄的总指挥、当时的北平图书馆代理馆长袁同礼。袁同礼早在1917年就开始担任清华大学图书馆主任，后赴美。1922年毕业于哥大历史系，1923年获纽约州立图书馆专科学院图书馆学学士学位。1924年回国任广东岭南大学图书馆馆长，1925年北上担任北京大学目录学和图书馆学教授兼图书馆主任。1926年，中国政府利用美国退还的部分庚子赔款，成立了北京图书馆，由梁启超和李四光担任正、副馆长，袁同礼为图书部主任。1928年，蔡元培任北京图书馆馆长，袁先生任副馆长，1940年3月，蔡元培先生在香港病逝，袁同礼代理馆长职务。

袁同礼的贡献主要反映在三大方面。首先在抗战前，他就于1933—1935年陆续将国宝从北京转移到天津、南京和上海，有先见之明。抗战爆发后，他主持保护在上海的国宝，选派钱存训负责，第一次提出将善本运到美国暂时保存的大胆设想，并与驻美大使胡适一起努力，同美国国会图书馆达成协议。此外，袁同礼指挥王重民落实运送事宜，将301箱国宝精简到102箱，并制定目录，向教育部提出详细报告。102箱的藏书中有两大国宝：一是唐人敦煌写经的全部；二是《永乐大典》60册，现藏于台北故宫博物院，占存世400余册的七分之一。我在内心是十分敬佩那些图书馆学、目录学、古籍文献整理大家，对于史料整理来说，以前大学老师常引用王重民的老师陈垣先生的一句名言："一人劳而万人逸，一时劳而多时逸。"1942年11月14日，教育部长陈立夫呈请行政院给予袁同礼先生嘉奖，高度评价他保护国宝的壮举。

（此文系2022年7月16日笔者主持与点评北京大学信息管理系顾晓光副研究馆员演讲的发言整理）

"小人物"王伯衡与《纽约时报》

听完主讲人王笛教授演讲名不见经传的纽约王伯衡先生，

自然使我联想到著名的耶鲁大学历史学教授史景迁（Jonathan Spencer）的名著《妇人王氏之死》（*The Death of Woman Wang*）。那个明末清初的王氏与1919年纽约的王先生存在一些异曲同工之妙，因为他们都是小人物！

史景迁教授依据山东《郯城县志》和其他方志、郯城县官黄六鸿的《福惠全书》、小说《聊斋志异》的情节等，意外发现在中国明末清初的山东省郯城县，曾发生一名妇人王氏的死亡案件，于是引发他对这个边缘人物和边缘地区的兴趣。结果，史景迁教授就为我们建构了清初山东地方民众的心灵图像，还原了大历史背后的小人物命运。史景迁教授使用的数据，看似简单、平常，但透过他独特的叙事与文字，郯城这个三百多年前中国北方的穷苦聚落，却以鲜明的形象，展现在我们眼前，使我们能够进入曾经靠抽象的概念徘徊在外的乡村世界，真正走进这些人的生活和他们的苦难与梦幻之中。从这么一个毫不起眼的老百姓妇人王氏的短暂一生中，后世的读者可以看到这片土地上的许多不幸与喧扰。史景迁教授这本书抽丝剥茧、解剖市井风俗、分析法律讼事，引人入胜，他所探讨的女性情欲及想象世界，可谓波澜起伏、惊心动魄。

其实，《妇人王氏之死》在类别上也可以归到地方社会这一类，但在风格上类似现在流行的非虚构写作（non-fiction writing），与王笛教授的大作《茶馆》《袍哥》《中国记事》等同属一类，这是一种偏重文学性的叙事，但透过有别于一般历史论著的叙述技巧，并依赖他们的学术涵养所训练的敏锐心和感知力，在僵化的史料背后，重新塑造或捕捉了逝去的时空和人物的生命，这就是王笛教授与史景迁教授的共同贡献。我想借此机会，分享三点学习体会。

第一是王笛教授的研究进路。他是先发现由1919年巴黎和会所引发的《纽约时报》的论战信息，然后寻找三位作者的背景，最后分析王先生的生平故事、思想倾向、历史地位，属于典型的抽丝剥茧、由浅入深，类似历史学所追捧的"剥笋"式研究方法：由外到内、由表及里、由浅入深、由点到面、由小见大，层次剥离，最后接近本质和核心。而且，还有一种研究方法叫"扎根理论"（Grounded Theory），它也是主张寻找"垫脚石"式的"小"方法，来催生"小理论"（little theory），为"大理论"（big theory）的诞生提供条件。

第二是研究史观。我们这些小人物喜欢看大人物的精彩、英雄人物的风云际会，因为缺什么，想什么，尤其是我们长期以来对小人物充满鄙视、视若无睹、视而不见，甚至"有眼无珠"，于是，就漏掉了很多无价的"珍珠"，包括1919年纽约的王先生、明末清初的王氏等。只有像王笛教授、史景迁教授这样的大家，才会对小人物充满敏感与敏锐，目光如炬，并有能力以小见大，从小人物看到大事件，把微观历史有机地与宏观历史相连接。真的是功德无量。

第三是研究热点。以前我们不待见微观史学，我也把它称为边缘史学（marginalization history）和百姓史学（ordinary people history），现在这一领域在王笛等教授的推动下，硕果累累。原因不外三个。一是一流英雄的研究已经穷尽，尤其是档案资料几乎穷尽，这样，论文越来越难写。其实，我在念博士的时候，导师对第一手资料（primary resource）的定义是：如果有人已经用过这个原始档案，并且已经发表，那么，这份档案就不再有资格叫第一手资料。这样我们必须而且只能把论文题目越做越小，到基层去、到乡村去、到普通的人群中去，更需要到没人用过的家庭税单、商业广告、个人地契、地方小报中去淘宝。以前以为，博士博士，一定是博学之士，殊不知，博士竟然是一个"约士"，由博返约。

二是各大基金会与时俱进，鼓励学者眼睛向下、向小看，成为美国大学研究的指挥棒。不过，这些基金会的主管大都不懂什么叫微观史学（micro-history），但他们听得懂边缘史学，因为"marginal"一词已经具有政治正确的意味，类似"under-representative""developing""disadvantage"等话语，非常有助于申请研究基金、游说国会议员。也就是说，如果明清的王氏、百年前的王先生能够被包装成弱势群体、边缘人群，获得基金的可能性就会增加。钱尽管不是万能的，但我们历史学者也需要放下身段，不要与钱有仇，因为钱是中性的，关键是用在什么地方、出于什么目的。

三是研究微观史学，并不影响宏观叙事。因为研究微观史学的大家，如王笛教授，一个最重要的本事，是能钻进小人物堆里，随时都可以自主、自觉地跳出来，尤其是我们这些学者，在学习王笛教授的专著时，要学会跟紧他的思路，由小见大，从树木看到森林。王笛教授就是从王先生的故事中看到了大事件——

巴黎和会，也看到了中日关系、中德关系，看到了"一战"后西方列强的霸权、霸道和霸凌，看到了中国民族主义的觉醒，更看到了五四运动、共产主义思潮的萌芽。记得本人早在1988年1月6日的《光明日报》上发表过一篇习作，叫《中观史学新论》，企图连接微观史学与宏观史学，期待走中道、行适度。因为我们这些"80后"（即20世纪80年代的大学生），深受史学界五门显学（即"五朵金花"）的影响，包括中国古代史分期问题、中国封建土地所有制形式问题、中国封建社会农民战争问题、中国资本主义萌芽问题、汉民族形成问题等。但我们也应避免从一个极端走到另一个极端，过度微观地讲故事，沉浸其中、不可自拔，而没有史观指导和理论洞见。

今天，王笛教授给我们树立了很高的标杆：不仅善于讲故事，而且能够帮助读者从小故事、小人物想到大时代、大英雄。这就是复杂史学或组合史学的魅力。现在经济学界有了很重要的复杂经济学，提倡方法组合，我也在思考，是否有可能建立一门复杂史学，提倡史学方法的进化式组合（evolution by combination）？

（此文系2023年11月10日笔者主持与点评澳门大学历史系王笛教授演讲的发言整理）

民国政军教名人

蔡元培为人与为官

在一个社会急剧转型的时期，一般会出现三种人：一是油门类，如陈独秀、李大钊、鲁迅等，不断为社会车轮的运行加油；二是刹车类，类似辜鸿铭、黄侃、刘师培之类，希望维持传统和现状；第三是平衡类、适度类，蔡元培先生也许就属于这一类。主要表现在以下四大平衡。

第一个平衡体现在蔡元培先生平衡的政治思想和立场。首先，他一方面是前清进士、翰林院编修，属于正七品的"县处级干部"；另一方面却参加反清的同盟会，也是革命组织光复会的会长，还亲自在上海制造炸药，试图以暗杀和暴动的方式反清。其次，他一方面反对学生运动，是国民党"取消学生运动"议案的提出者，他也是国民党党化教育的执行者；但另一方面，一且学生被抓，蔡先生却不顾安危，极力营救，不过，学生被释放后，他就立即宣布辞职，表示对学生参加街头运动的不认同。再次，他一方面是国民党元老，担任北洋政府第一任教育总长，是蒋介石与宋美龄婚礼的证婚人，1927年4月2日，与吴稚晖等一批国民党右派，召开国民党中央监察委员会全体会议，并担任主席，主持审定一份包含179人的共产党员名单，发表"护党救国"的通电，支持蒋介石1927年4月12日对共产党实行"清党"。但另一方面，由于在"四一二反革命政变"中，浙江出现了滥杀20位共产党人的事件，蔡先生又呼吁不能随便杀人，而且在1931年，他大力营救中共领袖陈独秀、反蒋的国民党左派领袖邓演达和共产国际远东局秘书牛兰夫妇（Noulens）。1932年，他还担任反蒋独裁的中国民权保障同盟副主席。在"九一八"事变后，他苦劝汪精卫不要同情和支持日本人。在抗战期间，他更支持国共合作，共同抗日。

所以，蔡先生在生前身后，左派骂他右，右派骂他左，由此更证明，他是一个温和派、中间派。他在国共面临阶级冲突时，站在国民党一边，因为他是国民党元老；但当中国与俄国、日本发生民族冲突时，他又站在爱国主义和民族主义一边。也就是说，他的基本理念是民族利益重于阶级利益、高于政党利益。蔡先生在1940年病逝于香港后，周恩来送的挽联是："从排满到抗日战争，先生之志在民族革命；从五四到人权同盟，先生之行在民主自由。"

第二个平衡是蔡先生平衡的学术思想，主要表现在四点。一是他主张学派调和，强调社会主义与个人主义、国家主义与世界主义、东洋思想与西洋思想需要和平共处。他不信仰马克思主义，但允许在北京大学研究与讨论马克思主义，并支持罗章龙、邓中夏等北大学生成立马克思学说研究会，展现了"我不同意你的观点，但是我捍卫你说话的权利"的宽容风范。二是他极力推动中学与西学的贯通，实际上就是在推动如今所说的"新文科"和"大文科"，将当时严重对立的中学和西学之分引领到玄学与科学之分上，他希望以科学之名，打通中学与西学、儒学与实证、旧学与新学之间的界限，在中学中引进科学，借此扩大中学的基础，促使中学与西学的融会贯通。三是蔡先生既坚持学术为上、学术自由、学术自治，又讲国家精神和道德培训。而且他还坚持学生以学为主，学生不能以罢课为业，直接参与街头政治和革命，不然他就辞职。当然，这也使他的育人理念出现了矛盾：一方面，他希望培养经世致用、知行合一的人才，读书不忘救国；但另一方面，他又希望学生以学业为重，学生身份必须与国民身份相分离，保持学习与救国的边界和平衡，不让青春走向激进政治。四是尽管他自己的经历充满官方色彩，但他坚持反对政治、政府和政客介入学术，反对高校行政化和官僚化。在1917年蔡元培任北大校长之前，北大很像清朝的国子监，乌烟瘴气，一些教授不学无术、不务正业、一心当官，学生大多是官二代或富二代，上课带着听差跟班，就像辜鸿铭讲课要带两个跟班端水递烟，上梁不正下梁歪。学生选课喜欢选择有官职的老师，学问如何不重要。同学中流行结十兄弟，约定如果其中一人今后当大官，其余九位就在他手下当科长和秘书、吃香喝辣。更加荒唐的是，夜晚会有众多师生逛八大胡同，当时的妓院流行一说："两院一堂"是好主顾。两院是参议院、众议院，一堂就是京师大学堂（后来的北大）。

所以，蔡先生一到北大，首先大力整顿校风，挽救了北大、改变了北大，功莫大焉。同时，蔡先生效仿德国的高校制度，切实执行他在1912年主持制定的中国近代高等教育第一个法令《大学令》，要求建立大学教员评议委员会，为教授治校迈出了第一步。这是一项重大的制度建设。

第三个平衡体现在蔡先生对学科建设的平衡设计。他在《大学令》中提出大学应该具备七科的计划，文科、理科、法科、商科、医科、农科、工科，但必须有文科和理科两科，而且应该以此两科为主，强调如果没有这两科，就不叫大学。1952年，中国大学的院系调整学苏联模式，就是对蔡元培学科平衡设想的背离，例如当时的清华大学、浙江大学就没有文史哲专业了。而1997年以后中国高校的大合并，却又是过度地追求大而全，过犹不及，可见平衡适度之难。

蔡先生在具体学科设置上的思路非常清晰，三管齐下：一是对中学进行内部改造，综合经学、子学、史学；二是对西学实行大规模引进和扶持，包括西方的科学、实验心理学、美学、伦理学等；三是中西交融，帮助一批中学大家，在科学与玄学之间建立桥梁，将中国哲学融入世界哲学，使之成为世界哲学的一部分，对各类玄学、中学和儒学的研究方法实行科学化、理性化和逻辑化。另外，蔡先生还取消各个"division"，类似今天学院或学部的壁垒，学生可以跨系选课。其实，今天美国一些名校也采用"鸡尾酒"选专业法，允许学生自己选择千奇百怪的专业组合，如金融工程、数字人文等。他还主张和推动性别平等、男女同校，曾兼任爱国女校校长，1920年秋季，北大第一次招收女生，开了公立大学男女同校的历史先河。一百年后回头看，蔡先生的教育理念依然非常先进。

第四个平衡是蔡先生的用人之道。蔡先生有一句关于大学的名言："大学者，囊括大典，网罗众家之学府也。"他没提钱，也没提楼，主要是书和人。为网罗人才，蔡先生敢于聘用具有激进革命背景的教授，如新聘北大教员中的四分之一是同盟会成员，也聘用法国勤工俭学的朋友，还有旅日的反清学者，更重要的是《新青年》作者群。他还专门给李大钊写信，拜托他给毛泽东在北大图书馆安排一份助理员工作，而不是清洁工的位置，所以，毛泽东一直尊称蔡先生为"夫子大人"。当蔡先生在1940年3月5日病逝于香港后，毛泽东的唁电称他是"学界泰斗，人世楷模"。但另一方面，蔡先生也聘用质疑新文化运动的学者，如辜鸿铭、黄侃等。只要有学问，多多益善，海纳三教九流，欢迎五湖四海。

蔡先生兼容并包的用人之道至今仍很有启发意义。今天中国的高校已经不缺大钱、大书和大楼（如1918年落成的北大红楼），但缺大师，更缺像蔡先生那样的大校长。我们可以把做学问的人分为四个层次，一是"学人"，属于有知识的一类；二是"学者"，兼具知识和文化的一批；三是"学家"，是指有思想的翘楚；四是"学道"，类似于曾经风靡的韩剧《医道》和《商道》所指的有知识、有文化、有思想的全能人，能将为人、为学、为官升华为一种"有而不有、知而不知"的境界，并修炼成一种道的"常无"心境，虚心待人、静心治学、平心济世，兼容并包、平衡适度。高等教育急需这类学道式的大师与大校长。我以为，蔡先生就是属于学道式的大家，一百多年过去了，我们似乎难以见到超越蔡先生水平的中国大学校长。我们需要共同追问：蔡元培去哪儿了？什么时候我们不再怀念蔡先生、不再惊叹蔡先生的魅力，那很可能说明中国高校校长出现了一批蔡元培，甚至比蔡更伟大的校长，这样，中国的高等教育就更有希望了。其实，我们今天的怀念，就是为了明天的忘却。

在时代的转型时期，我们尤其需要一批平衡大师，他们需要具备三大能力：一是包容、宽容、兼容；二是非凡的交友和应变能力；三是能够精准掌握适度的杰出才能，必须有能力、有胆识掌控刹车和油门的驾驶大师，既不要把车开得太快而翻车，也不能开得太慢而熄火。所不同的是，有人把平衡当作术，有人则把平衡当作道，层次立见高下。蔡先生就是这一类会平衡、能综合、懂适度的大学校长，懂得优术、明道、取势的智者。

（此文系2021年8月7日笔者主持与点评美国印第安纳大学西北分校历史系林小青教授演讲的发言整理）

蒋介石与民族主义

对于一个著名历史人物的研究长期都无法盖棺论定的原因，不外三个：一是发现了新史料、新理论和新方法；二是出现了新时代的需要，新存在决定新意识；三是史学家不断推出新的研究成果。我们今天讨论的人物，也许就体现着这三个条件。本文想侧重讨论蒋介石对外国势力的态度和看法，也就是追问，蒋介石到底是不是一个真正的民族主义者？

当我们研究一位著名的历史人物到了黔驴技穷的时候，是否可以试试通过他身边亲信的经历，来发现当事人一些新的蛛丝马迹，即所谓的他山之石可以攻玉？尽管我不是研究蒋介石的专家，但我曾经花了五年时间，编校了与蒋介石关系密切的熊式辉的日记《海桑集——熊式辉回忆录1907—1949》（洪朝辉编校，余英时序），从熊式辉的经历中，了解到一些蒋介石的信息，虽然浅显，但很独特，也算是一个补充。

熊是国民党二级上将，北伐时，担任过第五师师长，1931年起担任江西省主席，长达十年。1945—1947年，他出任东北九省行营主任。解放战争中，他被中共定为第18号战犯。他不是蒋的嫡系，但胜似嫡系，因为当年蒋经国从苏联回国，蒋介石选择江西作为小蒋起步的基地，其中一大原因就是蒋对时任省主席熊式辉的信任。熊的日记独家披露了有关蒋的三个案例，能够帮助我们更全面地研究蒋介石。

第一，关于"济南惨案"与蒋介石的对日态度。1928年5月

1日，蒋介石为首的北伐军占领济南，但在5月3日，日本派遣第六师团长福田彦助进攻北伐军。对此，中方派出以熊式辉为首的代表团与日方谈判，因为福田是日本陆军大学校长，而熊是该大学的毕业生。日方提出中国军队要退到济南城二十华里以外、胶济铁路和津浦铁路不能运兵等无理要求。过了最后通牒以后几小时，蒋介石屈服，基本答应了日方的要求，但福田还是在5月8日下午，命令日军向济南进攻，5月11日，中国军民死亡数千人，酿成著名的"济南惨案"。据熊式辉称，"济南惨案"表明，蒋介石对日的不抵抗主义开始成形，并为1931年"九一八"事变后的"攘外必先安内"的政策提供了基础。

熊的日记所提之事在蒋介石日记中得到印证，蒋认为北伐的主要任务是打倒张作霖，不是与日本人打。当时安内的主要目标是军阀，后来是共产党。蒋介石当时认为，中国国力衰弱，无法和日本抗衡。蒋亲口对熊说，他有"三日亡国"之忧，忧心一旦与日开战，日军三天内就可以占领中国沿江、沿海的要害地区，切断军事、交通、金融等各项命脉，从而灭亡中国。也就是说，蒋的恐日之心在1928年的"济南惨案"就已成形。

第二，关于废除不平等条约。1942年5月4日，熊式辉以中华民国赴美军事代表团团长的身份，与中国驻美公使和大使施肇基谈及如何在战后废除自鸦片战争以来中国与列强所签订的一系列不平等条约。熊提出：中国政府应该趁日军犹在占领时，即于1942年8月29日不平等条约历时一百周年时明白宣言，自动取消条约。虽然施肇基表示赞同，但驻美代表宋子文则不以为然，时任驻美大使胡适也无明确反应，外交部门也大多不表乐观，因为他们知道蒋不想因为此事影响中美和中英合作抗日的大业。

但熊式辉心有未甘，他利用访美良机，直接游说小罗斯福总统的顾问、电告中国政府高官、面见在美的中外要员。尤其是在1942年6月29日和9月7日两度从美国直接发电报给蒋介石，极力劝说蒋考虑在1942年8月29日或同年的"双十国庆"之时，宣布自动取消不平等条约，但蒋介石一直比较犹豫。最后，反而是美国主动在1942年10月10日宣布，将通过谈判废除美国同中国签订的不平等条约，取消所有其他治外法权、特权和租界。小罗斯福总统同时说服英国也这样做，除香港问题外废除全部在华不平等条约。1943年1月11日，中国与美英分别签订了《中美新约》和《中英新约》。这项活动在历史上又被称为"四三年废约"，中国从此摆脱了自鸦片战争以来的半殖民地状态。但由于《中英新约》没有包括九龙，所以在1943年2月，当中国驻英使馆举行庆祝酒会时，正在英国访问的熊式辉拒绝出席，显示在民族主义这一点上，熊比蒋更硬气。

第三，关于《中苏友好同盟条约》。早在1945年7月5日，熊式辉就在蒋介石官邸直接参与讨论了如何应对苏联要求外蒙古独立的高层机密会议，并由此了解了蒋的底牌，就是蒋希望以放弃外蒙古主权的高昂代价，来换取苏联不支持中共的立场。熊曾在7月5日的会议上提出，承认外蒙古独立的交换条件是"国家之真正统一，苏联再不得助长中共之在中国私拥武力，割据地方"。同时，熊在7月7日奉命拟了电文给在苏联的行政院长宋子文，指出：对外蒙古让步必须换取国内统一，苏联对中国共产党不能仍有任何支持，使与政府对立，形成武力之割据。但外蒙古疆界必须根据中华民国地图明白划定。

1945年8月5日，熊以中苏协同对东北日军作战的军事代表之身份，与宋子文、外交部长王世杰等从重庆飞莫斯科，进行最后关键性的谈判。当时，熊与王世杰坚决主张"外蒙疆界必须根据我国地图明白划定"，而斯大林方面则坚持主张以现状为界，由此意味着新疆阿尔泰山之大部分及哈密区之一部分尽归外蒙古。对此，宋子文和蒋经国等力主妥协，满足苏联要求，出现2:2的对立状态。宋子文甚至要求驻苏大使寻两枚银币做决定。直到8月13日晚10时，蒋介石终于复电，容许代表团全权处理，其实是默许放弃外蒙古。代表团于8月14日上午签订《中苏友好同盟条约》，中国从此失去了外蒙古的主权。没想到第二天的8月15日，日本天皇就宣布投降。熊式辉认为，如果再坚持一天，中国就不会失去外蒙古。

这三件大事，似乎说明，尽管蒋介石在总体上属于民族主义者，但他的内心有优先次序，他可以为了一个更大的优先，暂时放弃一些民族利益。例如，1928年，他的最大优先是北伐，所以向日本妥协；1942年，最大优先是抗日，所以愿意搁置与西方列强的不平等条约的废除；1945年，最大优先是反共和结束抗日战争，所以，对苏联妥协。骨子里，蒋对三大外国势力日本、西方列强和苏联的心理，始终是敬畏和恐惧，他并不是一个纯粹、彻底、坚定、始终如一的民族主义者，但也可以说，他是一个懂妥协、会权变、最大化政治利益的现实主义者，是一个善于和敢于将阶级问题民族化的高手，如把国共斗争变成中日之间的民族斗争；也是一个把民族问题阶级化的高手，如把中蒙问题变成国共斗争的筹码。

（此文系2021年3月20日笔者主持与点评北京大学历史学系
王奇生教授演讲的发言整理）

徐永昌军政生涯三问

北京大学国家发展研究院的周其仁教授有一句金句：问题比答案更重要。我想尝试着提出三个可大可小的问题，也许能够帮助大家深入研究徐永昌将军的党政经历。

第一，徐永昌将军是山西军阀阎锡山的得力干将，在1930年，他参加出兵讨伐蒋介石的中原大战。但是到了抗战时期，这么一个曾企图杀死老蒋的徐将军，却得到了蒋的信任，成为中华民国国民政府军事委员会的军令部长，直接掌握抗日的军政中枢。清华大学历史系教授侯旭东写过一本《宠：信—任型君臣关系与西汉历史的展开》，提出君王经常把信与任分开，出现信而不任、任而不信的现象。那么，蒋对徐永昌的关系是否属于那种任而不信的关系？作为对比，蒋对宋美龄是否属于信而不任的关系？而且，蒋对徐永昌的前领导阎锡山恨之入骨，在1943年2月21日的日记中称"晋阎奸劣愚拙"，所以，蒋是否在使用拉拢徐永昌、打击阎锡山的策略？

第二，蒋介石在1945年8月12日的日记里，提到"派保永昌赴日，为我国接受其投降之代表也"，也就是蒋指派和保举（派保）徐永昌代表中国去日本接受日本投降。但是，蒋介石为何指派这个美差给非嫡系的徐永昌？目前有三种说法。第一种解释是徐将军当之无愧，因为他在抗战中功勋卓著。第二种解释是此人选不是很重要，因为其他国家的代表都是名不见经传的将军，有些还是少将，甚至上校，如加拿大考斯古特上校、苏联得菲比亚利少将、法国纳克勒克少将、新西兰立锡惕少将等。尽管麦克阿瑟元帅领衔出席，但他代表的是盟军，不是美国。而且，蒋介石也将另外两个受降的美差指派给了两位普通将军，一是由陈仪接受日本在台湾的投降，一是让卢汉在越南接受投降。第三种解释是，这是蒋介石的一贯用人之道，按需要来行赏，不一定按位子来奖励。依官阶而言，1945年8月签约之前，当时国民政府军事委员会中有四位高官：一是何应钦，中国战区陆军总司令；二是军政部长陈诚，曾经是政治部长，后取代何应钦成为军政部长；三是白崇禧，军事委员会委员、副参谋总长兼军训部长；四是程潜，军事委员会委员、副总参谋长，1945年4月起兼参谋总长。在此上面，还有八位资格更老的军事委员会委员，包括阎锡山、冯玉祥、李宗仁、陈绍宽、李济深、熊式辉（1942年3月3日就任）、卫立煌（1942年4月25日就任）、万福麟（1942年6月17日就任）。而被指派代表中国上密苏里舰受降的徐永昌，当时只是个军令部长，也没有兼任副总参谋长。这个问题其实还是有一定的学术含金量：为什么徐将军有资格代表中国？或者说，为什么蒋介石要把这个签字美差交给徐？

第三，为什么抗战胜利后，蒋介石不再重用徐？除了在1948年12月，徐担任过短短几个月的国防部长以外，徐只是一个陆军大学校长。国民党退守台湾后，徐永昌只是担任当局资政，与白崇禧等类似，直至1959年去世。对此，有人解释：在危难的抗战时期，蒋不得不重用一些非嫡系，为了表示自己的大度，蒋也会在某些时候安排一些反对过他的人出任要职。但到了台湾后，蒋就开始反省在大陆失败的教训，戒心更重，更悟出忠心耿耿之重要，为了稳定局势，必须让曾有过异心的臣子远离权力中心，如白崇禧等。

通过以上三问，也许能够从侧面了解蒋介石的用人之道、徐永昌的为官之术，以及民国时代的君臣关系。

（此文系2022年9月2日笔者主持与点评学者李玺林演讲的发言整理）

杜月笙的为人之道

讨论杜月笙，我们应该思考三个问题。第一个是关于客观的时代问题。我们总有些疑问：杜月笙为什么可以在民国时代黑白通吃，法租界/公共租界全部搞定，产官学、民艺外统统拜服？为何作为一个黑帮教父，不仅没有牢狱之灾，而且能在上海滩呼风唤雨、长袖善舞长达三十多年？对此，我们可以引出一个民国社会的公共空间问题。大家知道,政府越大,社会就必然越小;而社会越大,政府也就越小。民国时期,中国绿林、青帮、黑道的存在,其实代表的是一种多元社会的存在。政府不可能是万能的,也很难滴水不漏地管辖一个庞大国家的每个角落。所以,民国时期的国民党最多只能管到县一级的县党部,县以下出现的纠纷和冲突,主要是靠当地乡绅、社区、黑道和灰道来维持秩序。黑道与白道其实就是一种社会生态的平衡,没有黑,就没有白,有了黑的存在,才有白的价值,不要奢望彻底消灭黑道,就像我们今天不要奢望彻底消灭病毒一样。自古以来,黑与白、警与匪向来是互相利用、互相支撑。这也是值得研究的社会生态学。

当然,民国黑道的盛行与当时比较动乱的社会有关。动乱既导致政府治理有心无力,也扩大各类黑道、灰道的生存和发展空间,更促使白道的政府和租界不得不与社会的三教九流进行或明或暗的合作。尤其是在上海滩,政府怕租界、租界怕黑道、黑道怕政府,三者之间形成一个恐怖平衡。作为对比,一个长治久安的时代,一个政权绝对主导的时代,黑道的生存空间就被极大地挤压。根据杜维善的回忆,在1946年,当蒋介石觉得大权在握时,就开始不待见杜月笙了,而到了1949年3月,大陆情势危急之时,蒋又拉拢杜月笙,也就是这个道理。[1]白盛黑衰,白弱黑盛。

第二个需要关注的问题是杜月笙的个人因素。我们不能否定

---

[1] 杜维善口述,董存发撰稿:《我的父亲杜月笙暨杜府旧事》,香港:中华书局(香港)有限公司,2020年,第123—126页。

杜月笙早年作恶与后来为善之间的关系。我们来梳理一下他由恶转善的历史脉络。一是大约在1918年之前，杜是既赌又嫖，但为了取得青帮老大黄金荣的信任，他戒赌戒嫖。二是帮助黄金荣制服了称霸公共租界的贩毒大王沈杏山之后，他自己开始贩毒、吸毒，但在1936年，为了响应蒋介石的新生活运动，杜戒毒成功。三是在1927年4月11日晚上11点30分，杜帮助蒋介石杀了上海工人的罢工领袖汪寿章，但在抗战时期，他又暗中大力帮助新四军和中共在上海的地下党。尤其是在1931年的江淮大水灾，他捐款53万元，占官方总捐助的20%以上；在1937年的淞沪抗战，他发动道上兄弟，帮助四行仓库的抗日国军，还捐赠飞机，从事各种慈善和教育事业。

对于这类人格的善恶变化，黑格尔说过，当亚当、夏娃吃了智慧果，便有了原罪，但正是原罪使得人成其为人，罪恶生于自觉，因为禽兽是无所谓善或者恶的，单纯的自然人也是无所谓善恶，但有过作恶的负罪感，也许比较容易明白行善的必要与重要。因为有过这样经历的人，有脱罪的愿望，比较能够用善念、善言和善举来要求自己；动物只服从本能，没有精神自觉，所以无法作恶，也无法为善。这是黑格尔所独创的一种历史的精神现象学。杜月笙的经历存在改邪归正的阶段，绝不一条道走到黑。这是否也说明，当杜月笙经历过黄赌毒、杀共产党以后，才更有意愿自我救赎，救灾救难，彰显关公义气的一面？

杜月笙身上还有个人的独特素质，也值得讨论。尽管杜是一个没有受过什么教育的人，但他是一个有素质的人。江湖上一直传说，上海青帮三大亨的不同特征：黄金荣贪财、张啸林善打、杜月笙会做人。"会做人"即所谓的刀切豆腐两面光。他推崇三碗面，场面、体面、情面；也强调，别人存金钱，我存人情。可见他把儒家的中庸应用到了极致，在一个国共撕裂、官民对抗、中外对立的大环境下，他竟然可以长期独善其身。当然，最终形势还是比人强，1949年，他必须做出选择，最后，也只能落寞地客死香港，无法落叶归根。

第三个问题是如何评价研究者对研究对象的偏爱和偏见。作为历史学者，我们对研究对象或多或少、自觉不自觉，都有一种主观倾向，并容易出现三种态度：一是因爱而夸张，甚至编造，属于"高级红"的范畴；二是因爱而避讳，为尊者讳，这是可以被允许的，虽然没有说出所有真相，但至少保证说出来的话是真实的；三是因爱而理性，尽管我很喜欢这个人物，但坚持两分法，像太史公司马迁的《史记》那样，坚持秉笔直书，当然也有学者认为，因为汉武帝对司马迁施了宫刑，司马迁很难客观公正地评价汉武帝，《史记》中对汉武帝的政策负面描写较多，暗藏讽刺，对汉武帝所宠爱的人也多有讥贬。其实，历史学者也明白，适当批判自己喜爱的历史人物，会使自己的研究更可信可敬。

上述三大问题，也许有助于我们更深入、平衡地认知杜月笙。

（此文系2021年3月6日笔者主持与点评复旦大学亚太区域合作与治理研究中心董存发特约研究员演讲的发言整理）

民国文化名人

沈从文与《边城》

沈从文的传世小说《边城》已经跨越了文学，体现了边城的多重意义。

第一当然是文学意义，可以叫边城文学。

第二是经济学贡献，因为它涉及边城经济，包括厘金、税关、资本主义萌芽，也可以称边城经济学。

第三就是民族学和地理学维度，因为湘西边城介于苗族、土族与汉族之间，处于湘西的茶峒小山城，也是处于沅水与酉水地带，属于边城民族学和地理学的范畴。

第四是边城历史学，湘西与中原的交流历史长达上千年，但直到清朝当地才设立州县，湘西自古出土匪，其历史原因何在？

第五是社会学意义，边城所在的湘西具有西南社会的传统，所谓西南传统，也被称为"凤凰精神""楚人气质"，与中原社会不同，属于"衍化物""边鄙之地"，他们普遍慷慨好义，重然诺，而且武胜于文，能进取，难守成，胜不为王而败必死，有点屈原的遗风，所以湘西人特别注重端午节，具有边疆史和民族史的特征。还有，类似《边城》的第一章中说，"由于边地的风俗淳朴，便是作妓女，也永远那么浑厚"，"也常常较之讲道德知羞耻的城市中人还更可信任"，这些现象构成了一种值得深究的义利观，也可能构成了边城社会学、楚人社会学，其中的理论意义就是湖南人、湖南乡下人、湘人、楚人的身份认同问题。

　　第六使我感兴趣的，就是哲学意义的边缘，或是边缘哲学。边城既可以翻译成"Board Town"，也可以意译为"Marginal Town"。直到民国时代，湘西南部的苗族居住区，还有几个别名：边墙、边政、边城。1961年张爱玲前往台湾和香港，1963年她写下一篇英文游记"A Return to the Frontier"，她的中文稿的题目就是《重访边城》，因为在张爱玲的眼里，与上海和纽约相比，台湾和香港就属于边城。李健吾先生曾提到：有人说沈从文没有哲学。沈从文怎么没有哲学呢？他最有哲学。优秀作家的哲学观往往体现在作品之中，也许是零碎的和分散的，似乎缺乏逻辑和系统，但一定是存在的。在沈从文的学生汪曾祺眼里，沈从文是具有宗教情绪的人，因为他的宗教意识、他的上帝和他的哲学的核心就是一个字：美。所以，如果多学科交叉得当，我们也许可以创立一门边城学。

　　这样，如果我们把《边城》作为一种边缘、乡下、乡土、传统的隐喻的话，那么重访边城、追忆乡下、珍惜边缘、感念传统，就具有了复古和复兴的意涵了，更有了很丰富的哲学意境和宗教境界，其中也许能给我们四点哲学启发。

第一，老子提倡道返，所谓的"反者道之动，弱者道之用"，主张事物发展到了极限，就要走向反面，这是道的运动规律，所以，为了使那个神圣的"道"充满动能，人类需要不断地回头看，返回来，到边缘的乡下去寻找智慧，体现"国家在复员，湘西在复原"的境界。

第二，柏拉图提倡的回忆理论（Theory of Recollection）似乎在暗示，我们今生所学到的东西，其实在生前都有了，只是一出生，我们都忘了，所以，我们要通过回忆、追溯、复原等方法，重新获得我们失去的知识，追忆和回忆我们的传统与历史。

第三，海德格尔（Martin Heidegger）在《柏拉图的真理学说》（Plato's Sophist）中提到，柏拉图的"洞穴比喻"（Allegory of the Cave）是有缺陷的，人类不应该只是走出黑洞和黑暗、无止境地追求光明、向往所谓的中心世界，而是应该学会从外部和中心的光明世界中，再度回归边缘的故乡和黑暗，因为知其白，守其黑，我们需要将文明的中心当成白，将传统的边城和边缘当成黑，没有黑，哪有白？所以，人类不一定总是线性地从光明继续走向更大的光明，从中心走向更辉煌的中心，而应该学会循环的辩证思维，从边缘到中心，再从中心到边缘，不断循环往复，在循环中，帮助自己不断长大、成熟和睿智。

沈从文的经历和小说也许给我们指明了一条从乡土到城市、

从地方到国家、从边缘到主流的走向，但是否也需要从城市回到乡土、从国家回到地方、从主流回到边缘的道返和回忆？人类社会的演化不应该只是单向道，也不只是双向道，而应该是循环的多向道。

第四，我在《左右之间　两极之上：适度经济学思想导论》一书里，也提出未来经济学的发展需要回归前古典和古典经济学的一些已被边缘化的传统精华中，包括复兴经济学曾经所蕴含的适度哲学、道德情操、宗教理念、人文精神等。当人类过于野蛮生长和疯狂竞争的时候，我们需要歇歇脚，需要回望来时路，这样，一定会看到新的风景和新的精彩，就像宋代诗人辛弃疾说的，"蓦然回首，那人却在，灯火阑珊处"。当然，这类回归的哲学，以及孔子的克己复礼为仁的"复"，其中也有复兴、恢复周朝礼仪的意思；还有，文艺复兴的"复"，更有复兴古希腊文明的宗旨。

这里需要强调的是，我们今天怀念边城、肯定边缘、复兴"边学"传统，不一定是倒退和反动，复古有时候也是一种创新。现在的中国不是也在提倡中华民族的伟大复兴吗？

我一直以为文史哲不能分家，只要我们能从文学和史学中看到哲学，那么，文学和史学就有可能超越文史、高于文史，帮助学术界的各个领域互相借鉴和得到启发。这就是哲学的魅力，这也就是为什么美国往往把"文"放在"理"前面的道理。如文理学院（college of arts and science），不是"理文学院"，而且我们在座的各位博士的文凭也一定是Ph.D（哲学博士），这种以哲学为指导的学科交叉更是我们纽约聊斋的初衷和初心。

（此文系2022年7月16日笔者主持与点评纽约州立大学法明代尔分校历史政治地理系陈丹丹副教授、中国社会科学院大学文学研究所杨早研究员、中国传媒大学人文学院凌云岚副教授演讲的发言整理）

怪人辜鸿铭的价值

我们讨论民国怪人辜鸿铭，需要把他放在中国社会纵向转型和中外社会横向交流的视野中，深度透视这个在有些人眼中的"中国圣人"和"东方先知"，同时反思这个在另一些人口中的"骗子"和"疯子"的心路历程，尽量从文化、历史、思想、政治各个维度，展示一个丰满而又完整的辜鸿铭。

首先，关于文化保守主义问题。在这一点上，我很认同复旦历史学系教授朱维铮先生在《音调未定的传统》上的观点，辜鸿铭就是一个社会转型时期所出现的文化保守主义者而已，不能太过贬低。[1] 辜鸿铭在"一战"期间的1915年，刊布了著名的《春秋大义》（*The Spirit of Chinese People*）一书，提出中国文明救世论，尤其推崇"中国人的精神"，并定义中国人的精神就是儒家所提倡的"名分大义"。他将这四个字解释为"荣誉和责任的重大原则"，英文是"the great principle of honor and duty"，"名"是

1　朱维铮：《音调未定的传统》，杭州：浙江大学出版社，2012年，第415页。

"honor"，"分"是"duty"，"大义"是"the great principle"。其中的三个观点，值得今天国人的深思和反思。

其一，他坚持认为，只有把名与分、荣誉与责任紧密相连，才是儒家的大义和重大原则，也是"中国人的精神"。在他眼里，"名分大义"的名是一种荣辱感，是绝对的忠君，这有点"忠诚不绝对，就是绝对不忠诚"的范儿。而且他认为忠孝必须两全，不忠不孝是为耻辱，忠孝两全才是荣耀。他还指出，欧洲在启蒙运动中反君主，但并没有出现礼崩乐坏，是因为还有上帝和宗教支撑着人的信仰世界，而1911年的国人，学欧洲人反皇帝、反华人宗教信仰的圣地——孔家店，却没有上帝和其他宗教作为替代品，那就只有一个后果：礼崩乐坏、造反有理、革命无罪。所以，辜鸿铭认为，"名分大义"就是"名誉法典"，就是中国人道德的《新约》，必须坚持、维护和发扬。1917年，蔡元培先生提出"以美育代宗教"，其实，就是在回应辜鸿铭的孔教伦理危机，希望用美育来维护国人的精神世界。

其二，辜鸿铭心中的"中国人的精神"还是一种心境，是一种如沐天恩的欣喜境界，优雅而文明，充满爱意与温情，温良但不是温顺。他觉得，中国人过的是一种心灵生活和儿童生活，追求心灵、想象、朴素、简单，这个民族尽管古老，但个人内心却如孩童，充满了同情心，因为中国人是用心来思考的，充满感性和童心，而西方人是用脑来思考，脑主管理智和理性，心则支配感情与感性。面对中国人"缺乏科学、逻辑和实证"的指责，辜鸿铭则反唇相讥：是的，中国人不够严谨，因为他们过着一种心灵的生活，敏感而又细腻，所以，做不到西方人的刻板、做作和僵硬。而且，中国人没有宗教的原因是中国人不需要宗教，因为一个孔孟儒教足以应付所有心灵和信仰世界的需求。所以，中国人对科学、逻辑和实证没有兴趣，类似动物解剖和人体解剖等，觉得野蛮而又恶心。在他眼里，西方人太过理性，失去了儒教所推崇的最珍贵的温良恭俭让、仁义礼智信的情感，这样，过度理性就变成了功利与算计。所以，他提倡国人要复兴情感天性，多注重形而上的精神追求，少看重形而下的功利得失。

其三，辜鸿铭的中国人精神论，在国际视野上也有问题意识和经世致用的意义。当时的西方世界正处在第一次世界大战，互相之间打得你死我活，似乎需要一种外来精神。所以，他强调，如果世人都学会了"中国人的精神"，也就是中国式的君主之道或绅士法则，那还会有人喜欢打仗吗？他还特别指出，这种和平的道德主义，并不是中国文明所独有的，而是曾经存在于西方，但被西方丢失了、放弃了的。所以，如果西方想回到自己的古希腊、希伯来文明，就需要借助中国的儒教文明，寻找这种失落的和平与道德，即他所称的"道德淑世主义"。

由此看来，辜鸿铭的文化保守主义思想，与其说是"国粹论"或"复古论"，不如说是更接近欧洲的人文主义思想或者是托尔斯泰式的道德淑世主义，而托尔斯泰本人也确实将辜引为知音。不过，辜鸿铭将孔子笔下的君子精神强加在全体中国人的精神之上，显然过于理想、完美、以偏概全了，但这也为东西方人类提供了一个为人、为学、为官、为君的标杆与参照。

另外，辜鸿铭的思想也是中国社会急剧转型的必然产物。我从朱维铮先生的《走出中世纪》一书得到启发：清末民初其实是中国走出中世纪的最后阶段，也是一个从中世纪走向近代社会、从帝国时代走向共和时代的转型时期。辜鸿铭于是就成了这个时代转型的一个缩影和窗口：我们既可视他为中国中世纪负面的卫道士，也可以视他为转型时期一个正面的制闸器或刹车。

在大转型的新文化运动时期，有激进的油门，有保守的刹车，也有适度的平衡等三类人群。每一类人都有存在的价值，一辆车只有油门，没有刹车，一定翻车；而且，没有保守，何来激进，没有保守与激进的对立，怎么会有蔡元培兼容并包的机会和方显英雄本色的舞台？但遗憾的是，许多历史学家往往忽略或低估那些踩刹车的人物，过度彰显所谓的进步者、革命者、激进者和成功者的丰功伟业。

在评价辜鸿铭所主张的君主制上，我们也许可以淡化一下价值判断，多从其客观功能和中国社会的文化条件上来予以理解。例如，大家可以设问一下：20世纪初的中国，多数民众是否已经准备好了迎接西方式的共和制？是否已经在文化心理和国民素质上具备了不要君主要民主、不要稳定要暴力的条件？如果君主制度与民主制度在民国时代都还不成熟，是否有可能借鉴日本、英国的君主立宪制，走中道、玩平衡？辜鸿铭曾批评一些激进分子：我只是有一根看得见的辫子，你们是否有一根看不见的辫子？同样，尽管你骂我穿洋装，但你是否有一种看不见的崇洋媚外的意识？请注意：在这里，我们讨论的不是应然意义的理想，而是实然意义的现实。

（此文系2021年7月17日笔者主持与点评香港岭南大学历史系
杜春媚副教授演讲的发言整理）

陈寅恪研究的方法

过去百年，中国社会对大师、老师、教师的态度似乎经历了类似三温暖的三大阶段。第一是民国时代，大师层出不穷，其中包括了清华四大导师，梁启超、王国维、赵元任和陈寅恪；也有清华四大哲人，叶企孙、潘光旦、梅贻琦、陈寅恪。只有陈寅恪既是导师，又是哲人。当时大师备受推崇，社会各界承袭了中国古代的天地君亲师的传统，也就是说，老师仅次于君王和亲人。第二阶段是"文革"时代，教师、知识分子成了"臭老九"，大师们再无尊严，也正如岳南所写的《陈寅恪与傅斯年》一书的封面所提到：大师之后再无大师。第三阶段是后"文革"时代的今天，出现了呼唤大师的声音，重建了教师节，社交媒体上，遍地都是"大师"，人人可为老师。表面上，第三阶段与第一阶段似乎是一个否定之否定的重复，似乎都很看重老师、膜拜大师，但此尊重，非彼尊重也，两者之间存在极大的不同。

其实，我们今天首先需要追问的是，我们为什么还要讨论百年前的陈寅恪先生？几十年来，还有这么多人惦记他，一定是有理由的。俗话说，缺什么，就想什么，那我们今天缺了陈寅恪先生身上的什么呢？他有什么值得一大批学者不断怀念的呢？是因为在1929年，他在王国维先生的墓碑上所写的那传世的"独立之精神、自由之思想"？如果是，那是否意味着我们至今还在呼唤这四大稀缺资源：自由、独立、思想、精神？请注意，这种稀缺也许不仅仅指的是华人社会，也包括今天的美国社会，在美国的各位，也值得一问：今天的美国知识分子更自由、更独立了吗？美国人的思想和精神还在吗？

今天，陈怀宇教授的演讲继承了我们纽约聊斋一如既往的"浅入深出"的风格，他的"浅入"首先是从陈寅恪先生的生平说起，再以陈先生在北京大学和中山大学的两大学术遗产作为背景，精彩而又细致地归纳了陈先生的四大特征：第一是三个学术阶段，包括20世纪20年代的东方学、30—50年代的隋唐史、50—60年代的明清史；第二是两大学术系统，包括东方学和中古史学；第三是执教三个大学的经历，包括香港大学、岭南大学和中山大学；第四更精彩，是与陈先生有关的一些外国学者，包括赫尔德（John Gottfried Herder）、福兰阁（Otto Franke）、白璧德（Irving Babbitt）、内藤湖南、匈牙利人白乐日（Istvan Balazs），白乐日是一个研究唐朝经济史的专家。当然，陈怀宇教授还论及传承陈寅恪先生学术的数位中国后人，像季羡林、周一良等。

除了"浅出"之外，陈怀宇教授的"深入"则主要体现在三大视角，来重新发现陈寅恪先生在西方学界的影响。第一个视角是试图在西文史料文献中发现陈寅恪。一般而言，西方文献对陈寅恪的记载和评价，能够比较客观地体现陈先生在西方的真实地位，因为西方学者比较不喜欢过度的溢美之词，他们遵循的大多是"不批判、毋宁死"的学术批判精神。同时，通过这些文献，我们也能发现陈寅恪与这些西方学者之间的学术关系，更为全面和深入地了解陈先生的为人与为学。

第二个视角是陈怀宇教授试图从欧美现代学术脉络中定位陈寅恪。大家知道，欧美各大学派在东方学和汉学方面的研究，有一个清晰的史学史脉络，但很少有人将陈寅恪的成就放在欧美学术演变中去定位。这个定位很重要，因为不怕不识货，就怕货比货。有一点必须说明，20世纪20年代的陈寅恪对西方研究中国问题的专家是很尊重的，因为只有真正与西方学者进行过深度交流的中国学者，才会对他们研究汉学的功力，表现出一种敬畏之心。陈先生在20年代有一句名言，"读书先识字"，要研究历史学，特别是东方学，必须先读懂像天书一样的东方文字，包括在历史上存在过但已经消失的文字。所以，陈寅恪先生在柏林大学期间，对各种稀有、生僻的东方文字做了许多考证工作，功德无量。

顺便讲一个小故事，帮助大家了解一下我们中国大陆学者对美国人研究中国史的认知变化。20世纪80年代末，一位大陆研究明史的历史学教授来我家做客，我建议她去看看美国国会图书馆有关张居正的英文著作，她的第一反应是，不去，浪费时间，美国人怎么会懂张居正？后来在我的持续鼓励下，她勉为其难地在美国国会图书馆泡了几天，然后惊奇地发现，美国学者关于张居正"一条鞭法"的英文专著竟然多达76本，于是她对美国的中国史学者的态度从轻视、忽视，走向了平视和重视。

第三个视角是，陈怀宇教授是从欧美当代学术史的反思中，重新认识陈寅恪。这是一种经过反思后的反思，能够形成一个思想史发展的逻辑链条。这种反思，使我想起了两种学术研究的方法，很有意思。

第一种是溯因法，不是演绎法，也不是归纳法。溯因法（Abductive Method）是一种根据现象来推测现象产生的原因的方法，顾名思义，就是追溯原因的方法，与演绎法和归纳法相比，它至少存在四大特点：追溯性、创造性、试错性、随机性。如果说演绎法是从上到下，归纳法是从下到上，那么溯因法就是从后到前、从今到古，是我们历史学者的最爱。也就是说，为了探讨陈寅恪研究成为显学的原因，有人会强调主观，有人则推崇客观，但这些片面强调某一方面原因的做法，犹如盲人摸象，难免有缺失。但如果有100个盲人摸同一只大象，自然就能从比较片面走向比较全面。陈怀宇教授的贡献就是在帮我们提供另一个全新的西方"盲人们"对陈寅恪的印象。他在专著《在西方发现陈寅恪》中，就表示他是使用溯源的方法来解读陈寅恪，类似溯因法。[1]

第二种研究方法是布莱恩·阿瑟（Brian Arthur）创立"复杂经济学"（Complexity Economics）的组合法，它就是提倡搭积木、玩puzzle，叫作"系统积木块"（System Building Blocks），把互不

1　陈怀宇：《在西方发现陈寅恪：中国近代人文学的东方学与西学背景》，北京：北京师范大学出版社，2013年，第5页。

相干的一块块木头和一张张纸片，实行进化式组合，目的就是通过物理性的拼凑，获得比较完整的形象、比较有效的研究思路。

类似这类溯因法、组合法的努力，能给我们今天研究陈寅恪先生和所有学科研究的学人提供几点启示。

第一，不要奢望使用全景式、完备式、大而全的研究方法，一次性完成对一个大人物、大事件和大时代的无遗漏、无死角的研究，这是难有可能的。作为学者，我们渴望自己的研究能够成为绝唱、绝响，希望自己的研究已经穷尽了所有的资料、方法和理论，此后，再无学者敢碰这个题目。这样的学术研究理想，想想是可以的，实现的可能几乎没有。

第二，不要轻视或忽视一些旧的和小的方法，它们也许代表了一块块积木，或者一个个盲人，一旦有一个明确的定位、宏观的视野、睿智的组合，或许就能积少成多、聚沙成塔，将对一个历史人物的评价，逐渐由表及里、由浅入深、由偏到全、由点成线。

第三，不要固执于一种研究方法，需要大胆尝试组合各种现有的方法。陈怀宇教授的专著就是使用三种证据的组合方法，一是关于域外的西语文献，二是陈寅恪先生的自身著作，三是陈先生师友所传的掌故。三类资料相互参证，或者是三个盲人一起摸象，但这三个盲人都必须是在学者精心指挥、统一部署下进行。其实，我们现在学术界的首要任务，不是去创造什么最新的研究方法，因为现有的方法已经够多、够先进了，关键是将现有的方法进行组合，也许就能达到1+1>2的效应。具体的积木可以不变，只要改变组合的方法，就会得到新的思路和新的视角。

举个例子，记得十多年前，我当时在普渡大学，与我们的团队开始从事空间宗教学的研究，这属于数字人文学的范畴。当时有人质疑这是标新立异，但如果这类新方法能够显示传统方法无法解决难题之能力，就会有生命力。于是，带着这样的问题意识，我们开始用组合的研究方法，去研究教堂短缺问题（shortage of church），包括文献、统计、实证，再加上当时比较新的地理信息系统（GIS）手段。通过GIS，就能确定每个教堂所在地的经度和纬度，并得到教徒们所居住的大致区域、周末行车速度等信息，这样就可以算出每一个教徒平均需要花费多长时间、走多长距离才能到最近的教堂。然后设定一个教堂短缺的标准。那就是，如果一个教徒在周日需要单程开车90分钟以上，就可界定该地区是教堂短缺。这个标准受到美国国家健康卫生署（NIH）关于医院短缺标准的启发，它界定，如果·个民众需要单程行车30分钟以上才能到达最近的医院，那么这个地区就需要被界定为医院短缺。

但这个类似"空军作战"的空间和数字方法还不够，需要"陆军"配合，也就是需要到现场去进行实证研究，随机询问信徒们，今天从家到教堂大约花了多少时间？你觉得当地教堂多了还是少了？这样，上述多种方法的组合，就比较能够摸清教堂短缺这只"大象"的模样。

第四，我们文科学者需要走出舒适圈，经常尝试不同的或者最新、最难的研究方法。陈怀宇教授在书中引用了王汎森先生的名言："真正有价值的学问是没有地图的旅程。"[1]

总之，我们有的学者喜好从下往上、以小见大的归纳法，有些学者喜欢从上到下、从大到小的演绎法，那么，我们是否也应该多试试从后到前、从今到古的溯因法呢？还有，我们也可以试试通过数字人文（digital humanities）、空间人文（spatial humanities）的方法，将平放的文字档案立起来，通过可视化的图像表现出来、鲜活起来。我们现在不仅需要汲取有关陈寅恪先生的知识和信息，更重要的是要学会获取这些知识的方法。

（此文系2021年10月9日笔者主持与点评亚利桑那州立大学历史、哲学、宗教学院与国际语言文化学院合聘陈怀宇副教授演讲的发言整理）

周作人的精神气质

有关周作人的研究，我想分享三点体会。

第一，有关周作人思想的精华。尼采在《悲剧的诞生》中说，人有两种精神气质：一是酒神精神（Dionysian），二是太阳神精神（Apollonian）。酒神精神，代表感性冲动，推崇热烈、激情、乐观、浪漫，并有强烈的宗教情怀，超越个体生命的局限，追求终极关怀与终极目的；而太阳神精神，也称阿波罗精神，代

1　陈怀宇：《在西方发现陈寅恪》，第5页。

表理性，是坚守亚里士多德所提倡的适度，或孔子所推崇的中庸，遵守道德律令，坚持理性，强调自知之明，追求清晰、宁静、规则支配下的个人自由和社会秩序。

周作人自我标榜是推崇理性的太阳神，拒绝感性的酒神。他否定信仰、否定狂热、反对主义、反对极端，同时，他也放弃彼岸、放弃进步、放弃功利的目的，强调生命没有目的，只有一个终点，那就是死亡。他强调所有的终极目的，都是为终极压抑而提供终极理由。他既坚决反对一统思想，反对上层的英雄偶像，又反对底层的狂热和暴力的群众。特别是他在反纵向的政治专制的同时，也反横向的和广泛的思想专制。

第二，有关太阳神精神的思考。表面看，坚持太阳神精神是理性的表现，但理性是很难真正做到的，常人的常态是有限理性或非理性。于是，要求常人做到完备理性和长期中庸，就是一种难以达到的极致理想，类似古典经济学所提倡的经济人理性。所以，真实的你我他是一些充满感性而缺乏理性的自然人，就如休谟所言：理性是激情的奴隶，在激情面前，所有的理性只是一批奴隶而已，只能服从激情和感性。这样，过于强调太阳神、坚持理性、反对理想的周作人，就成了另一种理想主义。古希腊哲学家赫拉克利特就说过："在圆周上，起点与终点是重合的。"所以，过度的适度，又是不适度。真正的适度是在理性与感性之间选择一个中位，这样，人的内心才能不会太冷和太热，也不会太躁动或太冷静，这样才有助于我们走向内心的稳定、协调与和谐。

第三，有关酒神精神的效用。酒神提倡终极关怀、信奉宗教的效用，但非常理性的康德并不排斥上帝。康德一方面不信上帝，但另一方面却不反对上帝，这一点与周作人类似。因为康德认为，借助上帝能给人类的内心制造敬畏、恐惧和道德律令，他意识到再完备的法律也只能管人类犯法与否，而无法规范人类的道德情操，而自我又常常难以有效管制自己的道德不致堕落，所以必须借助上帝之力。这样，看不见的上帝和美好的理想就有了实用价值，使很多人的生命有了目标。

所以，面对酒神和太阳神之间的纠结之时，我们各自的内心最好能自设一个"适度神"，既能不偏不倚，又能执二用中。这就是周作人给我们的思想启示和历史教训。

（此文系2021年2月20日笔者主持与点评爱荷华州立大学世界语言文化系李同路副教授演讲的发言整理）

梅兰芳京剧表演的现代性

第一，我的点评侧重回应我在本次讲座开场时候的一大问题：为什么百年中国的戏曲能够做到独树一帜，既有所为，又有所不为？既保存传统性，又注重现代性？我觉得有必要回顾一下美国人在1930年是如何比较和评价日本歌舞伎筒井剧团与梅兰芳京剧剧团在纽约百老汇的同时同地演出的。

筒井剧团由日本京都的一位顶尖日本剧演员筒井德二郎创建并自任团长，当他的剧团与梅兰芳京剧剧团同时演出后，美国媒体、专家和观众几乎一致断定：梅兰芳剧团的演出水准完胜筒井剧团。尽管筒井剧团的表演更加具有现代性，尤其是在节奏、情节、兴奋度、真实性、娱乐性、趣味、粗糙度和通俗易懂等方面，比较适合美日戏剧所共有的杂烩、权力和暴力特性，但美国戏剧专家和观众又判定中国京剧的品位和境界高于日本剧，因为京剧更加传统、程序化、优雅、精致、具美感、有力量、静止与平和。

结果，一个希望取悦现代美国戏剧文化，并具有现代性的筒井剧团，竟然完败于坚持京剧传统的梅兰芳剧团。其实，梅兰芳一直有一个清醒的京剧改良意识："若是改而不良，就不如不改。"筒井剧团现代改良实践的结果也许是对当时日本社会所追捧的"脱亚入欧"尝试的一次反讽？所以，一有比较，既产生鉴别，也可能出现伤害。

其实，梅兰芳在齐如山和张彭春的帮助下，对传统京剧进行了有所为和有所不为的改良，是一种对传统戏曲的"提纯"（purification）。作为对比，筒井剧团则使用日美"杂交"的模式，"用强势的'现代性'来弱化与调和'传统性'"。也许，由于筒井剧团对西方现代风格的过度模仿，冒犯了美国观众并达不到他们对日本传统歌舞伎的较高预期，加上，与同时间、同地点梅兰芳演出的比较，使得美国戏剧界发现了筒井剧团的"混杂性"与梅兰芳剧团的"纯粹性"的不同，结果，梅兰芳的纯粹性战胜了筒井的混杂性，中国京剧的传统性打败了日本歌舞伎的现代性。其中也反映了百老汇和美国民众的矛盾心理，一方面他们欢迎西学东渐后，东方戏剧向西方戏剧多多学习、借鉴、融合；但另一方面却认为，东方的学习是徒劳的，因为东方无法超越西方，只能做"一种幼稚且拙劣的戏仿"。这一案例就应验了我们常说的一句老话：越是民族的，越是世界的。

第二，从主讲人所提到的具有戏曲现代性的声光电问题，我想分享一下93年前梅兰芳在美国的学习经历。梅兰芳和中国戏剧界从美国戏剧界到底学到了什么？我们觉得其最大的收获是学到了美国戏剧舞台的一些高科技元素，包括灯光、音响等，尤其是美国的电影技术。

梅兰芳在纽约拜访过多位使用光电的导演，亲身感受到现代光电技术在戏剧舞台布景和演出时的最新应用。如一分钟颜色有几十种变化的灯光；光学大师威尔弗雷德·巴克兰（Wilfred Buckland）向梅兰芳展示最新发明的，旨在影响观众心理的灯光设备；纽约的大导演阔罗尔（Garl Corroll）主动提出为梅剧团演出配设新式灯光，而且在41街的国家剧院予以实施，效果惊人。在旧金山和洛杉矶，梅兰芳第一次参加了美国国家广播公司的电台现场演讲，多家报纸报道了这条新闻。尤其在美国期间，梅兰芳拍了一段有声电影《刺虎》，并在上海剧场播出。

这样，梅剧团在美国的演出，就不同于北京天桥的茶馆式听戏，而是耦合了美国百老汇舞台元素的东方艺术。梅剧团在美国6个城市9座剧场进行了96场演出，赢得了100500人次观众之"叫好"，以及31万美元票房的"叫座"。通过美国专家的"评头论足"和观众的"喜乐偏好"，梅剧团有效地改良了被新文化运动或胡适所斥之为旧时代"遗存物"（Survivals）的传统戏剧，重塑出既保持传统戏剧精髓又适合国际艺术发展的"新京剧"。

第三，有关京剧的剧场形制问题。在1930年大多美国剧评家认为，京剧舞台既过于无序混乱，又过于简单。其实这是向西方民众解释中西戏剧各自特点的最好机会。欧美戏剧属于"分幕制"，舞台布景在换幕之前即已布置妥当，既保证幕与幕之间的转换顺利，也不影响舞台的观瞻。但京剧是"分场制"，场与场之间不得间断、不许冷场，所以，布景和道具只能当着观众的面"明布"，布景的工作人员（监场人员）也要上台置换道具，这样就会有碍舞台观瞻，导致现场混乱。

但是，京剧的一大长处是几乎没什么布景，而且道具简单，只有一桌两椅而已。所以，类似桌椅的搬动，既可以通过编剧的设计予以简化，也可以请演员在对白时，悄然而又自然地搬椅换桌，省却监场人员的现场搬运。日本评论家神田喜一郎曾说："（京剧）不用幕，而且完全不用布景……只用简朴的桌椅……如果有人对此感到不足，那就是说他到底没有欣赏艺术的资格。……使用布景和道具绝对不是戏剧的进步，却意味着看戏的观众脑子迟钝。"

其实，由于中国京剧重演员、轻编剧，所以故事比较简单，人物也不复杂，即使不熟悉故事的美国观众也能欣赏梅兰芳的艺术魅力；而美国戏剧以剧作家为中心，相对重编剧，演员的主要任务是解释故事和阐释人物，类似美国戏剧家怀尔德（Thornton Wilder）在1938年上演的戏剧《我们的小镇》（*Our Town*）一样，这样就有可能将情节设计得复杂、曲折和有趣。

第四，与戏曲演出空间和社会功能相关。其实这个空间与社会功能是见仁见智的，美国人在20世纪二三十年代直接将中国京剧厅堂式、广场式、喝茶作乐式的现象，打上标签：不文明。因为根据我们的英文文献梳理发现，当时美国观众最不习惯的是中国京剧的剧场过于自由、散漫、不尊重演员、不敬畏艺术。

这里似乎出现一个西方社会的悖论现象：一方面，西方人看戏喜欢在正式的封闭式剧场，而不是厅堂与广场，观众必须正襟危坐，不得轻易走动；另一方面，西方人在聚会聚餐时，却推崇自助餐的形式，自由走动和交谈，达到信息交流最大化。作为对比，传统中国人的看剧与聚餐方式是一致的，似乎以喝茶为主、看戏为辅，看戏买的是茶钱不是戏票，大家都是围桌而坐，既可以随便与他人饮茶、聊天，又将这种随意仅限于同桌，可称为适度的看戏纪律。一旦有人叫好喝彩，可以互相影响，属于一种社交的场合。

梅兰芳在接受美国剧评家芭芭拉·斯科特（Barbara E. Scott）的采访时说，在第一个晚上他就怯场了、吓倒了，他从头到脚都在颤抖，其中一大原因是"观众如此安静！他们的安静让我感到害怕"，观众对他的演出毫无反应。其实，这个剧作家告诉梅兰芳，大家不想错过这个异国情调表演的任何一个细微之处并被你的魔力迷住了，作者对此由衷地感叹："可怜的梅兰芳！"因为对梅兰芳而言，"这就像圣诞节前的夜晚，没有一个生物在骚动，甚至连一只老鼠也没有"。其实，这位美国剧评家从另一角度为喧闹的中国戏园提出了有力的辩护：虽然中国观众习惯一边嗑瓜子、一边欣赏他们的偶像在舞台上演出，但这绝不是不尊重、不懂戏，中国人对梅兰芳的"艺术欣赏比我们西方人对百老汇和好莱坞英雄们的欣赏，更有诗意"。这类误解的澄清，也可以引申到多数西方人讨厌中国人在公众场合大声说话的习惯。当然，中国戏园热闹得像菜场，出现嗑瓜子、扔毛巾、小孩哭闹等现象，那是现代文明剧场难以接受的。所以，京剧改革要坚持有所为、有所不为。

从上面四个方面说明，交流很重要。交流的方式分两种：一种叫对话（dialogue），它的目的是我说服你，最终促使你放弃你的立场和观点，接受我的观点与信仰，类似传教的功能；另一种叫会话（conversation），它的目的是既表达我的观点，又倾听你的想法，追求的是取长补短、互相改变、共同提高。中外文化、中外教育和中外戏剧的交流应该多多提倡求同存异式的会话，而不是传教式的对话。

（此文系2023年6月17日笔者主持与点评中国戏剧学院傅谨教授演讲的发言整理）

章太炎的史观

再过三天，我们将迎来辛亥革命一百一十二周年的纪念。借此好日子，大家一起来重温章太炎先生的政治思想，非常有意义。尽管章太炎不如孙中山、黄兴有名，但谁是这些革命领袖思想的塑造者、革命观念的启蒙者、革命运动的推动者？革命者只有改变了传统的观念，才能改变传统的行为，最后自然就改变了中国历史的进程。所以，革命的思想者与革命的行动者在历史的作用上同样重要，将被长期低估了的思想领袖章太炎与政治领袖孙中山和军事领袖黄兴并列为"革命三尊"或者是"辛亥三首"，在学界尤其值得重视。

通过学习主讲人的研究成果，我最大的收获和体会是其中蕴含或者隐藏的五大史学观念和史学思想，简称史观。首先，评价历史事件与历史人物需要建立整体史观。辛亥革命不仅仅是1911年10月10日爆发的武昌起义而已，它是一场漫长的、具有历史渊源和传承的革命。这种以较长的时段看晚清革命的过程与特点，一定更加通透、全面和深入。主讲人在其专著中使用了"风化"一词来形容清朝这座古堡崩溃的过程，大国轰然倒下尽管存在一个节点，但其原因一定不是一日之寒，必须追根溯源。而且，研究章太炎的复古的新文化思想，需要结合康梁思想和反复古的五四新文化思想，将三者放在一个平台上予以横向比较和纵向分析，同样，还需要将太平天国引入辛亥革命的研究框架，将最激进的太平天国、次激进的辛亥革命，以及以文为手段的革命进行比较，它们既有区别，更是一个有机而又不可分割的思想体系和历史进程。更重要的是，我们在研究新文化运动的时候，不能无视或绕过章太炎的革命思想，不然的话，五四新文化运动就成了无源之水、无本之木。

其次，评价革命需要建立三元史观或者多元史观。暴力反抗确实是辛亥革命很精彩的一段篇章，但不是全部篇章，因为就像主讲人很睿智地提出：辛亥革命是一个复数的概念，暴力革命只是辛亥革命的下半场而已，而以文为手段的革命，提供了辛亥革命的上半场，包括以东京为海外中心的清季革命。一文一武相得益彰，文武之道方为王道。史学研究需要提倡三元或多元观，而不是二元对立观，主讲人也反对简单的二元论，提出不能简单地以革命派与改良派来划界。而且主讲人很精彩地提出了革命的三元动力论，包括武装起义、自治运动和以文为手段的革命，一起建构和贡献了辛亥革命的多元主题与动力。

另外，史学研究需要提倡边缘学史观。一个流行的传统历史观就是侧重英雄、关注转折点和里程碑（turning point or milestone），忽略了边缘人物、边缘事件、边缘地区、边缘观念和边缘史料的边缘学（marginalization studies）。就像主讲人所说的推墙事件，如武昌起义，在这些推墙人的后面、侧面、上面或看不见的背面都存在各种看似边缘的动力和合力，这就需要史学家认真关注。其实，章太炎与他的学生鲁迅类似，善于和乐于文斗，而不是武斗，但文斗所展现和推动的思想革命、文化革命、人心革命恰恰是辛亥革命的灵魂，他们不仅能够助推和催生真正的革命，而且有时候，文斗比武斗更有长远的影响与积极的效用。

再者，史学研究需要强化适度哲学观。正如主讲人所引用的章炳麟的著名论文《国家论》（1907年9月22日）上所说："爱国之念，强国之民不可有，弱国之民不可无。亦如自尊之念，处显贵者不可有，居穷约者不可无。要以自保平衡而已。"这种平衡思想就是中学的中庸之道和西学的适度哲学的高度一致，过犹不及、执二用中，这也与亚当·斯密在《道德情操论》中所强调的适度情操与行为存在异曲同工之妙。而且，如果说，康有为的保皇过于保守、黄兴的暴力过于激进的话，那么，章太炎的以文为手段的革命，正好走了一条适度的和中道的路径，因为在保守的保皇思想与激进的革命思想之间，嵌入以复古和文斗为核心的章太炎的新文化思想，就有了左中右的三维和三元的比较境界和适度视角。我出过一本《左右之间　两极之上：适度经济学思想导论》的小书，我一直在准备写一本"适度历史观"的新书，适度似乎是个筐，什么都可以往里面装。

最后，史学研究也应该包容非进化论、非唯物论、非规律论和非科学论。章太炎曾依据佛教批判达尔文的进化论，认为人类不可能完全无限地迈向纯粹进化，因为人在生存和发展过程中，一定善恶同行、苦乐混杂。而且，章太炎也不待见唯物论，因为他批判过四惑，包括公理、进化、唯物、自然。近年来，西方经济学界也出现一门方兴未艾的复杂经济学，它就是反对线性进化，主张横向组合、有机融合、好坏和合的理念。

更重要的是，我们需要重新反思一个大问题：历史学到底是一门科学，还是一门艺术学或者是一门人文学？著名哲学家波普尔（Karl Raimund Popper）在1957年的名著《历史决定论的贫困》中就反对这种历史决定论。其实，自然科学的一大特征就是任何科学证据必须可以被重复验证、可以被实验室的实证数据证实，那些实验数据不能被重复的学科，就不是科学，类似近年来出现的一些学术不端的科学论文，就是因为缺乏可以重复的验证。而历史事件尽管可能存在惊人的相似，但不可能完全重复，所以，历史学很难成为一门纯粹的类似数理化的自然科学，而缺乏自然科学特性的学科，就很难出现必然的和放之四海而皆准的规律。太多的偶然性和人为性，导致历史的关键进程逆转。

所以，今天的主讲人给我最大的启发就是五大史观的实践和运用：包括整体史观，三元或多元史观，边缘学史观，适度史观和非进化论、非唯物论、非规律、非科学史观。史观决定史学理论的确立、史学档案的选择、史学方法的创新，是我们历史学者的指路明灯、定海神针。可以这么说，史学家应该以包容和多元的史观为纲，纲举目张。

（此文系2023年10月7日笔者主持与点评澳门大学历史系林少阳教授演讲的发言整理）

文史哲观篇

序　语

在一个急功近利、科技超速更新的时代，人比较容易焦虑和烦躁，心静和心安也成了一种美好的愿望。但文史哲的精神营养依然能使人沉静和沉淀，有助于颐养心境和提升境界。

纽约聊斋的一大特色就是不断推出文史哲主题的讲座，广邀来自世界各地学者，精选适度合宜的主题，用文化的包容和思想的厚重，应对多变和未知的未来，平衡非常、无常和反常的外部世界，努力打造适度平和的公共平台。

本篇主要选择了我在纽约聊斋和其他云上论坛的发言。大致可分三个主题：一是史学研究与教学的思想、理论、方法与文献；二是中外文明、哲学思想和历史案例的比较；三是中国古代和近现代文学的哲思、史论和政治变迁。

史学研究与教学

学历史的效用

2022年暑假，一项北京师范大学的实证调查显示：在最令人感兴趣的文科专业上，历史学成为中国当今"00后"的第一选择！我们没法也没必要去证实或证伪这个调查，今天只是想借题发挥、"借壳上市"。

为什么学历史？先给大家讲一个故事。十多年前，在一次研讨会上，一位国内高校的领导得知我学史几十载，顺口问了我一个问题：学历史到底有啥用？"记忆"，我冲口而出两个字。在他继续开口追问之前，我补充说，您不会继续问记忆有啥用吧？他笑了，全场也大笑。我接着滔滔不绝，讲了学历史对于我本人的四大用处。

学历史的第一个效用是记忆。一个人失去记忆，就是失智、失常；一个学者没有记忆，那就丧失思考能力、错失连连；一个民族、一个国家出现集体性失忆，必定重蹈历史悲剧，灾难不断。其实，历史也是社会记忆的守门人，帮助社会记住历史教训。从拆字来看，"忘"由心+亡组成，健忘意味着"心死"，也是人类的一个通病，所以历史就是提醒大家要"记"，不断自我告诫。

学历史的第二个效用是帮助我们敬畏前辈、尊重大师。世界如此未知，人类如此无知，我们没有理由不敬重大师。根据施一公的研究，目前人类已知的物质质量在宇宙中只占4%，未知的物质存在占比高达96%，即所谓的暗物质或暗能量。所以大家不能对所闻所见随意下判断，断言这是真的、假的，那是对的、错的。没有任何联系的两个量子，会在不同位置出现完全相关的相同表现，可以如神一般地发生纠缠，即所谓的量子纠缠。既然宇宙中还有96%的物质等待发现，那灵魂、鬼神都是有可能存在的；既然量子都能纠缠，那第六感、特异功能、元宇宙也有可能存在。问题是，施一公是怎么计算出人类只了解4%的宇宙物质的？既然我们如此无知，又为何能如此精确而又断然地得出这个结论？这就是苏格拉底式的批判性思辨所质疑的悖论。

学历史的第三个效用是帮助我们谦卑。时常回望浩瀚的历史和复杂的世界，你就会生出敬畏之意、谦卑之心。因为敬，所以仰视；因为畏，所以谨慎；因为敬畏，而深知自己的渺小，小得如一颗尘埃，更小得像沧海一粟。这样，我们就会培养一种谦卑、低调、谨慎的心态和心胸。苏格拉底说过，"我唯一知道的，就是我的无知"，与道家不谋而合，因为老子说过："知不知，尚矣；不知知，病也。"知道自己还有所不知，这是很高明的；不知道却自以为知道，这就很糟糕。庄子也说"吾生也有涯，而知也无涯"。发现和引用中西方先知们不谋而合的真知灼见，会发现一些很神奇的英雄所见大同，属于另一类的"量子纠缠"。

学历史的第四个效用是练就我们的宽容。谦卑往往能够培养一种宽容。人类的宽容大致可以分为三种。第一，因谦卑而宽容。看多了历史现象的千奇百怪、历史人物的大起大落，以及芸芸众生的过眼烟云，就会觉得渺小的你我他，其实没有资格不宽容不同的观点，没有理由不活得更佛系一点。第二，因自信而宽容，因力量而自信。房龙的宽容理论将宽容—自信—力量三者的发生逻辑相连，即你为什么这么宽容？因为你自信。你为什么自信？因为你有力量。同理反证：有些人为什么歧视另一些人？因为他们没自信、缺力量。第三，因冷漠而宽容。纽约文化的一大特征就是既宽容又冷漠，两者存在逻辑关系：冷漠，导致周围世界与我无关，于是，就显得宽容；而过度宽容，也会透出冷漠的况味。同理反证：过度热心地多管闲事，有可能不宽容，也容易侵犯他人隐私。我们可以展开一种新的课题研究：谦卑指数、敬畏指数、宽容指数（indexes of humbleness, respect, and tolerance）。

所以，我的历史有用论的逻辑是这样的：先记住历史是洪水猛兽，然后就会尊敬和畏惧；有了敬畏，就会深知自我的渺小，于是就会谦卑；最后，有了谦卑，才有可能虚怀若谷、宽容平和，避免重蹈历史覆辙。

上面四点，属于价值观范畴，比传授知识、技能和能力的层次更高。希望并且相信，我们通过学习历史，能够提升自己的记忆力、敬畏感、谦卑情和宽容心。

（此文系2022年9月17日笔者主持与点评四位中美高校历史学专业学生陈可、吴镕庭、胡斌和郎超演讲的发言整理）

历史教学的思想性

自1992年以来，我在美国高校执教已过30个春秋，先后在四所美国大学任教任职。尽管在美国高校的教学经历"色彩缤纷"，但我始终认为最关键的是需要培养学生的思想能力，因为我们大学教授的主要使命应该是传"道"而不仅是授"器"，我们要传递给学生的是"能力"而不仅是"知识"，我们从事的是"教育"而不仅是"培训"。而所有的布"道"、授"能"、传"教"大业的根本，就是思想。

基于此，我想通过一系列具体的教学案例和教学法的陈述，来分享我对美国大学教育思想的认知与实践。很显然，传授思想的起点是厘清思想的内涵与要素，理解思想的真正本质与效用，尤其是实践适合美国学生的教学思想传授。大致而言，我所肤浅理解的美国大学教学思想的内涵，应该具有四大要素：醒（awakening）、悟（comprehension）、理（reason）、道（Dao）。

"醒"是思想的第一元素，也是古希腊哲学家苏格拉底的最大贡献之一。为了帮助学生理解"醒"的本质，我往往先通过比较苏格拉底与孔子不同的教学方法入手。

第一，"苏式"的"醒"体现在极问，以问促醒、不问不醒，问是醒的必要条件，尽管不是充分条件。苏格拉底习惯给学生不断提问、挖坑、再提问、再挖坑，直至学生掉坑。一般一个问题，可以追问20次以上，例如他与学生埃斯基涅斯（Aeschines）关于幸福是什么的经典对话，就是长达22个来回的问答。

作为对比，以《论语》为例，孔子则惜言如金，要么直接传道解惑，通篇皆为"子曰"；要么只允许学生问一次，诸如"子游问孝。子曰：今之孝者，是谓能养"。所以，孔子和学生的关系在于教和学，"诲人不倦"，类似布道，宣告规则，给学生留下可供反复背诵的格言警句，少有极问的空间，也没有实证研究的过程。对此，汉代的王充曾说"以学于孔子，不能极问也"，因为极问就是对老师的不尊、不敬。加上，老子的"知者不言，言者不知"的哲学，抑制了一些中国学生上课提问的积极性和主动性。

第二，"苏式"的"醒"还体现在辩论，以辩促醒。苏格拉底的特长就是通过对话和辩论，不断揭露学生的自相矛盾，促使学生再次思考或否定自己原来已经肯定的想法，对学生产生振聋发聩的催醒作用。苏格拉底尤其习惯通过悖论的演绎，促使学生产生头脑风暴，催醒学生，如美诺悖论（Meno Paradox）。

我习惯将"苏式"问题演化为多个当代悖论，有助于"诱导"学生自相矛盾，帮助他们加深对悖论的理解。如，问："你是否热爱所有和平、反对一切暴力?"答:"是的。"再问:"你是否支持推翻英国殖民统治的美国革命?"答:"是的。"话音刚落,知性的学生马上"清醒",意识到自己的自相矛盾:既然反对一切暴力,为何又要支持暴力的美国革命?于是,就要引导学生讨论:暴力是否需要分出"正义的好暴力"与"不正义的坏暴力"、"防御性暴力"与"进攻性暴力"的区别?如果要区别,标准在哪里?谁有权定标准?一连串的问题,促使学生"醒"。类似的课堂对话还可以很多。如,问:"你是否支持少数服从多数的民主原则?"答:"是。"再问:"你是否支持真理往往掌握在少数人手里?"答:"是。"掉坑!你到底是支持少数还是多数?

这类问答,就是苏格拉底所推崇的在痛苦中催生知识的教学理念。在极问的过程中,苏格拉底其实在教导学生,世上没有什么学问是不可以被质疑和被挑战的,一种现象背后不限于简单的是与非,基于这种境界,他才有可能培养出他的学生(柏拉图)的学生亚里士多德这类"犯上"的学生,并创造"吾爱吾师,吾更爱真理"的传世名句。

第三,"苏式"的"醒"还体现在"平等催醒",老师通过与学生随意、平等的交流,催醒学生,与"师道尊严"形成对比。在与学生埃斯基涅斯讨论何为幸福时,苏格拉底完全没有架子,而是运用"浅入深出"、先易后难的提问和解说方法。

其实,深受古希腊传统影响的西方教育,往往能够比较促使和逼使学生梦醒、惊醒、猛醒,最后启迪和创新他们的思想。而且,这种"以问促醒""以辩促醒""平等催醒"的效用在于,提示学生要敢于和善于不唯上、不唯书、不唯师，通过疑问、质问和追问，挑战经典和大师，不断创新史学理论与方法。

"苏式"的"醒"能够启动学生的思考，但它有时不一定能够深化思考的质量，而东方思维则有助于启发学生的悟性、促进其深思熟虑。所以，"悟"是思想的第二元素，其中蕴含了三大要素。

其一，心悟。对此，中国的拆字很有说服力，因为汉字之"悟"的意象非常丰富，"悟"是由"心"和"吾"组成，吾即心，心即吾，遇心则悟，形声、象形、会意俱全。尤其是，东方的儒、释、道都推崇"悟"这个关键字，因为儒家视心性本然为"悟"，提倡悟性；佛家禅宗，也提倡"觉悟"所在的悟境；道家则推崇虚心之"悟道"。

其二，心静。如何才能达到悟的境界？答案是要做到心定、心安、心静，最后才能达到心悟。梁漱溟就认为：归寂以通天下所感。所以，静是悟的根本和前提，在熙熙攘攘的红尘中是难有心悟的。所以，悟的境界是唯心、唯我、唯冷、唯静。

其三，"醒""悟"合一。"苏式"的"醒"与东方的"悟"，其实不是对立的，存在互动与组合的可能，各具独特的启蒙效用。苏格拉底坚持哲学家就是光明，因为他们有能力将身处黑洞中的芸芸众生唤醒、觉悟，完成开启民智、启蒙思想的使命。

最后，通过讨论，学生们会达成一种小小的暂时共识："苏式"的"醒"善于创新、长于批判；东方的"悟"善于学透、精于揣摩，各有所长。

思想的第三大元素是"理"。人类思想的"醒"与"悟"还不够，需要整合"醒""悟"的各种要素，达到通透、洞察本质、最终成理，建立思想体系和抽象理论，追求天下同一理，因为"理一分殊"（朱熹），从一个"理"中能够分出万物，从一般到个别，再从个别到一般，完成从演绎到归纳，再从归纳到演绎的不断求证和实证的过程。在这里，作为思想的第三元素，"理"大致包含三大要素。

第一，理性。西方古典经济学家们大多崇拜完备理性，善于通过实证、实验等手段，理清事物的来龙去脉，逻辑自洽，不含糊、不模糊，放之四海而皆准，绝不能被证伪。但人真能做到完全理性吗？这是需要激励学生思考的一个大问题。休谟认为，理性是激情的奴隶，因为面对人性的激情，人往往失去理性，真正的理性有时是假理性，或者是缺乏人性的理性。美国行为经济学思想提倡的有限理性（Bounded Rationality）已经大行其道，信奉这个理论的七位经济学家加在一起已经四次获得了诺贝尔经济学奖。但是，植根于西方理性文化的美国主流经济学界，至今还是不完全认同行为经济学的有限理性。

第二，科学。理性是科学的根基。例如，牛顿的万有引力，如果有人能够证明东西不是往下掉，而是上升后永不落地，那么，万有引力就将被证伪、被推翻。同理，1921年爱因斯坦因对光电效应和光子假设的成功验证而获得诺贝尔物理学奖。他并未凭借更著名的相对论获奖，尽管1905年提出狭义相对论后很快就在1909年获得提名，又在1915年创立广义相对论，不过均因尚无实验实证而无缘获奖。对此，需要启发学生，科学就是如此理性而又无情，没有实验，就没有科学。于是，纯粹的学者必须坚持理性的尊严，讲道理、认死理、服真理。

所以，科学理论比较容易在"无情"的西方土壤上生根发芽，"李约瑟之谜"也反证了这一现象，即自汉朝以来，中国出现了不少伟大的技术，如四大发明，但少有传世的科学。在此，有必要鼓励学生讨论和辩论将"0"变成"1"与将"1"变成"10"的本质区别。将"0"变成"1"是科学发现，但将"1"发展成"10"则是科技创新，"发现"是根本和载体，"创新"则只是一种技术。

第三，逻辑。西方的"理"还蕴含非常强大的逻辑元素。传统西方逻辑提倡同一律，无论是什么，它就是它。祸就是祸，福就是福，不存在什么"祸兮，福之所倚；福兮，祸之所伏"这类似是而非的可能和"狡辩"。西方逻辑还主张无矛盾律，A和非A不可能同时发生，没有什么事物同时既是它，又不是它。它更热衷于排中律，A或者非A为真，但两者之间不存在半真半假、你真我也真的可能。这就是传统西方逻辑的泾渭分明、黑白两极。作为对比，东方思维就善于发现两大极端状态之间的中间道路。A是正确的，但非A不一定是错误的，一个伟大真理的反面也可能是真理。在这一点上，东方的禅宗与西方的量子力学似乎存在相通之点。

总之，不同于以"理"为核心的西方文化，东方的思辨存在四大特点。一是演化性，现实经常不断变化，今天是好事，明天有可能变坏事，所以需要学会应变与权衡；二是模糊性，东方人经常追求创造性模糊，好定性、喜两可，包括不争论姓"社"姓"资"的宏观叙事；三是关系性，各个部分只有置于整体关系之中，才有意义，整体大于部分叠加之和，2>1+1；四是效用性，只要有用，理论、理想、理性不重要，而且习惯"临时抱佛脚"，一切以有效、有用为准，无用之用就是无用。

尽管"理"很重要，但"道"应该是思想的第四大元素。因为相对而言，理浅道深、理方道圆、理清道玄、理简道繁，"道"中深藏着人类深刻的智慧和思想，而不仅仅是知识和理论，道理道理，一定是先有"道"后有"理"。

第一，"道"乃玄。"理"是方的，明晰、尖锐，但"道"是圆的；而且，"理"可以说清，但"道"天生"混沌""模糊"，所以，"道"的一大特点是"玄"。尤其是经典思想的魅力，就在于说不清、道不明，而一旦说清，就失去了"道"的独特魅力。所以，美国大学的教科书就没法翻译出"道"的精确含义，只能直接偷懒，用拼音（"Dao"或"Tao"）应付了事。类似复杂"高深"、来自东方的词，还包括"缘"，因为"情"勉强能够说清，但"缘"是什么？是运气，还是情分？难以说清，充满"玄"义。所以，往往是情深、缘浅。

如果将"道"升华为一种宗教，那就更说不清了。中国文化中只有一门完全于中国土生土长的宗教——道教。以道为核心的文化，是智能型文化，中国的经济主体也是智能型经济，不是理论型经济。在中国大陆，任何一种理论型经济都有可能"水土不服"，包括纯粹的苏联式计划经济和经典的西方式市场经济，在中国大陆很难行之有效。

第二，"道"为本。根据道家理念，"道"是中国文化之本，因为"道生一，一生二，二生三，三生万物"，任何公理、原理、学理、哲理都要服从"道"理。知识分子应该信奉自己的使命，习惯关心道、关心道理、关心真理，更应该推崇"道"是万物生长的根本，尤其需要推崇循序渐进的"五道"：知道、悟道、行道、合道、得道。由此，才能谈得上格物、致知、诚意、正心、修身、齐家、治国、平天下。

最后，我经常启发学生，如何才能铸就最佳、最强的思想力？关键是将醒、悟、理、道四者，进行创造性组合、融合与和合，缺一不可。我们今天大学生和研究生的主要使命之一是如何将器与道、术与学、训练与教育、知识与思想，尤其是将西学与汉学进行创造性的交叉。有些人擅长"术"，也善用"计"，但由此也可能导致他们聪明而不高明、精明而不英明。类似地，未来的人工智能也许能解决人的技能和知识的不足，但难以取代人的思想，所以只能称人工智能（Artificial Intelligent），而不可能是人工思想（Artificial Thought）。

总之，我期待对思想的功能产生一个辩证的认知：西学的"醒"，有利创新，但缺乏深度与扎实；汉学的"悟"，善于领会，但影响行动与冲动；西学的"理"，长于科学和逻辑，但缺乏变通与灵活；汉学的"道"，长于包容和模糊，但缺乏明断与清晰。而最高的"王道"似乎应该是组合、融合与和合，推动思想成为新时代的第一生产力。

（此文转引自姚平、王希主编《在美国教历史——
从书桌到讲台》［北京大学出版社，2022年］所收录的笔者文章，
有增删，感谢北京大学出版社授权再版此文）

历史文献研究新论

在中美学界做历史研究论文，谁都绕不过历史文献研究的写作。尽管历史文献研究是一种"学术八股"，但"八股"的背后，就是规范和规矩。在人文学科研究上，我们既要创新，又要规范，创新与规范是对立统一，没有规范的创新，创新就没有难度，而没有难度的创新，创新还有什么稀缺价值？其实，我们写历史研究论文的关键，不是要摆脱规范，而是如何驾驭规范，在文献研究中找到新的突破点。

高质量的历史文献研究需要一种态度，那就是农民心态、工匠精神。历史文献研究是一篇论文中最乏味，但最见功夫的工匠活，这里，我们需要向农民学习、向工匠致敬。我见过许多中外史学专业的研究生，本来还意气风发、兴致勃勃地要建构伟大、独创、传世的理论，但有些一碰到这个文献研究的山头和骨头，逐渐气馁，甚至放弃博士论文和学位。

文献研究（Literature Review）到底是什么？中国大陆称它为"文献综述"，台湾则叫"文献回顾"。其实，这两种称呼和定义

的后果是将"Literature Review"的要求降低了，因为"文献综述"只是被动地进行综合性叙述而已，述而不作；而"文献回顾"则没有突出"review"的本质，"review"的英文原意是"评论"或"研究"。所以，我们应该提倡高标准、严要求，将它称为"文献研究"，这样，既反映英文原意，又提升文献研究的要求与意义。

历史文献研究应该包括三大部分：叙述文献、批判文献、补充文献。既要述，也要评，更要补。述是基础，是必要条件；评是深化，是批判；补则是创新，是研究。或者说，一是发现已有的，二是批判现有的，三是填补没有的。

历史文献研究的第一大任务是挖掘和叙述已经发表的学术文献，它包括五个内容：收集、阅读、选择、分类、总结。首先，发现已有文献的目的是对以往的研究了然于心，避免重复别人已经发表的观点，更可防止因无心之误导致抄袭和学术不端。同时也是为了提高起点、增加通透，站在前人的肩膀上，提升自己研究的起点，而起点提高，更有助于增加研究的通透。通是广度，透是深度，通透的关键还是高度。此外，发现和叙述已有文献有助于厘清误区、寻根溯源。学术界存在许多被大家忽略的误区，只有通过文献考古，才能发现和纠正谬误。

为了收集和阅读已有文献，最佳的起点是粗读比较经典和流行的教科书，因为这些教科书是基本研究成果的集大成，教科书的最后部分一般会罗列具有代表性、权威性、前卫性的文献。当然如果选题范围本身就是很经典、很悠久的课题，如美国革命、美国内战等，就可以略过教科书，而去研读诸多现成的文献研究文章，其中引用的参考文献就很珍贵，可以使后来的研究者节约很多时间。

同时需要进行三层次搜索。第一层次是利用百度、谷歌等全文搜索引擎，通过主题，进行初选。第二层次是利用百度学术、谷歌学术（Google Scholar）等学术搜索引擎，尽量直接找到与原文形式一致的PDF文件，并下载，便于引用。第三层次是进入学校图书馆和档案馆订购的学术数据库，如EBSCO、JSTOR等检索和下载。当然，当人工智能达到一定的程度，搜索很可能一步到位，关键是如何精确设定研究范围和关键词。

另外对历史文献也需要泛读。找到一定数量的文献以后，先读最新出版的著作和发表的文章，从文后的参考文献入手，继续收集更多文献。泛读分三种：第一是略读，包括阅读题目、摘要、目录、注释、参考文献；第二是概读前言、结论；第三是详读全文。

当然还需要精读。对经典名著要精读，读原文、看书评，一页一页仔细阅读，一遍不够读两遍、三遍，每一遍的阅读感悟与前一遍一定不一样。精读也包括看不同版本，并分析比较同一作者在不同版本中是否表达出不同的思想。

要尽量找到所有重要文献。收集资料的最高要求，就是穷尽所有已经发表的论著，漏掉一篇重要的都有可能是"致命"的。对此，我们就需要不断搜索、积累，长期、持续跟踪文献的收集。即便是在论著发表前，仍然需要搜索最新发表的文章，做最后的确认和审定，因为交稿与发表前终稿的审定有很长的时间差。

为了有效、正确地选择、分类和总结已有文献，需要在收集和阅读完成之后，进行去粗存精的步骤，这种加工就是选择文献、分类文献和总结文献。有四种分类文献的方法。

一是时间分类法，旨在说明同类主题、不同作者所处的不同历史时期，并将不同观点与具体历史时期发生联系，也可以按照文献发表的时间分类。每一个概念发生在不同年代，都存在历史的逻辑，不同的存在决定学者的不同意识，目的是解释每一个时代对同一问题所出现的不同解释。这种解释就为论文作者的论点提供了厚实的历史背景和依据。

二是主题分类法，它是根据文献的不同主题进行归类，并总结各自的特点。以历史事件为例，一般包括政治、经济、社会、文化四大主题。如为了解释某国人不愿戴口罩的历史事实，就需要总结不同文献所提出的不同视角和原因，如政治、经济、社会、文化原因。如果侧重文化原因，又可以分三类。一是政治文化原因，如不自由，毋宁死，天生防备政府指令，其中的价值观包括有限政府、个人自由和自我主权等。二是信仰文化原因，如信上帝，不信科学；信政治家，不信科学家；信牧师，不信老师。三是习俗文化原因，疫情期间戴口罩，存在示弱和胆怯的可能。这样，我们就需要把各种文献，归类到三种观点：口罩自由论、口罩信仰论和口罩习俗论。

三是观点分类法。这里可以贴标签，找光谱，厘清左中右。一般而言，许多学派围绕着一个大主题，大多可以分为左中右，自由、中道、保守。但美国学术界喜欢用比较学术的术语来归纳左中右的观点，如：用进步主义来形容左派；平衡思想来表示中间派；修正主义来比喻右派。如果有更新的左派，就称新进步主义，或后进步主义。

四是研究方法分类法。包括定量研究、定性研究（如扎根理论）、混合研究（如三明治方法），也有演绎法（自上而下）、归纳法（自下而上）、溯因法（自后而前）。以经济学为例，通过对方法论的分类，往往可以发现不同经济学派的特征，例如新古典经济学派喜欢计量、数学建模；但制度经济学、文化经济学、复杂经济学等以挑战新古典经济学为使命的学派，就反对数学崇拜。所以，方法论背后存在着思想和学派的分野。

其实，文献研究也可以使用一个象限图来表示，将文献中的相关信息植入一个象限图。作者可以通过这张图，清楚地标出文献中每一个学派应该处在什么位置，它们与其他学派的距离，由此就能够发现各学派之间的关联性。最后，作者必须说明，自己的观点处在什么方位，并且告诉读者为什么你所处的位置，存在必要性与重要性。这样你和你的读者就能清楚地理解文献研究应该按照什么逻辑和方向进行（见图2-1）。

另外，我们需要讨论历史文献研究中普遍出现的问题。

一是为文献而文献。文献研究出现与正文分离的情况，文献研究与自己的论文核心部分没有逻辑关联。对此，作者需要展示文献中的概念如何与研究的主题相关，作者也需要讨论前人研究所没有提到的漏洞，然后就需要批判这些缺陷，并指出未来可能的研究方向。这样，作者就找到了一个文献断层，作者的使命就

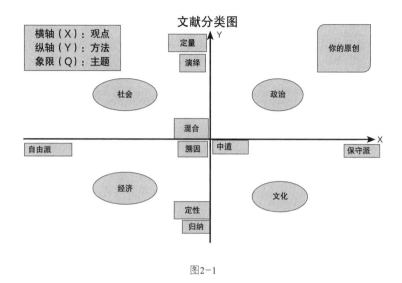

图2-1

是来填补这个断层。

二是引文不严谨、不规范。引文的一大目的是便于别人监督与查验，引文的出处不能模糊。最高级别的引用就是对关键文本与概念引原文，列出具体页码，放在正文或脚注，便于读者查验。

三是定义不明确。为了定义一个新的概念，如适度经济学思想，首先需要通过总结和归纳东方的中庸，提出中庸哲学的定义；其次，通过总结西方的适度哲学，提出定义；然后就需要讨论西方经济学家有关适度经济学的零碎论述；最后提出适度经济学思想的定义。这个定义必须简单、明了、全面、可论证，最好是用一句话概括，涵盖这个概念的内涵、外延、结构、功能、边界。如为了说明什么是适度，就需要说明什么是不适度。这种定义，将极大帮助自己接下来的论述，因为预先给定了自己研究的范围，划出特定时间、地点、对象与主题。

四是遗漏重要文献。首先是故意遗漏，忽略不同观点的论著，以为自己不同意前人的观点，所以不需要引用。其实，不管遗臭万年还是流芳百世的名著，只要与你的研究主题相关，就必须阅读。很显然，参阅不同观点的文章，可以为作者的批判提供靶子，为作者的创新提供根据。其次是无意遗漏，由于文献读得不够，遗漏重要文献。再次是遗漏非公开出版物的文献，如许多未经正式发表的博士和硕士学位论文，很难通过主题搜索获取，结果就容易出现遗漏。

五是自以为原创而忽略文献引用。有些学者过于自信，以为自己的观点论述完全是首创，所以不需要关注前人的文献，这是不正确的，因为任何思想和观点都可以追踪溯源。例如，我研究适度经济学思想，虽然根本找不到有关专著，但依然需要寻找与原创理论相关的文献。尽管没法找到"适度经济学"这个词，但一定可以发现具有适度的思想的闪光点，包括亚当·斯密的供需平衡、马歇尔的均衡价格、制度经济学的相对价值、行为经济学的有限理性、文化经济学的共享思想等，都是适度经济学思想的精华之一。这里有一个概念图值得介绍（见图2-2）。

六是过度使用文献软件。目前的文献分析软件和文献管理软件层出不穷、令人眼花缭乱。但欲速则不达，有时与其返工，还不如自己动手，不忘初心学农民、做工匠。这是一个精细活，高科技不可能完全代替，最多只能起到拾遗补阙的效果。只有作者

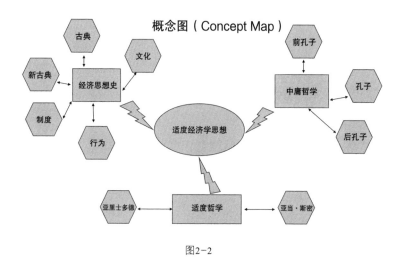

图2-2

做好一些基础架构，软件才能发挥最大效用。

　　除了发现现有文献外，还需要批判现有文献。收集、阅读、选择、分类、总结文献只是万里长征走完了五步而已，更艰巨的任务是批判。文献研究的重中之重是评论、质疑和批判，然后才能有创新。

　　批判是一种学术文化和习惯，批判性思维（critical thinking）已经镶嵌进西方学术界的DNA。在美国，一篇缺乏批判性思维的论文是很难过关的。所以，只要在大学接受过学院派的正规训练，一般比较容易形成怀疑的习惯和批判的能力，这也是做学问的出发点和基本功。

　　批判也是深化研究的必需。讲好话比较容易，可以泛泛地堆砌溢美之词，也不一定需要严格的旁征博引来证明你的赞美是有根据的。但一旦讲坏话，就必须有根有据，引经据典，不然对方就可能告你诽谤。所以，讲准确、中肯的坏话很难，但这能促使学者在批判前进行深入的文献研究、严格地原文标注，不能信口开河。

批判是讲真话的一大要素。美国在1910年设立终身教授制度的初衷，就是为了保护言论自由，因为批判、质疑是学者的生命，是创新的基础，而批判一定会得罪人，质疑也会挑战权威，所以为了保护教授的思想和学术之自由，美国高校就在制度上设计了终身制；原则上，领导不能因为教授的学术批判而为难教授；学生也能理解教授观点的偏激独特。我们对前人文献的批判，是在提倡和维护学术研究的一个灵魂。一个没有批判的文献研究一般没什么价值。当初我在美国撰写的第一篇书评通篇赞美，结果立即被拒，后来再认真研读，从问题出发，表达批判性评语，才得以发表。长此以往，就能形成一种批判的习惯和质疑的思维，并凝练成一种学术文化基因。

批判还是寻找创新的一大机会。只有批判和找到前人的不足，才是我们写文章的主要理由和机会。如果前人的文献很完美、没有瑕疵，我们就失去了继续研究和发表的任何理由；如果不批评其不足，我们的文章就缺乏存在的合理性和必要性。通过批判，才能为自己的新贡献寻找文献基础，弥补空白，提供合理性。但是，我们不能为了批判而批判，所有的批判都应该是我们接下来论文创新的主题和贡献。破是为了立，只破不立，是消极批判；为立而破，才是积极批判和有效批判。

如何对现有文献进行批判？一是选择全面性、笼统性的批判。在罗列、归纳和总结之后，对所有文献做一个综合性的批判，这是属于比较简单和粗浅的批判，可以过关，但质量不高。二是选择具体性、精致性的批判。就是对具体观点和学派进行批判，而且是在总结了每一个学派和观点之后，具体地提出它们的不足。指出不足的逻辑是你指出了未来需要努力的方向，而这个方向就是我们接下来论文的主要原创和贡献。三是三视角批判，包括左中右、黑白灰，以及过度、不及与适度。表面上，适度具有天然的政治正确性，但是你也可以指出过度的适度，又是不适度；而过度的过度，反而是适度。而且，适度必须是演化的，昨天的适度也许就是今天的过度；今天的过度就是明天的不及。对此，需要先界定左派与右派的边界，最后判断两极之间的中点，执二用中。通过对前人文献的回顾，如果我们有了明确的三元论或者一分为三的批判观，首先很容易分辨作者的左中右倾向，然后就能找出每一种倾向的不足，哪怕是中道的观点也可以批判，这样就可以找到前人文献的不一致，发现文献的空白点。四是四维度批判。就历史事件而言，一般就是四大维度或四种决定论：政治、经济、社会、文化决定论。任何一种学派一定有侧重，但我们可以从比较的视角看出其各自的不足。五是除了批判观点，也可以从方法和数据等方面找到问题。如批判传统的定量与定性方法的不足，有助于强调混合方法的重要；也可以提出演绎与归纳的不足，除了自上而下和自下而上以外，还可以自后往前地进行历史回顾；也可以提出自中而上、自中而下，抓中间、带两头，有宏观、微观，还有中观。为了更好地了解整片树林和个别树木的特点，还可以以树的种类为起点，将树林中的白桦树、白杨树等各自分类，既可以由树的种类向上了解树林，也可以由此向下了解具体树木。

除了发现没有、批判现有以外，文献研究还需要讨论如何填补文献、创新文献，主要是在界定前人文献的价值和不足的前提下，提出这个课题未来发展的方向与要点，而自己就是计划填补这一断层的人。不能说自己的研究创新水平是第一，但一定要保证是唯一，不然就不是创新。

我们提倡的创新必须满足两大条件：第一，与前人有实质性不同；第二，比前人有本质性的更好。而所有的不同与更好，取决于比较前人的文献。有比较才有鉴别。

接着是解决如何创新的问题。一是重点创新。以较低标准要求而言，只要在新理论、新方法和新材料三方面，具备任一方面的新意，就可满足一篇论文的最低要求。但根据不同程度和质量的突破，就可决定投稿到不同质量的杂志，如在三方面都有突破，就要选择影响因子高的杂志。二是复合式创新。不一定全新，可以复合与组合，复杂经济学提出进化式组合。否定、肯定，否定之否定也是一种创新，表面上看是对第一阶段的重复，但这是更高阶段的扬弃。三是质疑式创新。如对一些违反常理和常识的论点，需要提出质疑与解释。四是图示化创新（见图2-3）。除了前面提到的象限式地标识自己的研究、与前人文献研究的区别以外，可以用一张小图，将自己的文献研究部分放在四大箭头里。第一是你已经综述的文献；第二是你对现有文献不足部分的批判；第三，根据不足，提出未来应该发展的方向和必须

文献研究三要求

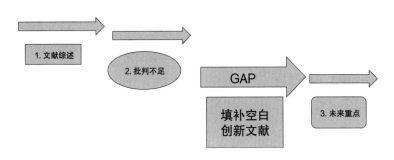

图2-3

完善的重点；在第二和第三部分之间所出现的空缺，就是你著书立说的所有理由和依据。要学会从具体的文献中跳出来，站在一定的高度，才有可能出现深度。

总之，历史文献研究的目标和意义在于：发现已有文献，这些文献必须是清晰的、有价值的，都有出处可查，可供证实；同时，评论和批判你所列举的所有文献，这种批判必须是具有新意的、具有逻辑的和令人信服的，尤其是为了立而提出破；由此可以进一步填补文献空白，提出未来发展的重点和方向，找到现有文献和未来发展之间的距离，并阐述如何填补这个距离。而这种填补必须是理论清晰、假设可信、方法可行，结论具有理论和实践意义的。

（此文系2020年12月5日笔者在"中国数据研究所"的发言整理，在此感谢鲍曙明博士的邀请）

历史研究与边缘学

历史研究的质量主要体现在三新：新理论、新方法和新资料。以梅兰芳1930年访美为例，"三新"主要体现在新的理论、新的资料（美国地方报纸）和新的方法演化，其中新的理论、新的概念似乎可以用"边缘学"予以体现。

边缘学概念可以定义为：通过边缘文献、边缘事件、边缘人物、边缘地点、边缘时代、边缘视角等六维度的透视，丰富和补充主流人物和主体事件的叙述。对这个新概念我有四个要点需要解释。

首先，这个概念并非凭空想象，而是受到"副文本"（paratext）概念的启发。"副文本"是由法国学者热拉尔·热奈特（Gérard Genette）于20世纪70年代首次提出的，主要是指使用不同于当事人亲自所创作的文献资料，在文学的主文本之外，审视一些边缘的标题、笔名、献辞、前言、后记和题记等。我将这一"副文本"概念予以延伸和拓展，将围绕主要人物（梅兰芳）和主要事件（梅兰芳访美）的各种非主流的文献，尤其是美国地方报刊，统称为副文本。

其次，副文本和边缘资料是一个相对概念。如果说梅兰芳自己的讲话稿、主流媒体《纽约时报》、当事人齐如山的游美记和李斐叔的日记等，属于主文本和主要资料的话，那么1000多份美国地方报刊的报道、评论、海报、广告、照片就属于副文本。例如，通过1930年美国地方报纸，我们发现了许多鲜为人知的边缘人物的详尽资料，包括著名新闻记者梅其驹，梅剧报幕员杨秀，好莱坞女明星玛丽·皮克福德（Mary Pickford），百老汇49街剧院经理、经纪人和导演卡皮库斯（Francis C. Cappicus）等。也通过边缘资料挖掘到了一些边缘事件，包括梅剧总导演张彭春四次在西部的公开演讲、日本筒井剧团在百老汇的演出、梅兰芳旋风式地访问加州圣迭戈、南加州大学授予梅兰芳名誉博士学位的真相等。还有，目前学者大多把目光集中在主流地点，如百老汇、好莱坞和美国六大城市，但忽略了还有29个州是梅兰芳从未到此演出过的"边缘"地点，其中当地不少大小报纸都对梅兰芳访美做了极具特色的报道、评论和采访。

边缘学并不局限于对某一事件的研究，而是跨学科和多学科的研究范式。大致而言，边缘学往往越过宏观叙事、中心主流、精英人群，而把关注的焦点投射到容易被忽略的边缘人、边缘地区和边缘时期。有意思的是，我们聊斋讲座中，曾有四次不同学科的讨论，都涉及有关边缘学的几大"小问题"。一是黄仁宇的《万历十五年》，因为万历十五年（1587），明朝根本没有发生什么大事和奇事，但能以小见大。二是沈从文的《边城》，也可理解为被边缘化、被非中心化的湘西边城，包括边城经济、社会、军事、文化和习俗，而边城文化孕育了高大上的"凤凰精神"和"楚人气质"。哈佛大学王德威教授也对边地文学有开拓性贡献，比如他十分关注东北文学。三是抗战时期沦陷区北平百姓的日常生活，也是属于被忽略的边缘地区、边缘人群和边缘主题，尤其是边缘人日常生活的主题，已经成为社会史研究的一个热点。四是有关中美教育的讨论,也涉及了弱势群体集中的美国社区大学、贫困地区的婴幼儿教育,以及不被众人所热衷的终身教育、继续教育和成人教育。在美国,这些弱势人群和地区被称为"disadvantage group""under-representative region""marginalized community"。

最后,边缘研究不仅必要,而且重要。因为针对梅兰芳访美事件,收集、整理、分析、评价这些美国地方小报的边缘信息,能够帮助我们从"横看成岭"的主文本中,寻找"侧看成峰"的副文本,也能起到以边缘"之石"、攻主流"之玉"的效用,还使人物事件的骨架更加丰满、有血有肉,更有助于拾遗补阙、纠偏谬误、锦上添花,甚至雪中送炭,填补梅兰芳访美的一些空白和关键信息。毕竟,没有边缘,何来主流? 没有"龙套",怎成大戏?

除了"边缘学"概念之外,我与董存发先生合作发表的两篇论文应用了另外四个比较边缘的概念和理论。一是运用民间外交或公共外交理论,来解读梅兰芳的京剧外交;二是用文化在地化理论,来解释梅兰芳所从事的中学西传的贡献,是对西学东渐的平衡;三是运用修正学派理论和蝴蝶效应理论,来解释梅兰芳访美演出成功的偶然性,例如梅兰芳在美国的演出时间、地点和剧目都是跟着感觉走、顺着现实变,一改再改,所谓的空前成功事先完全没有预料和准备,类似蝴蝶效应,与引发中美关系实质性改善的乒乓外交的突然性和偶然性类似;四是运用本人所珍爱的适度理论,来解析和评价梅兰芳访美事件的功过,既不能过低,

更不能过高，因为这次演出存在特定的历史背景，而这些背景和
条件，在今天的中美关系现实中大多已不存在，所以，不能刻意
追求梅兰芳奇迹的复制、重现或超越。

除了比较边缘的概念和理论外，我还借鉴了两个比较边缘的
研究方法。第一是"扎根理论"，由美国学者格拉泽（Barney G.
Glaser）和施特劳斯（Anselm Strauss）在1967年发明，这个方法侧
重归纳法，而不是演绎法，推崇自下而上（from bottom up），主
张研究者预先不可以有理论假设和概念先行，必须先从实际观
察、调查和经验着手，再从众多原始资料和数据中归纳结论和推
出理论。而且，"扎根理论"对研究资料进行了三级编码：一级
编码或称开放式登录，主要是罗列所有收集到的信息；二级编码
就是所谓的关联式登录或轴心登录，目的是发现和建立相同信息
之间的有机联系；三级编码，也就是核心式登录或选择式登录，
在所有类属中选择若干核心信息。

我与董存发先生借鉴和修正了"扎根理论"的研究方法，并
应用在对梅兰芳访美场次的考证上。例如，一级编码是对梅兰芳
所在的具体剧院、具体时间和具体场次，包括日场与夜场，进行
仔细梳理，就是对个体的"树木"进行统计与分析；二级编码是
以美国城市为单位，不是以剧院为单位，来统计梅兰芳在六大城
市演出场次的总数，试图在具体微观"树木"的基础上，对"树
种"的特征与数目进行中观分析；最后是三级编码或核心编码，
在微观"树木"和中观"树种"的基础上，对整片"森林"进行
宏观分析，最终统计出梅兰芳在全美国演出的场次总数。

除了"扎根理论"之外，还有一个比较边缘的研究方法是"溯因法"。与大家比较熟悉的归纳法和演绎法不同，由美国哲学家皮尔斯（Charles Peirce）于19世纪末提出的"溯因法"，是一种根据现象来推测现象产生的原因之方法，顾名思义，就是"追溯原因的方法"，它存在四大特点。第一，追溯性。溯因法是一种前后方向的追溯，而不是自上而下的演绎，也不是自下而上的归纳，比如，从梅兰芳成功演出的事实去追溯这种成功的原因。

第二，创造性。由现象去发现原因和机理的方法，具有猜测和想象的成分，比较适合文学学者的思维范式。所以，溯因法具有一定的灵活性、应变性和权衡性，有助于发挥文史学者的创造性和想象力。例如，美国名校南加州大学为何会这么轻易地颁给梅兰芳一个名誉博士学位？这是合理怀疑，也需要我们的想象力，于是就会激励学者去查找：通过谁的推荐，帮助梅兰芳得到这个殊荣？ 1930年的南加州大学名誉博士学位有多少人？竟然史无前例的有32位！是不是有点水？

第三，试错性。基于历史现象发生的原因错综复杂，既有单一原因，也有合力作用，更存在暂时不明的因素，所以，必须对现象的解释进行多次尝试，经历失败、追溯、再失败、再追溯的过程，直至可能的比较清晰的和相对全面的结论。例如在百老汇梅兰芳每周到底演出七天，还是六天？一天都不休息？为何在纽约演出没有公开的票价信息？别的同类演出有票价吗？等等。

第四，随机性。运用溯因法所推测的结果，并不意味着结论的必然性与绝对性，而只是一种相对正确的概率性、随机性、或然性。所以，溯因法所得出的结论有可能是建立在不确定或怀疑的基础之上的，于是，任何承认历史运行存在不确定性的学者都值得运用溯因法。例如，为什么中华民国的高层不资助梅兰芳赴美演出？政府的高官，如酷爱京剧而且亲美的蒋介石等，为什么不出面欢迎和欢送？对此，我们都不是很清楚。所以，溯因法能够帮助我们谦卑，在论文中尽量多用一些"最佳可用"（best available）、"很可能"（most likely）等比较谦虚和低调的语言，尽量避免使用类似"规律""普适""一致""绝对"和"确定"的语言，一份证据只能说一份话、写一个字。

最后需要指出，任何与溯因法有关的因果联系都存在固有的复杂性、多元性和变动性，包括一果多因、一因多果、多因多果、互为因果，以及因果循环，即既是原因又是结果等多种可能。

总之，文史研究，包括梅兰芳访美研究，不能拘泥和局限于单一的研究方法。美国复杂经济学就提出进化式组合，将多种非主流的研究方法、研究理论和研究资料进行创造性、进化性复合、组合和融合。不需要创造新的，利用现有方法足矣，关键是进行适度和有机的组合。

（此文系2022年12月7日笔者主持与点评山东大学外国语学院冯伟教授、中国人民大学文学院江棘副教授、广州大学人文学院张诗洋副教授、复旦大学亚太区域合作与治理研究中心董存发特约研究员演讲的发言整理）

中外文明与历史

中西文明比较：马、人、天的视角

中西文明比较是一个庞大的主题，但主讲人的演讲是从马切入，并由此观察马、人与天的关系，很有创意。借此机会，我想分享几个感悟。

第一个感悟来自主讲人精彩独特的演讲题目：马上人、天上人、人上人。这九个字的学术含金量很大，但还需要进一步明确定义。首先，关于这个"马上人"的"马"，到底是战马还是马车？如果是战马，必须要有马镫，那样才能坐稳、快速、有战斗力。

根据现有的考证，双马镫（不是单马镫）首先出现在南北朝时期的北燕，依据是1965年辽宁出土了冯素弗的墓。冯素弗是北燕文成帝冯跋的弟弟、大将军，于公元415年去世，但他的生年不详。也就是说，双马镫应该是在公元400年左右出现。如此推算，三国时代还没有马镫，秦朝就更不可能有，当时只有马车，而马车的作战功能一是运输人员物资，二是冲击敌阵，冲乱方阵，所以，细看秦朝的兵马俑，马身没有马镫，而且绝大多数也没有马鞍，只有到了唐朝的三彩马，才有鞍和镫，装备齐全。如果这一说法成立的话，主讲人所说的战马与西段的秦国统一六国之间的关系，就应该不是很密切，当时秦国统一六国靠的主要是步兵。在一个没有马镫的时代，似乎就很难过于强调这些战马的军事征服能力、疆域扩张能力和文化同化能力。

另外，欧洲的马镫是由中国传过去的。美国科学史学者罗伯特·坦普尔（Robert Temple）在《中国：发明与发现的国度——中国科学技术史精华》一书中专门提到：如果没有从中国引进马镫，欧洲就不会有骑士时代。[1]所以，马镫最早出现在欧洲的时间很可能是476年左右，即西罗马帝国终结前后传入欧洲。如果是这样，那么，很可能在罗马帝国时代，也是以马车为主，最多只有马铠、马鞍，但这些马车大多只是用作贵族的交通工具和显摆工具而已。

第二个感悟，除了"马上人"以外，主讲人提到出现在西方的"天上人"文化。这个"天"是指什么？如果是上帝，那么公元前3500年时，应该还没有上帝的概念，这个"天"英文如何翻

1 罗伯特·K. G. 坦普尔：《中国：发明与发现的国度——中国科学技术史精华》，陈养正、陈小慧、李耕耕等译，南昌：21世纪出版社，1995年，第178页。

译，"Heaven""God""Divine""Mandate""Manifest"？非常复杂，需要澄清。而且，那个"天上人"的"上"，是指物理空间上，天与人谁高谁下，还是同在一个地位和方位？另外，在精神层面上，如果天与人、天与上帝一样高，也许符合主体间性的平等和对等的内涵，但不符合西方的宗教文化，因为基督教文明中，神一定是在人之上，我们人类都是"Under God"，于是，人和人主体之间的平等性与"天上人"的说法，似乎就需要进一步说明。

还有一点主讲人提到的，到了东方的"人上人"文化，好像没有"天"的事情了。其实，在普通人之上的上层人，如皇帝，一直把天当回事，中国的皇帝其实也是万人之上，一物之下，他们最怕的就是天。这里的"天"，有两个层面。一是自然的天，帝王非常害怕天灾，大力提倡占星术，因为天人合一，所以，帝王们一定要祭天。"天"的另一意涵更重要，那就是代表天命的道统，皇帝的法统来自道统，是所有统治合法性的基础。如果是这样的话，是否不能过分强调东方的绝对专制，因为东方的专制制度其实还是存在一个东方特色的制衡机制，而不是绝对意义上的"和尚打伞，无法无天"。

在这里，就引出了一个法统与道统的问题。施展在《枢纽：3000年的中国》一书的绪论部分提出，中国秩序需要三大要素：理想、财富、武德。我认为，其中最精彩的部分是理想，因为理想与天命的道统和皇命的法统相关，更与中国的大一统文化直接相关。这里的理想可以是虚构，可以是鸡汤式的口号，也可以是合法性和正统性的支柱。赫拉利在《人类简史》中提出，我们弱小的智人，为何能够打败强悍的尼安德特人？其中的主要原因是我们懂得合作，我们善于制造动人的理想、想象的事实、虚无的承诺和法律的虚拟（legal fiction）[1]，笔者以为更重要的是，我们人类还善于讲故事，尤其是使人相信、误信或傻信的故事，而担任故事员的人群主要由"三师"组成：民间巫师、宗教大师（包括牧师、法师、禅师），再加政治导师。这里的政治导师包括帝王将相，也包括一批饱读诗书、满腹经纶的士族、儒生和乡绅。

尽管中国的话语系统里没有"理想"一词，但有法统、正统和道统，也就是一种名，名不正，则言不顺，言不顺，则事不成。孟子说"孔子成《春秋》，而乱臣贼子惧"，因为孔子通过《春秋》，确立了当时正统性的标准。不管多么野蛮的乱臣贼子，都不敢无视法统，不然的话，登大位者就无法宣称奉"天"承运。长此以往，天命与正统就逐渐被镶嵌在东方民族的灵魂和DNA之中。

而在中国历史或中国叙事中，这类法统式的理想之一就是大一统。《春秋公羊传》首篇就说："王者大一统。"也就是说，想成王的最重要资格就是一统江山，在一个分裂的国家当王，就不是真正的王。这样，自秦皇汉武以来，帝王的一统江山成了核心价值和崇高理想，宋朝之后再无长期的天下分裂，明太祖在重大宴会时，必奏"大一统之曲"，元明清三代近七百年，大一统理

1　尤瓦尔·赫拉利：《人类简史：从动物到上帝》，林俊宏译，北京：中信出版社，2014年，第35—36页。

念稳稳地成了正统和天命的象征。中国的差序结构文化是如何形成的？我以为，理想制造者的功劳很大，这批人有着双刃剑的功能。一方面，为了御外，如尼安德特人或北方民族，理想能够凝聚内部合力；但另一方面，对内而言，这种由"三师"制造理想的过程，也是促进话语垄断、意识垄断、制度垄断的过程，三师们可以根据统治的需要，人为制造等级和差序，美其名曰维护稳定与一统。

所以，正如施展所说："理想使秩序得以自觉，财富使秩序得以自养，武德使秩序得以自立。"我还要加一句，民众能使秩序自强或自毁，水能载舟也能覆舟就是这个道理。

第二个需要讨论的是关于战马技术与东西方文化的关系问题。主讲人提到了朱迪亚·珀尔（Judea Pearl）的《为什么——关于因果关系的新科学》。这里我们需要澄清因果性与相关性的区别。战马技术导致东西方文化的最初分野，比较安全的解释是相关性，而不是因果性，类似这类解释在过去的史学研究中已经有很多。比如，有人认为，"地理大发现"的主要动力是香料，因为西方人爱吃牛肉，牛肉需要香料，而香料只有东方才有，所以，只有通过"地理大发现"，才能推动对外扩张找香料，最后推动了西方文明的崛起。也有人说，罗马帝国灭亡的主要原因是当时罗马盛行的公共澡堂，男女共浴，由此导致性病蔓延。

这些研究结论的得出采用了溯因法，它的长处是灵活性和创造性，但它也具有随机性和不准确性，所以，应用这种方法的最大风险是犹如盲人摸象，容易以偏概全，将相关关系理解为因果关系。

　　这样，在论述东西方文明出现差别的原因上，我们还是需要提倡合力的相关关系，而不是单一的因果关系。盲人摸象不是没有价值，关键是需要发动100个盲人来摸象，然后需要一个智者，对100个盲人所描绘的不同大象进行信息甄别、选择和组合。所以，任何的因果联系都存在复杂性、多元性和变动性，包括一果多因、一因多果、多因多果、互为因果，尤其是因果循环，即既是原因又是结果等多种可能。这样，在论述战马与轴心时代东西方文化的关系时，也需要谨慎，因为它们两者也许只存在相关性，但不一定具因果性。

　　我最后想讨论的是主体间性（inter-subjectivity）的理论与实践问题。这个理论是由20世纪初的德国哲学家、现象学之父胡塞尔首创，并经海德格尔和哈贝马斯交往行为理论的丰富，得以发展。胡塞尔认为，我们人类的生存，不是建立在主体与客体的二分和对立的基础之上，而是你我两个主体间的共同存在，是自我主体与对象主体间的交往、对话与合作。胡塞尔在晚年还提出了自我和他人的"立场之可相互交换性"，以及"主体间本位"的思想，有点中国儒家恕道的意思，推己及人、将心比心、换位思考。

　　主体间性的另一个意义是对制度分析的效用，它与制度安排与变迁有关。主体间性所形成的认识论，对制度的认识有着双重功能：第一，制度需要有效反映个体与群体之间的关系，要提供个体互动和群体存在的行为规则；第二，制度需要在主体行为与知识传统之间，起到桥梁的作用，进行规定和制约人类互动行为的制度安排。所以，正是主体间性的关系和认识架构的存在，才导致制度的产生。也就是说，没有主体间性就没有制度，而主体间性所蕴含的互动和交往行为，主要是以商业交换的行为为主题。人类进化的经济起源思想过程中已经说明：交换是生命体互动的基本行为方式。但交换的主题很多，只有商业交换才是人类所独有的核心交换方式，包括语言与人类的交往（交流），也是相互内在、相互依存、互为前提的。

这一理论的意义在于，它不再把自我看作原子式的个体，而是将之看作与其他主体共同存在的，也就是说，主体性只是指个体性，但主体间性则是指群体性，这就使得社会科学在认识论方面出现了重大的转向，也就是从只关注主体性、只强调"主—客体"的关系，转到了关注主体与主体之间的关系，这样就把人类认知的对象世界，特别是精神现象不再看作客体，而是看作主体，尤其是确认自我主体与对象主体之间的共生、平等和交流的关系。当然，主体间性所强调的群体性，并不反对或排斥自我的主体性，并不反对个体性，因为没有个体，何来群体？

将主体间性理论应用于东西方文化的比较，表面上，主体间性确实比较适合解释西方文化，因为主体间性的核心是把我们过去以为的主体与客体，变成了主体与主体，形成你与我共生同长的共同体，民主而又平等的文化由此建立。这样，东方蒙古的"马上人"就在西方播下了"天上人"的政治文化；到了东方，这种人与人的关系，就被强化或异化为主从、主客、差序关系，君君臣臣，父父子子，三纲五常之类，主体间性似乎在东方专制主义文化和制度下，就从"马上人"，演变成了"人上人"的政治文化种子。同时，这个论述涉及主体间性的三个理论之一：中观理论。其中一个变量就是信任，格兰诺维特（Mark Granovetter）在《社会与经济》一书中提到信任、权力与制度的三者关系。但是，一旦在主体间性问题上加入信任这个变量，问题就复杂了。

根据福山《信任》一书的研究，表面上，西方推崇个人主义，东方信奉集体主义，所以，在理论上，东方的集体主义应该更有利于人与人之间的信任和抱团取暖，而西方的个人主义应该正好相反。结果，根据福山的研究，在人与人的信任指数问题上，世界排名第一和第二的竟然正好是一西、一东，第一是德国，第二是日本。更有意思的是，福山认为信任指数排名第三的国家竟然是美国，因为美国社会尽管推崇个人主义，但存在强大的结社传统，也就是说，美国一方面信奉鹰，鹰是不合群的，永远单飞，所谓的鹰隼不群，只有大雁才群飞；另一方面，美国人却是循道合群，只要同道，就能合作，如众多的教会、非政府组织等，社团主义盛行。

如果福山的解释是合理的话，那么，主体间性程度高的国家或文化是更有利于信任指数提高呢，还是不利于提高？根据福山的研究，东方的日本，信任指数高，但日本人的主体间性或平等意识就不一定强，那么日本文化是属于"天上人"文化，还是"人上人"文化？有意思的是，在福山看来，韩国和中国的信任指数都比较低，这是否与他们的主体间性程度低有关？也就是说，人与人之间是否平等，与他们之间信任指数的高低没有清晰的相关性或因果性。

总之，主讲人的研究很有新意和创意，问题意识很强，现实意义很重大，学科交叉和合作的潜力更大。罗博士的最重要贡献是能够激发各个学科的学者都对这一课题产生浓厚的兴趣，而且，我相信这个课题的成功，一个人、一个学科、一年两年都是远远不够的，需要我们共勉，一起砥砺前行。

（此文系2021年3月13日"大学论坛"［原哈佛大学论坛］笔者主持与点评自由学者、明尼苏达大学经济学博士罗小朋演讲的发言整理）

轴心时代的奥秘

我先介绍一下轴心时代的简要历史背景。大约在两千五百年前，东西方突然井喷式地出现了名垂青史、至今无人超越的东西方人文学大师，东方有三子，孔子、孟子、老子，再加释迦牟尼等，西方有苏格拉底、柏拉图和亚里士多德等。按照余英时先生在《论天人之际》里的说法，轴心时期的七位大师，除了以色列文明以外，催生了三大文明，讨论了三大问题。第一是希腊文明，旨在解决人与自然的关系，利用科学解决人类的问题，余先生说这是一种外在超越。第二是中华文明，为了解决人与人之间的关系，主要是入世的人间难题，余先生认为这是内在超越。第三是印度文明，它主要是回答我是谁的问题，这是一个问内心和出世的问题，人人可以说，但个个说不清，属于顿悟的问题，并由此创造了一个伟大的宗教：佛教。

对此，围绕这一伟大的轴心时代，我们需要回答三个大问题和老问题。首先，为何在轴心时代东西方突然出现一批人文学大师？当时到底发生了什么？大师之间难道学术不端、在搞互相抄袭？或者他们都有一种神示、天启、灵验，突然脑洞大开？我的新书《左右之间 两极之上：适度经济学思想导论》从经济思想史的角度，对此做出了一点解释，认为轴心时代思想的突变，不可能是什么神示或天启的结果，我的肤浅理解是，因为当时人类文明已有两千年左右的历史进程，人类的需求开始远远超过社会的供应，人性的贪欲膨胀，导致贫富分化、社会动荡、战乱不断，如雅典开始了长达近三十年的伯罗奔尼撒战争（Peloponnesian War，前431—前404），而中国的春秋战国时期，血缘氏族逐渐解体，群雄争霸，仅仅在春秋时期，就发生了近300场战争。这样，先贤们敏锐地看到了人类的致命弱点，把哲学思考从宇宙和自然转到了人和社会的存在。

不过，轴心时代的先贤们知道自己只是一介书生，难以直接贡献形而下的GDP，但他们能够通过形而上的思想启蒙和宗教启迪，宣扬廉洁、节欲、中庸、适度，张扬仁义礼智信、温良恭俭让。一旦人类贪婪的欲念受到宗教和道德的控制与减少，其客观后果就是减少了需求、增加了供应，有助于社会经济走向供需适度平衡，为社会和谐、战争消弭提供了治本之道。所以，轴心时代的先贤们不是经济学家，却是胜似经济学家的思想家。

其次，轴心时代东西方人文大师的核心价值观是否存在交集？我以为有，但不是普适价值（universal values），而是共享价值（shared values）。我在自己的新书中详细论述了"普适"与"共享"的区别。

简单地说，普适价值强调的是两个或多个主体已经存在的相同价值，它表示的是一个存量的概念，它对主体或国家或文明之间在合作之前的共性要求很高，尤其是合作的起点很高，两者在价值观上一开始就需要高度与全面的吻合。例如A文化追求个体独立与自由，而B文化追求集体统一与稳定，那它们就很难在这两大理念上进行合作。而且，一旦A文化将自己的个体价值设定为普适价值，就具有不可挑衅的"政治正确"性，那么，A与B不仅难以合作，而且冲突也难以避免。这种单方面定位自己的个体价值为普适价值的观念，难免存在强制性和规范性的约束和不对等关系，而且，这种居高临下的"普适价值"，往往具有一种道德的优越感和政治的霸凌感。"普适价值"意味着所有国家、民族与文化必须共同遵守，放之四海而皆准，古今中外，概莫能外。这种理念，与制度经济学、行为经济学和文化经济学所强调的主观性、变动性、心理性、历史性和有限理性都是难以吻合的。

作为对比，共享价值与普适价值不同，因为它是建立在求同存异、和而不同的基础之上，它不一定是两者已经存在的共同价值，而是经过努力，可以一起发掘、合作与发展的正在进行时或未来时的共享价值和观念。也就是说，普适是既定的存量，而共享则是未来的增量，共享的增量可以建立在合作各方理念的最大公约数之上，而且，各方可以不断努力，发掘和丰富这些增量。各方既要承认、尊重和保留存量，但更要寻找、培育和发展增量，将存量与增量视为两种不同的轨道和路径，既可以并行不悖、双轨运作、井水不犯河水，也可以根据不同时空，有所侧重、有所取舍地适度发展，但共同的目标就是推动快速、有效和持久的合作。

按照这个定义，孔子的中庸思想与亚里士多德以及后来的亚当·斯密的适度哲学之间，就是属于共享价值，不是普适价值，因为他们既有相同，也有不同。在此，我非常佩服浙江大学董平教授关于轴心时代开始于公元前11世纪（前1076）西周的观点，因为公元前11世纪出现了周文王姬昌的《周易》，第一次提出中正的概念，"中以行正也"，比孔子的中庸之道早了整整六百年，后来还有《尚书》《周礼》《左传》。我以为，中庸与适度有着诸多相同的元素，比如中间性、主观性、相对性和道德性，但它们也有不同的侧重。

其一，有关理性。孔子的中庸与亚里士多德的适度的一大不同在于是否强调理性。古希腊哲学的一大传统和根基就是理性和逻辑，注重智慧知性，更推崇法律平衡与公正，并为今天的西方文化和西方科学提供了独特基因。而孔子的中庸思想较少存在西方形式逻辑的思想，也很难找到直接谈理性和科学的论述。相反，孔子崇尚道德评价、情感心境、人性仁爱、心灵和谐，尤其是孔子主张为亲者讳，孟子强调亲亲相隐、家丑不外扬，似乎不看是非，只重亲情，忽视理性，这就与西方价值观形成一定的区隔。这个问题当然具有争议性，关键是我们很难形成一个有关理性的共同定义。

其二，有关自由。孔子的中庸强调个人服从家庭、家庭服从国家、国家服从君王，所谓的君君臣臣，父父子子，而且侧重入世的人伦守中，追求现实的秩序、妥协与和谐。而亚里士多德的适度则尊重个人意志与自由，满足个人的自利（不是自私）的需求，尽管他们也强调形而上的美德追求。

其三，关于中庸或适度的定量分析。孔孟提出中庸，似乎注重定性，包括小人与君子的区别，但标准没法定量，所以难以计量评估。而亚里士多德就很注重适度的定量分析，他在给儿子的一本伦理书上提到，如果在2—10之间选择，那么适度就是6。而且他对人的14种德性，明确列表进行对比，比如慷慨不够叫吝啬，慷慨过度叫奢侈，最适度就是慷慨；类似，不够勇敢叫胆怯，过于勇敢叫鲁莽，不偏不倚才叫勇敢。而且强调这个中，不是中点，而是中间，不是绝对的中点，即0—1之间选0.5，而是类似古希腊美学的黄金分割率，黄金点不是0.5，而是0.618。

其四，有关中和。这也很有争议。有人认为，中庸讲中和，适度不讲中和。其实不然，从亚里士多德的适度哲学发展而来的亚当·斯密的"客观的旁观者"（impartial spectator）来看，尽管其中并未提及孔子中庸的"中和"思想，但这个客观"第三者"的功能就是纠偏双方的对立与冲突，希望用一种理性、适度、道德的视角，提出一种现实、理性和神性的"仲裁"，促使对立双方能够自省、觉悟，最后消弭冲突、达到和谐。所以，客观的旁观者与中和思想存在一定的交集。

虽然中庸与适度有不同的侧重面，但其中的共享价值显而易见，也可以作为当今中美两国可共享的文化价值，如果说双方很少存在共享的政治价值的话。我们还可以从两国的文化经典中寻找到许多共享价值，如儒教的《论语》、道教的《道德经》和基督教的《圣经》都认同三大共享价值，即爱、和平和宽容，这就构成了两国文化价值观合作的基础。一个只为共同敌人或共同利益，而没有共享文化价值的国际关系，一般难以持久，而且很难稳定，今天中美关系面临重大危机就印证了这一观点。

最后需要追问，在21世纪的世界还有可能出现中国"三子"之类的大家吗？人工智能、元宇宙、WEB 3.0、ChatGPT，还有获得2022年诺贝尔物理学奖的量子物理纠缠理论创立者，他们是新一代人文思想大师的催生婆，还是彻底碾压思想、秒杀大师的刽子手？我以为，今后出现人文大师的可能性继续存在。

首先，从客观条件而言，既然两千五百年前的战乱和不确定，为轴心时代大师的出现提供了条件，那么今天又是一个百年不遇的不确定和大危机时代，今天的世界，不是一国、一个区域，而是全球各个角落、全方位、无差别地出现疫情、发生危机，这为新思想、新大师的出现提供了客观条件。可以设想，如果我们身处一个安逸、平和、一眼可以望到边的世界和人生，那是很少有理由和激励去创新思想的。

另外，今天的世界还有一个有利条件，那就是在现实和虚拟的两极世界之上，出现了第三个世界：虚拟现实世界。在这里，我们可以想象，我们的人类世界是否可能从昨天的互联网、今天的物联网，发展到明天的脑联网？而这个脑联网就需要科技虚拟和灵性虚拟的综合努力。其实，未来已来，明天已经不再遥远。如果"实"是第一世界，"虚"是第二世界，"虚拟的现实"是第三世界的话，那么这三个世界，是否有可能协同进化，同生共长？这有点像老子的一生二，就是现实的一，生出虚拟的二；二生三，就是虚拟的二，生出虚拟现实的三，或是生出虚实协同的元宇宙；最后，这个代表三的人工智能之怪物，生出万物，也就是说，这个虚实协同的世界再生出万物。此处可以有想象。就像董平教授说的，看不见的对象，就是鬼神，虚拟的元宇宙也可以理解为看不见的现代"鬼神"。

我以为，任何世界，一旦有了第三元或第三者插足，系统就会变得更复杂，但更有趣、多元、奇妙，尽管我们都需要时间适应这些奇妙，就像柏拉图的洞穴比喻，一旦囚徒离开舒适但黑暗的洞穴，走出洞外，他会不习惯、眼花缭乱，但这也许是我们生命成长的必要代价。

总之，如何面对21世纪的未来，我们学历史的，不能只关心结果，不关心如果，我们不能排斥想象和预测。大家试想一下，如果明天的人工智能和元宇宙主导了所有人、所有事和所有空间，人就会变得无所事事、百无聊赖，而无事一定生非，于是轴心时代大师的三大问题又将在明天复兴：我是谁？我从哪里来？我到哪里去？

（此文系2022年10月8日笔者主持与点评浙江大学哲学学院董平教授演讲的发言整理）

百年中国的全球互动

有关从鸦片战争前夕到抗日战争前夕（19世纪30年代至20世纪30年代）的百年中国，传统的定见是把这段历史写得凄凄惨惨戚戚，包括落后挨打、积贫积弱、百年羞辱、生灵涂炭。但是否有可能从战争、贸易和技术三大维度，运用主体间性的理论，突破传统的研究范式，重新审视地方中国与全球历史的双向互动，探讨中国与外部社会产生的积极互动，并了解到通过百年磨合，出现的你中有我、我中有你的"命运共同体"？尤其值得我们反思的是，当越来越多的学者希望破除西方中心论和欧洲中心论的时候，到底期待立什么新论？中国中心论、东方中心论，还是多中心论、去中心论、反中心论？

对此，美国印第安纳大学历史系教授张信出版了《全球化中的地方社会：百年中国的战争、贸易与技术》（*The Global in the Local: A Century of War, Commerce, and Technology in China*），深入讨论了这个大问题。这部著作主要体现了五大新意。

第一是精致的文献研究。我定义文献研究主要做三件事：发现已有、批判现有、填补没有。张教授的新书都完备地做到了，而且几乎穷尽了所有这方面的最新研究动态，并展现了如何对浩如烟海的文献进行精致、精确而又精彩的梳理，以及显示了合理批判前人观点的方法和技能。

第二是深度的方法组合。张信教授把演绎与归纳、宏观与微观、自上而下与自下而上，进行了创造性组合与混合。就方法论而言，一些社会科学家习惯演绎法，自上而下，先对全球化进行宏观叙事，再通过具体案例为宏观叙事背书，它的缺陷是目的性过于明确，存在目的论之嫌；而我们历史学家更习惯使用归纳法，自下而上，先从地方的微观案例出发，再总结全球化的特征，毕竟，没有一棵棵具体的树木，何谈整片的森林？当然，还有溯因法，就是从今天的事实，追溯昨天的原因，也就是说，不仅是自下而上、自上而下，而且还要从后到前、从今到古地追溯，这种经纬相交的组合方法，有助于我们逼近历史的真实和真实的历史。

尤其值得称道的是，当费正清将中国与外部世界的交流界定为内外交流的维度时，张信教授提出上下维度的观察，外面世界被视为处于上面的全球化，它是自上而下地影响着中国的地方世界。同时，张教授把中国的地方社会与世界的互动视为自下而上的磨合，更重要的是，张教授侧重中国的地方的普通人生活。通过这种自上而下的演绎和自下而上的归纳，形成一种新研究方法的混合和组合，这就是新兴的复杂经济学所推崇的，也是本人提出的适度经济学方法论的一个体现，目的在于形成一种网状的研究架构，相互交织、互动启发。

第三是理念创新。张信教授不仅批评欧洲中心，也不走向另一极端，过度推崇中国中心，而是坚持双向互动，属于亚当·斯密所发明的"对等适度"（equal propriety）的指向。张教授大作提出了平衡中国与世界进行对等互动的新视角和新范式，不是中西方各自的单向输入与影响，更不是欧洲传播、中国接受的传统认知模式，而是双向互动，并在与"他者"（others）的互动中，重新认知自己和塑造自己。

第四是观点新颖。在讨论战争、贸易和技术三大主题时，张信教授提出了中西互动说、水乳交融说、你我合体说，还很有创意地使用了"磨合"（negotiate）一词，表示既要磨，又要合，磨是为了合，合了还要继续磨，似乎，磨与合成为中国与全球关系的绝妙写照。这类磨合与文化在地化（inculturation）的理论相通，表示双方需要先顺应（accommodation），再是适应（adaptation），最后是融合（integration），尤其是中国这个"地方"对全球化的积极参与，必须重新书写，就像杜赞奇教授所提出的，我们要从亚洲传统文化中寻找灵感，而不仅仅是从西方寻找硬实力、软实力、巧实力和锐实力。

张信教授还提出战争、贸易和技术三大主题存在中外之间的交集，可以称之为"大三元问题"，但我还以为，这三大主题之间本身也存在互动与交集，包括战争如何影响贸易、技术，贸易如何影响战争、技术，以及技术如何影响贸易和战争的正负面影响，一定也值得讨论，可以称之为"小三元问题"。

第五是档案资料非常新颖。张教授选取江苏镇江作为个案研究，非常精妙，它既在鸦片战争期间被英军侵占过，也是一个不如五大通商口岸（广州、厦门、福州、宁波、上海）有名的二三线城市。尤其是张信教授使用了大量英军军官的日记，闻所未闻，书中所引资料，很多是古英文，类似中国的古汉语，十分难懂，当然如有英军士兵的日记或家书（如"二战"时日本士兵的家信），就更出彩。

最后，张信教授的著作激发我们一大思考：今天的中美史学界借着全球史取代世界史的机会，广泛关注欧洲中心论之外的可能选择，许多学者已经提出以东方中心或中国中心来取代西方中心，因为今非昔比，东升西降了。于是，我就在想，是否可以在欧洲中心和中国中心的两极之外和左右之间，提出另外两种可能？

第一，多中心的可能。五千年的全球史，中心不是谁可以任意或主观确定的，而是需要基于全球经济史所展示的定量数据。例如，侧重研究世界各国GDP的消长，也许能够比较客观地用数字说话。如果史学界只以特定文化为依据来鉴定中心，难免出现偏见或自私，儒教、佛教、道教、基督教、伊斯兰教、印度教能比出一个谁中心、谁边缘吗？作为对比，GDP在各个区域和各个时代的起伏消长，就是硬道理，并能够说明，中心是不断变动，而不是永恒的，尤其是，在一个历史时期，世界会出现多个中心、多极区域，所以我们需要培养一种多元意识，而为了承认多元，就需要具备包容、宽容与兼容的认知能力。同时，中心不一定以区域为导向，是否可以提出以主题为导向的中心，类似张信教授所提出的三大主题：战争、贸易和技术。例如，一旦以技术为导向，不同时期，立刻出现全球能够比较公认的中心。也可以历史时期为导向，如16世纪之前，可能是东方中心；16世纪以后，可能是西方中心；但21世纪，存在多中心的可能。

第二，去中心的可能。首先，世界日益扁平，地方与全球是你中有我、水乳交融的。中心与边缘，难分彼此，红花与绿叶，难以界定。更重要的是，谁是公正的法官来判定谁是主角，谁是龙套？同时，更值得大家关注的是，我们经常在反对一个中心的时候，推崇另一个中心，己之所恨，必施于己，自打嘴巴，而且是妥妥的双标。记得毛泽东有一句名言：要防止一种倾向掩盖另一种倾向。如果坚持欧洲中心是右倾的话，那么推崇中国中心就是左倾。作为理性的学者，不能用一个新中心去反对一个旧中心，或者打着反中心的旗号，继续推崇中心，这样就会导致历史学的研究与解释像打摆子，忽左忽右。其实，著名的钟摆理论存在另一个精妙的启示，那就是为了使钟摆停中间、走中道，必须使自鸣钟失去动能、停止对发条的加力，并促使这个自鸣钟进入无为、淡定、不折腾、不秀肌肉、不称霸、韬光养晦的境界。

　　同时，今天是一个去中心的新世纪，区块链、比特币、人工智能、元宇宙的核心思想就是去国家、去中心、去核心、去轴心，从庄子的思想出发，有中心是人，无中心是道，因为他说过一句名言：以道观之，物无贵贱。

　　总之，我们在反西方中心论的同时，需要多多思考多中心和去中心的研究进路，丰富我们全球史研究的成果。

（此文系2023年4月29日笔者主持与点评美国印第安纳大学历史系张信教授演讲的发言整理）

美国非裔历史研究

　　对于王希教授有关美国黑人研究的演讲，我想分享几点学习心得。

第一，如何比较客观地评价林肯在反对种族歧视问题上的历史地位？大量史实已经证明，林肯并不是一个废奴主义者，他只是在当时把废奴当作国家统一的工具而已。例如，当1861年面临南部邦联成立时，他的优先不是黑人的自由、平等与民主，而是国家统一，他宁愿牺牲无价的和平大业与废奴的自由大业，也要打一场付出了70万美国人生命的内战。所以，他在1862年9月22号颁布的《解放黑人奴隶宣言》上只宣布：只有在独立的南部邦联所控制地区的奴隶，才能获得自由。结果在内战期间，就出现了四个很独特的支持联邦的奴隶州，包括马里兰、特拉华、肯塔基、密苏里。这就清楚表明：林肯将国家统一视为第一优先，绝对先于和高于奴隶自由、黑白平等与民主和平。

同时，林肯在1862年发布的《解放黑人奴隶宣言》，完全没有提及种族问题和种族歧视，也没有提到公民平等问题。林肯在文告中只宣布了两个政策。一是邀请那些身体条件合格的获得解放的自由民（freedmen）加入联邦军队，将他们的命运与联邦的统一绑在一起，有点变相的捆绑，导致奴隶今后没有退路，只能永远跟着联邦走、一心一意奔统一，形成所谓的"命运攸关体"。二是获得自由的人不再被视作无偿劳动力，他们在受雇佣时必须得到工资，这是一种典型的利益交换。所以，我们需要把林肯的形象稍微降低一点、客观一点，他其实只是迫于无奈，为了统一的目标，将解放部分黑奴当作工具而已。

第二，如何看待美国早期历史的原罪问题？大家知道，除了屠杀印第安人以外，美国早期历史存在两大原罪，一是殖民制度，二是奴隶制度。美国的国父们成功推翻了殖民统治之恶，但却永远背上了奴役黑奴之恶。如何认识这类原罪？德国哲学家提出，恶是历史发展动力的表现形式，而邓小平的"白猫黑猫论"也主张不管黑猫白猫，能捉老鼠就是好猫，因为发展就是硬道理。

在这里，我想与大家一起重温一下亚当·斯密关于奴隶制度的论述。也许学术界有一个偏见和定见，以为主张利益最大化的斯密，一定支持有利可图的奴隶制经济。其实，他在1790年即将去世前出版的《道德情操论》第6版中，强烈谴责和讽刺这些来自欧洲的"肮脏主人的灵魂"（soul of his sordid master），因为这些奴隶主将英雄的国家沦为垃圾的监狱，他们完全不具备欧洲国家的美德，"他们的轻率、野蛮和卑劣（levity, brutality, and baseness），如此公正地暴露在被征服者的蔑视之下"。[1]而且，斯密认为，即使从经济角度而言，奴隶制也是没有效率和效益的，它流行的原因是懦弱的政府和贵族企图借奴隶制，来表现他们自己"对控制和专制的热爱"（the love of dominion and authority）。[2]

其实，根据诺贝尔经济学奖得主福格尔（Robert Fogel）的研究，奴隶制的经济效益是非常可观的。而且，福格尔还发明了一个极具争议的观点，因为他发现南方部分奴隶的寿命比北方部分自由劳工的寿命更长，并由此得出奴隶比劳工幸福的结论，还因此开创了一门人体测量学（anthropometry），按照奴隶的年龄和性别，采用一些人体生理特征，包括身高、体重、腰围、女

1　Adam Smith, *The Theory of Moral Sentiments*, Indianapolis: Liberty Fund, 1982, pp. 206−207.

2　Adam Smith, *Lectures on Jurisprudence*, Indianapolis: Liberty Fund, 1978, p. 192.

性的经期等资料，来衡量"生物性的生活标准"（biological living standard），并以此来研究所有人的幸福指数，将它泛化为一种普适的研究方法。其实，他是混淆了相关性与因果性的关系，因为有人长命，并不意味着他很幸福；而有人很幸福，也并不因为他活得久，幸福与长寿的关系存在相关性，但不一定是因果性。

我以为，不管奴隶制的经济效益如何，有一点可以肯定，具有原罪的奴隶制的社会成本极其昂贵，因为奴隶制经济、殖民经济和法西斯经济等充满原罪的经济制度，可能使少数人迅速暴富，但往往以大多数人遭受不公和不平，作为高昂与沉痛的代价，这类缺乏正义、道德和人性支撑的经济制度一定难以持续。对此，本人在2015年出版的一本英文专著中专门讨论了经济发展的非经济性代价问题，特别是在政治权力、经济资本和民众权利三者的博弈中，权力与资本往往联手，弱势的民众一定是最大的输家。其实，长期而言，奴隶制经济所导致的国家罪错的经济成本也很高，比如近来正在热议的支付美国奴隶后代补偿金的问题，以及近六十年来美国所实施的平权法案的经济成本，都是难以计数的。[1]

第三，如何认识美国黑人争取权利的主题与进程？根据王希教授的总结是三大主题与三阶段，第一主题与第一阶段是争自由，人身自由是人权的基本前提，但美国黑人在1862年只是获得宪法意义上的人身自由，在第一次重建时期，他们立即面临自由

1 Zhaohui Hong, *The Price of China's Economic Development: Power, Capital, and the Poverty of Rights*, Lexington, Kentucky: The University of Kentucky, 2015.

但不平等的困境；于是，第二主题与第二阶段，就是争平等，包括工作、住房、教育和各种社会权利的平等；第三主题与第三阶段是争民主，主要是选举权利。到1965年为止，美国黑人大致已经取得了在法律层面的自由、平等和民主。

但是，2020年美国又一次因种族问题爆发的重大社会危机表明，仅仅拥有书面的自由、平等和民主权利是不完全、不充分、不彻底的，所以，我想在王希教授的三主题和三阶段论上，加上第四个主题，就是反对种族意识歧视，这也许就是王希教授所说的系统性种族主义（systemic racism）的一大部分。王希教授非常精彩地论述和概括了二次重建，但美国也许还需要第三次重建，其主要使命是解决那些看不见但能感觉到的歧视，比如意识歧视（如有意无意，甚至潜意识的歧视）、观念歧视（如脸谱化的歧视）、语言歧视（尤其是口语、口气和肢体语言的歧视）等。

许多根深蒂固的歧视在称呼上就可以显现：最早称非裔为"Negro"，后来是黑奴，再后来是前奴隶，然后是黑人，现在开始使用地域来界定不同种族，这是一个进步，不再称黑人（Black），而是非裔（African American），同时也有了亚裔（Asian American）、拉美裔（Latino American）、原住民（Native American）。但是，就是没人称欧裔（European American）。为什么不能把白人称为欧裔美国人？是否在有些人眼里，白人（White）就是真正的美国人（American）？美国人就是白人？但别忘了，真正而又正宗的美国人是原住民。这样的常识问题，为何没人予以纠错？

美国反种族歧视的历史演进给我们的启示是：第一，彻底解决美国和全人类的种族歧视和阶级歧视之路，可谓路漫漫、水长长、山高高；第二，解决系统性种族歧视，不能只限于黑人，而应该包括所有种族；第三，反对看得见的歧视易，解决看不见的歧视难，因为这种意识上的歧视是一种心魔，它镶嵌在很多人的DNA之中，消除隐性的歧视需要一代代人全方位、多角度的共同努力。

第四，一个国家的发展，应该如何安排经济、法律和道德的优先顺序？在这里，我想分享一下最近阅读比较亚当·斯密三本名著的体会。斯密生前出版了《道德情操论》和《国富论》，对此，德国经济学家在1876年提出了著名的斯密问题（Smith's Problem）。因为道德的斯密与市场的斯密自相矛盾，一个讲形而上的伦理道德，一个讲形而下的自利发财。但是，在斯密死后，有人将他的上课讲义《法理学讲义》出版了，这就为前两本书提供了一个时间和理念上的衔接，因为斯密的《法理学讲义》正好写于1762—1763年，介于1759年的《道德情操论》和1776年的《国富论》之间，这个写作顺序，非常值得深思。

斯密的写作顺序正好指明了人类文明三大制度的安排所应该遵循的优先级：先伦理道德，再法律制度，后经济运行。斯密是将道德伦理当作指路明灯和基本准则，再根据道德伦理来设计法律制度，最后将道德和法律应用到市场和经济，这是一个自上而下、自虚而实、自内而外、自明道到优术的理论体系建构。

大家想象一下，如果斯密的写作顺序是颠倒的，先写关于市场和发财的《国富论》，再写关于法制建设的《法理学讲义》，最后才写《道德情操论》，那有可能首先出现一个既缺道德又没法律的市场理论，充满丛林法则，类似美国的奴隶制经济和殖民经济等；然后出现一个没有道德底线的法制思想，只是将法律当作保护富人财产、牺牲弱势正义的工具，类似1801—1835年担任美国最高法院大法官的马歇尔的做派，运用法律的工具，加强联邦政府的集权，为经济发展、资本积累保驾护航；最后，道德伦理也就成了既为恶法也为急功近利的市场提供精神保护与合理辩护，类似剥削有功论，因为有剥削才有就业，有就业，才是最高的道德。于是，也会出现福格尔的"歪理"，他曾强调奴隶与自由劳工相比，很少因为失业、饥饿和无住所而死亡，因为奴隶是奴隶主的私有财产，所以他们一定有一份所谓的"工作"，很少饿死，也常有屋可住，尽管只有像汤姆叔叔那样的"小屋"。

所以，一个国家如果先发展经济，后建立法治，再建构道德，可能会把这个国家的方向带到沟里，并留下深远而又难治的后遗症，也有可能出现杨小凯所揭示的后发劣势现象（late comer's curse），出现坏资本主义、国家机会主义，因为18世纪的美国与欧洲相比，也是属于后起新秀，也存在后发劣势问题。其实，美国奴隶制带给人类的历史教训极其深刻，它既是美国经济发展，也是美国法治建设的恶性肿瘤，长达402年，还挥之不去。所以，我建议大家，应该认真学习、平衡比较斯密的三部经典。也许，读者朋友会问那怎么反意识歧视呢？我以为，主要不是靠市场经济，也不是靠法制建设，而是靠道德情操，靠斯密所提倡的一个中心，即适度；六个基本点，即同情、正义、良心、审慎、仁慈、自制。

（此文系2021年7月24日"卡特中心论坛"上笔者主持与点评美国宾夕法尼亚州印第安纳大学历史系王希教授演讲的发言整理）

历史哲思与变迁

陶渊明的《形影神三首》

东晋田园诗人陶渊明不仅是个隐逸诗人、田园诗人，更是一个善于终极关怀的哲学人家，关心生命、注重人生，尤其是他的《形影神三首》组诗深刻反映了他的生命哲学和道家思想。

陶渊明所处的历史时代，有助于我们理解他的诗学和哲学思想。陶渊明活到62岁（365—427），他看到了东晋的寿终正寝（317—420），东晋灭亡后七年，陶渊明才去世。103年的东晋历史，有三个现象值得思考。

一是国家分裂。当时东晋的版图仅限于长江以南，但不包括今天四川以西的领土，根据历史地理大师谭其骧先生的研究，东晋只有192万平方公里，远不如西晋的416万平方公里，而且还不如西晋灭亡后的刘宋面积228万平方公里。但这种分裂和动荡也催生了思想和文学的繁荣，应验了清朝赵翼的名句："国家不幸诗家幸，赋到沧桑句便工。"生命力受到压抑的苦闷和孤独是文学创作的重要来源。所以，有一个很值得研究的历史现象：每当中国古代出现国家分裂、国弱民富、重文轻武的朝代，知识分子有时更有使命感，比较有利于思想、文学和艺术的蓬勃发展，如先秦诸子百家、偏安江南的南宋、国弱民富的明朝等，当然也包括东晋。当北方被五代十国长期的战争困扰之时，偏安江南宝地的东晋，却迎来了诗文、歌赋、书画的黄金时期，出现了陶渊明、谢灵运、王羲之、顾恺之等大家。

二是文化交流。当时北方战乱，南方却因祸得福，因为大批北方世族和汉族人口移民江南，促进了南北文化的交流。这种交流和融合，有助于在东晋晚期信奉佛教的高僧慧远将佛、玄、儒三教融合，最后成为佛教净土宗的祖师之一。而且东晋还出现了中外交流，当时的法显就是中国首位西行取经的僧侣，他于399年自长安出发，西行取经，414年回到东晋首都建康，比唐代的玄奘更早，是中外文化交流的一大功臣。

三是东晋这样的时代氛围，也容易产生清谈之风、形成颓废价值，尤其是炼丹术盛行，社会普遍追求长生不老。东晋时，葛洪结合神仙学说与道术理论，并加入炼丹术，整合道教理论。他所著的《抱朴子》的内篇就大论炼丹、养生之道。我们不要小看道教的文化功能，因为它对文学、艺术贡献多多，包括神仙画等，尤其是道教的炼丹及养生术还具有宝贵的科学元素，如化学、医学、生物学等。

所以，国家分裂、文化交流、清谈之风对陶渊明的诗学、哲学和神学思想或多或少产生影响。

除了历史背景，我想聊聊如何定义"形""影""神"。"形"是指生命作为一种物质或肉体的存在，它是有限的、有形的、有终极的，因为人不可能长生不老。这样，如何面对短暂的生命就成了人类的一个大问题。流行于魏晋的风气就是颓唐放纵、及时行乐、纵情肆性，就是西晋的"作达派"，陶渊明就在《形赠影》中用最后一句诗来概括："愿君取吾言，得酒莫苟辞。"可见，当时常以酒作为放浪人生的工具。

"影"的境界立足于生命的社会价值。既然生命的"形"很短暂，我们就需要在生前留影、留言、留声，其实质就是留名，包括名誉、名声、名节，而所有这些与影和名相关的境界，必须以一个字作为基石："善"。也就是陶渊明的第二首诗《影答形》所提的"立善有遗爱"。

一旦我们把这种表现善的"影"，升华到"道"的境界，那就由善而得道，将影转化为一种"神"境。这样，如果"形""影"两种境界是一种矛盾或对立的话，"神"的境界则是和谐。《道德经》说"道法自然"，而陶渊明说"神辨自然"，其实并不矛盾，与西方宗教中的"神"也是相通的，尽管西方的"神"是指上帝，而东方的"道"主要是指自然规律、宇宙本源。其实，我一直以为，"神"就是"道"，而"道法自然"，这样，"神""道"最后都以自然为依归。所以，陶渊明的神境之根本就是平淡和谐，其中包含了回归自然、体认人本、还原人生的本来面目。这就是他在第三首诗《神释》的最后所提到的"纵浪大化中，不喜亦不惧"。人生之短暂，不如自然之永恒。

最后，我想就"形""影""神"三者的关系，分享一些体会。钱志熙教授睿智地将"形"与"影"理解为一对矛盾，而"神"则是一种和谐的生命体验。但是否也可以将"形"与"神"理解为一对矛盾，而"影"则是一种解决这对矛盾的桥梁和选择？也就是说，从肉体的"形"，进化到精神的"神"，需要一个"影"或"名"来体现生命的价值，然后通过这种生命的价值，寄托自然与生活的和谐，最后到达"神"的境界。

这种视角转换的意义在于，将"影"的地位理解为一种中介和过渡，同时也给我们芸芸众生提供了第三种选择：我们的生命其实还存在一种不是"形"，也不是"神""道""灵"，而是一个似"形"、似"灵"的"名"或生命价值，这样就给了人类一个新的生命通道与选择。比如，如果你不信"神"和"道"，也不相信物质的生命可以永恒，但你相信生命的价值不一定建立在形而下的"命"上，也不是形而上的"神"，而是可以通过生前的努力，达到一个"形而中"的目的，那就是通过儒家的立德、立功、立言这"三不朽"的思想，著书立说，行善积德，学雷锋做好事。

其实，儒家孔子追求的正是这种"形而中"的境界。例如，孔子不信人生不老，但也不信鬼神，他的名言就是"未知生，焉知死"（《论语·先进》），而且"子不语怪力乱神"（《论语·述而》），并对鬼神是"敬而远之"（《论语·雍也》）。但孔子非常爱

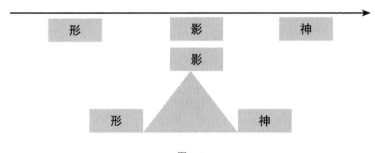

图2-4

惜名誉和名节，所以通过传道授业解惑，立德立言，通过七十二弟子，留下传世的经典，延续了他生命的价值和精神的遗存，就像泰勒在《原始文化》中提及的"遗存"一样。所以，我们需要提倡保持晚节、坚守名节，因为生死事小，失节事大。

另外，我们也可以发现，陶渊明这个东晋诗人的重大贡献是将二元的形神观或二元的形名观，发展为"形""影""神"的三元观，引入了"影"这个第三元。这样，整个哲学境界与空间顿时得到了拓展和提升，贯通了"形""影""神"三者之间的辩证关系。在西方，这种三元观可以追溯到亚里士多德的适度思想，精髓就是一分为三；后来西方学术界发展出著名的三元悖论和三元困境，亚当·斯密的《道德情操论》也将这种三元哲学观应用到伦理学、经济学，并提出在主观与客观两极之间的"客观的旁观者"的第三种视角和境界，似乎与陶渊明的形影神出现些许交集：现实的、理想的、灵性的（spirituality）旁观者。而最高境界与标准就是三种旁观者视角的综合与融合。

这种三元观也能启发我们对形影神关系的另一种感悟。前面提到"影"应该是"形"与"神"之间的桥梁，其实，这只是一种线性思维，以为我们通过"影"，可以从落后的"形"进化到先进的"神"（见图2-4上部）。但如果我们形成一种"三角思维"，将"形""影""神"理解为三角形的三个独立的角，对三者的评价就会偏向更加价值中立的客观（见图2-4下部）。因为这三个"角"是客观形成的，而且是我们不同人生和人性的必然选择，所以，它们都有存在的合理性，没有价值判断。更重要的是，这三种选择有可能各自永恒，不会也不需要进化或退化。于是，"影"的桥梁功能也就不存在了。

（此文系2021年1月16日笔者主持与点评北京大学中国语言文学系
钱志熙教授演讲的发言整理；原载洪朝辉：
《美中社会异象透视》，有增删）

《万历十五年》新解

黄仁宇《万历十五年》的写作比较独特，既不是编年体，也不是纪传体，而是以万历十五年（1587）为入口，着重记述六位重要历史人物的功过。

第一位人物是万历皇帝明神宗朱翊钧，他在位长达48年（1572—1620）。作者所记述的万历十五年，正是明神宗24岁（1563年生）那一年；他于1620年去世，之后又过了24年，则明朝归西（1644）。万历皇帝是"一朵首鼠两端的奇葩"：张居正去世前的十年，他是明朝改革的旗手，当然背后有张居正做推手；但在张居正于1582年去世后，万历皇帝却全面怠政，后来整整28年基本不上朝，创中国历代皇帝的最高纪录。

有关万历皇帝，有几点值得关注。第一，他与文官代表张居正和宦官代表冯保的关系。君臣关系有两类：一是当皇权强盛时，皇帝就把文官与宦官玩弄于股掌之间，或平衡或利用，或恩或威，或恩威并重；二是当皇权衰落时，皇帝自己反被文官和宦官所掌控。万历皇帝在位48年，君臣关系正是经历了类似的起起落落。第二，万历皇帝与张居正的关系。第一阶段，万历皇帝非常信任张，几乎是百依百顺；第二阶段，对张居正出现失望与不满，甚至不管人死为大的基本伦理，这种转变的心理原因值得研究。第三阶段，万历皇帝以极高的手段控制大臣。意大利政治家马基雅维利认为，君主要维护权威，只有两招，一是要大臣爱他，二是怕他。但要大臣爱君主，不可控，因为君主不能用刀逼着大臣爱你；但要大臣怕君主，可控，只要把刀架在大臣脖子上，大臣们一定恐惧。所以要大臣爱君主太难，而要大臣怕君主比较容易。在万历皇帝在位的大部分消极怠政的时间内，他掌控大臣、运作朝政的独特手段，也很值得探究。

第二位人物是张居正。对张居正的功过，史家大致有一个定论：他既是能官，也是贪官；既大力革新，又滥用私臣、任人唯亲。而且，张的"一条鞭法"最终也把鞭子抽向了广大农民。由此也引出一个困惑：古今中外，为什么一个能人，很难不是坏人？或者说，能人成为好人的概率为什么这么低？

第三位人物是申时行。首席大学士申时行有才，但圆滑，善于妥协折中，长袖善舞，提倡"从中调剂，就事匡维"，史家需要关注此人的领导风格。美国的领导管理学把领导人的工作性质分成两种：一是做正确的事情（do right thing），二是把事做正确（do thing right）。按理说，皇帝这类领袖和首辅主要是干正确的事情、决定正确的方向，而大臣和一些将才主要是把事情做正确，讲究程序与过程，但申时行的领导风格似乎兼而有之。同时，也需要关注申时行的领导类型问题。美国管理学专家和猎头公司把美国大学的院、校长们分为两类：一是猎户型（hunter），不断向外寻猎、拓展、创新，例如，美国大学校长主要做三件大事——筹大钱、找大师、盖大楼；第二类是农民型（farmer），主要是埋头苦干、精心耕耘，保证后院不起火。有点一个主外、一个主内的意思。对两类人才没有价值判断，只是各自定位不同。如果张居正善于打猎，那么，申时行是不是善于深耕？是否当弱君出现，首席大臣需要成为一个猎手；而当强君出世，朝廷就需要一个善于守成、维护内安的大内总管？

第四位人物是海瑞。他一世清廉、自负，有道德洁癖，当时作为一个南京都御史，竟敢上书骂嘉靖皇帝，结果锒铛下狱。自西汉以来，文人死谏之风一直存在，到明朝达到极盛，明朝文官中出现了以死谏追求自我价值和理想世界的风气，为了换得流芳百世，不惜搭上身家性命。但是为官者过于刚正的性格和处事方式并不一定能达到好的效果，这些儒生的道德情操真能补强专制制度的不足、延长王朝的寿命？明智一点的皇帝如唐太宗，就偏不成全这些酸气冲天的类似魏征一样的儒生：你想做烈士？我偏不杀你。

第五位人物是戚继光。戚继光的军事名著《纪效新书》展现了他的军事奇才，但生不逢时，明朝的主旋律是重文轻武，所以，抗击倭寇的英雄只能与文官之首张居正交好，成为张党的坚强后盾。就拆字学而言，人可以结群（君+羊），但不应该结党（尚+黑），君子不党，或者君子群而不党。明朝的党争激烈，出现了形形色色的党：顾宪成的东林党、魏忠贤的阉党，还有齐楚党、昆党、宣党、秦党等。戚继光内搞"戚家军"，任将唯亲；外与文官结党营私，拉帮结派，由此导致他在历史上的地位蒙尘。而且，历史上，武将很少有全身而退的，武将一旦与朝内党派结合，一定是成也党派、死也党派。戚继光在张居正在世时，得意扬扬，一旦张去世，立即作为张党一员而被清洗。

最后一位人物是李贽。李贽又是"一朵奇葩"，他以海瑞的对立面出现，企图做一个思想启蒙者，坚决反对假道学、痛恨贪官污吏、反对重农抑商，斗胆与意大利天主教耶稣会传教士利玛窦进行三次宗教交流。万历十六年（1588）李贽削发为僧，但依然大量收取非法钱财、任人唯亲，是典型的双重人格。他所受的教育，要求自己为公众服务，先天下之忧而忧，但一旦面对现实，却大多先天下之乐而乐。最终，李贽自杀于监狱。

上述六人的人格和领导风格，在古今中外都能找到影子：万历皇帝属于首鼠两端之君，善始不能善终，晚节不保；张居正是改革能人，但不是道德圣人；申时行是妥协大师，阴阳兼备；海瑞有道德洁癖，但也常常用至高无上的道德绑架别人；戚继光既有枪，又主动让权贵指挥他的枪，最后，有枪的还是打不过有权的；李贽号称反对假道学，但他属于儒释道的哪一家，连他自己也不知道，因为他既是王阳明泰州学派的信徒，又是削发为僧却不出家的佛教徒。

总的来说，明朝的文官已经形成所谓的"三思"文化，即思危、思退、思变，这也一直影响了后代的为官之道，而不是西方官员所推崇的另外三思：思进、思新、思想。

除了关注这六个人物外，我们需要对万历朝政做一个简评。西方史学界有一个"朝代循环理论"（dynastic cycle theory），朝代的寿命与人的寿命类似，分五大阶段：第一是儿童时期，朝气蓬勃；第二是青年时期，八九点钟的太阳，充满理想和活力；第三是中年时期，力量到了顶峰，但已经力不从心，于是，就出现了中年危机；第四是老年时期，开始衰落；最后，走向死亡，为下一个新朝代让位。运用这个朝代循环理论，需要思考万历年间，到了明朝的第几期？有人认为，明朝表面上亡于崇祯，实际上亡于万历。对此，我们需要思考，是否有高招打破封建王朝的持续循环、冲破封建王朝的超稳定结构？中国专制王朝是否存在起死回生的制度性出路？

对此，我们需要宏观地反思一些大问题。黄仁宇的一大贡献是把明朝和古代社会结构比喻为"潜水艇夹肉面包"（submarine sandwich）：上面是文官集团，以内阁首辅为首，他们空谈误国，大而无当，成事不足，败事有余；下面是一批无组织、没素质的农民、刁民；中间则是千年不变的儒家伦理道德，君君臣臣，父父子子之类。但就是没有法制，没有人权，更没有可能提供可操作的政策，而是用虚伪无聊的仁义道德代替法制，对违法之事极力掩饰，并美其名曰：忠厚、责任、顾大局、识大体，忍辱负重。他们还喜欢居高临下地高调鼓吹：你应该这么做，但不能、不愿也不敢提出怎么做。

这种"潜水艇夹肉面包"社会存在三大基石：一是以中央集权为核心体制，二是以道德伦理为精神支柱，三是以文牍主义为管理方法。这些以道德为核心的儒家体系，在风调雨顺、国泰民安的时候，也许有用，但一旦碰到天灾人祸、瘟疫盛行，立即出现三大失灵：道德失灵、制度失灵、管治失灵。最后一定被农民起义或外族入侵打败。对此，黄仁宇认为："中国二千年来，以道德代替法制，至明代而极，这就是一切问题的症结。"

在这里，我们需要追问，在社会发展中，文化与制度，哪个更重要？到底哪个是中国社会发展和进步的最大软肋？也就是说，社会进步的最大障碍是文化，还是制度？经济学里有两个学派：制度经济学与文化经济学。一个强调影响经济发展的制度因素，一个侧重影响经济发展的文化因素。经济学诺奖得主诺斯认为，制度不是外生性，也不是中性，坚持制度对经济发展的决定性、内生性的和非中性的作用。那么文化是否也有这样的作用？

最后还需要一提的是，黄仁宇《万历十五年》的英文题目是"1587, A Year of No Significance"，他在书中提到，万历十五年，表面上似乎是四海升平，无事可记，实际上我们的大明帝国却已经走到了发展的尽头，因为上上下下充满诡异的两面性：皇帝，一方面励精图治，另一方面怠政玩乐；首辅，一方面独裁，另一方面调和；高级将领，一方面富于创造，另一方面习于苟安；文官，一方面廉洁奉公，另一方面贪污舞弊；思想家，一方面极端进步，另一方面绝对保守。最后的结果，都是无分善恶，统统不能在事实上取得有意义的发展。因此，万历十五年的年鉴，是历史上一部悲剧性的总记录。

于是，我想起狄更斯在《双城记》里所说的：这是最好的时代，这是最坏的时代；这是最光明的时代，这是最黑暗的时代；我们拥有一切，我们一无所有；我们正在直登天堂，我们正在直下地狱。

在万历皇帝死后24年，崇祯皇帝自杀，明朝寿终正寝。制度性轮回继续进行。

（此文系2020年3月28日笔者主持与点评王昊辰先生演讲的发言整理；原载洪朝辉：《美中社会异象透视》，有增删）

王阳明心学感悟

我有一个在专家面前绝不扬短避长的"坏"毛病，也就是说，在主讲人、哲学大咖董平教授这样的"关公"面前，绝对不能耍弄王阳明这把大刀，只能摆弄一下洋腔洋调，也就是利用一下亚当·斯密、马丁·路德、亚里士多德三个洋人山头中的几块石头，来攻一攻阳明心学这块玉。

首先，王阳明的致良知思想与亚当·斯密为首的古典经济学的经济人思想值得比较。根据董教授的研究，王阳明主张人的天性具有良知，我们要做的只是将所有的善良、无私、无欲的本性呈现和实践出来。但我们展现自己善良本性的难度在于外在功利和物化的世界，不断异化或毒化了我们原本至善至良的人性与天性，这就造成了我们的内心本质与现实生活之间出现了断裂。

这一致良知思想，与古典经济学思想既有合拍的，又有不同的。首先是不同，古典经济学在本质上是主张人之初、性本恶，因为斯密是一个虔诚的基督徒，相信原罪。所以，斯密在《国富论》中强调，只有自利、追求利益最大化才是人的本性，任何要求人类变成无私、无欲的思想，都是违背人性的，而且是不自然、更不真实的。他在《国富论》中唯一一次提到"一只看不见的手"时，就比较了两种人，一种是主观为自己的人，另一种是主观为他人的人，结果，在客观上，那个主观为自己的自利之人，为社会所做出的贡献却往往"更经常、更有效"（frequently and effectually）。所以，在斯密眼里，主观自利、客观为人，才是人的自然本性和天性，而天性才是真实的和可持续的。

但阳明心学与斯密的道德情操论又存在相同面。例如，王阳明致良知思想中的良，反映了中国儒家的一些核心价值，如仁义礼智，而亚当·斯密对道德情操也提出了一大原则——适度，以及六大核心价值——同情、正义、良心、审慎、仁慈、自制，这些与儒家的仁义礼智都有相通之处。根据罗卫东教授的研究，儒家的"仁"与斯密的同情，儒家的"义"与斯密的正义和良心，儒家的"礼"与斯密的规则和秩序，以及儒家的"智"与斯密的审慎和自制，存在很多可以相互参照的内涵。

但有意思的是，斯密没有提及信（credibility, trust），王阳明的致良知的良，也很少直接论述信与良的关系。大家知道，孔子只论述了仁义礼，孟子加了一个智，到了汉代董仲舒，才加了一个信，完成儒学的五常。

其次，如果良善之心人皆有，那么是否人人可为？也就是你我他是否个个都有可能成为圣人？这一点，斯密与王阳明有着惊人的相似之处。当亚里士多德认为适度是鉴别有德性之人（Virtue）与有罪恶之人（Vice）的标准时，斯密却认为，适度和同情心是人人可为、人人能为、人人该为的天性。这一点，与孔子和朱熹所论述的中庸也类似，孔子认为中庸是鉴别君子与小人的标准，小人是不可能做到中庸的，而朱熹则认为，"庸，平常也"。也就是说，孔子与亚里士多德类似，认为适度、中庸非一般人可为，而朱熹、王阳明、斯密却认为，这是人人可为的事情。

具体而言，斯密强调，适度的一大要素体现在同情心上。他认为，同情心人皆有之，不管是多坏的罪犯，都有同情心，只要他是人。记得清朝还有一条法律，如果是孝子，免死。但在这里我们似乎发现斯密矛盾的一面，他一方面推崇自利的人性，似乎是性本恶，另一方面又大力提倡道德情操，似乎是性本善。

其实，古典经济学设计了做人的三条线或三大标准。一是法律底线，犯法之事不能做；二是道德上线，你应该做，斯密后期对商人的自私和贪婪提出了尖锐的批判，与王阳明所提倡的圣人标准一样，就是要去私心、私利、私欲；三是经济人中线，这是人的自然本性。这样，这三条线的简单说法就是：一不犯法（you can't），二做圣人（you should），三做经济人（you are）。也就是说，经济人的自利行为是自然的，不需要人为努力，但如果要向下犯法或向上成圣，都是需要人为主动。如果说，道德线是应然，经济人线是实然，那么法律线，我创造性地赋予它一个词，叫不然，不应该是这样的，不得违法。我以为，我们每个人如果把这三条线都守住了，就能往良知方向前进一大步。

再次，如何成为圣人？为了成为有道德情操的圣人，主要靠自己还是靠外力？也就是说，是向内求还是向外求的问题。这个大问题使我想起欧洲宗教改革运动的领袖马丁·路德，他在1517年提出著名的因信称义（salvation through faith alone）。也就是说，他划时代地提出，个人通过自我内心的宗教信仰，就能够被救赎，不需要通过外力，如腐败的神父、牧师和教堂作为信徒与上帝对话的中介，强调了一种主观能动性，这是革命性、历史性地从罗马天主教的向外求，转型到新教的向内求，结果就求出了一个史无前例的基督教。有意思的是，活了63年的马丁·路德（1483—1546）与活了57年的王阳明（1472—1529），正好处于同一时代，路德比王阳明晚生11年，但比王晚死17年。相信他们在生前没有什么交流，不存在互相剽窃的可能。

而比王阳明晚了250年的斯密，又发展了路德的宗教理论，提出了一个"客观的旁观者"的概念。也就是说,一方面,斯密认为向内求的努力是正确的,通过自身努力,成为具有道德情操的人是可能和可为的;但另一方面,他又认为人的这种主观努力是有限的,需要借助一个外在的"客观的旁观者"。斯密的《道德情操论》一共重复这个词多达76次,而对著名的"一只看不见的手",只提到一次。这是一个拟人化的、虚拟的旁观者,他既可以是现实的,也可以是理想的,更可以是具有灵性的评判者,就像上帝一样,设计这么一个人不人、神不神的第三者,就是为了时时、处处监督、纠偏和完善我们自己的言行,就是为了"狠斗私心一闪念",类似我们常说的,人人心中有一杆秤。其实,到了第三层次的、具有灵性意义的旁观者,就具有了求内心的意义了。所谓的人在做,天在看,而这个天是自己制造出来的虚拟,希望借此提升自我的自觉意识。

王阳明从贵州龙场悟道开始,到57岁去世,一直信奉向内求的路径,所谓的"此心俱足,不假外求",他还提倡"圣人之道,吾性自足",把自我的良知,当作人生的定盘针,不需要借助考功名,也不需要求助贵人。其实,我们人人都有王阳明时刻,都有顿悟求己的时刻,因为你成熟以后会发现:怨人不如求己。所以,向内求代表的是一大思想解放运动,因为它帮助人人看到机会、看到平等,人人心里都有圣贤。在这里,心学似乎与佛学相通,人人具有佛性,通过众生修持,就可以见性成佛。所以释迦牟尼不是神,而是老师、是真人,我们学佛是为了成佛。但在基督教中就不行,你信仰上帝可以,但你绝不可能成为上帝。孟子也主张内修,"我善养吾浩然之气","行有不得,反求诸己"。

所以,如果说,程朱理学主张人生应该做加法,不断地格物致知,而阳明心学主张做减法,就是不断去私心、去私欲的话,那么,亚当·斯密既通过增加人的适度德性来做加法,又通过反对自私来做减法。更重要的是,他提倡自利,要求大家不增不减,维护和尊重人人天生和自然皆有的追求自身利益最大化的自利心。

最后,我们如何评价知行合一的"行"字?我以为,这个"行"字,其实已有了实践和实验的萌芽,这与朱熹的格物致知的"格"字,有点相通,表示通过探究、观察和实践检验的知识,才是真知。

但是,亚当·斯密将这个"知"与"行"落实在观察市场、考察市场、实践市场和研究市场规律的现代经济学的科学思想上,于是就将一门附属于哲学的经济学,改造成具有经济学特色的古典经济科学。也就是说,如果中国人把这个"格",理解为观察、格量、衡量的话,就可能具有西方实证研究和实验科学的元素,也就可能满足现代科学所必需的三大要件:逻辑、定量和实验。或者说,如果王阳明之后,我们能够大力提倡实践、实验、定量,这将是中国近现代科学春天的开始。

很遗憾,朱熹的格物致知和王阳明的知行合一,本来是可以与西方的实验科学接轨的,但中国人只是将这类观察和探索停留在了哲理性的心学之上,而不是实证性的科学之上。李约瑟之谜的一大要点,就是觉得中国古代只有技术,没有科学发明,四大发明、阴阳五行都不是科学，因为它们不能被实验和定量所证明。从这一点上，我们是否应该对阳明心学做出一个比较适度的批评？

（此文系2021年4月2日笔者主持与点评董平教授演讲的发言整理）

中国文学的"负心"与"婚变"主题

关于这个"负心"与"婚变"的"八卦"主题，我想从三个角度来讨论。

第一，学术主题的定义问题。定义是我们学者的一大优先，也是我们较真的一个通病，因为定义不清，一定是鸡同鸭讲，浪费时间。我对主讲人黄仕忠教授关于"负心""婚变"定义的理解，大致可分为五点。一是"婚变"，它指的是婚姻关系解除，或离婚，"婚变"的原因有很多种，但黄教授只侧重引起"婚变"的"负心"因素，而且，婚姻解体不等于家庭解体，离婚不等于家庭中的子女消失；二是"负心""婚变"的现实也许很多，但黄教授侧重的是文学作品，现实中存在很多对"负心"的消解或转化，但它们已经使原始的定义出现了剥离与置换，这些现代性置换已经与古代文学作品无关；三是黄教授侧重于中国古代文学，现代、当代和外国文学只是粗略涉及，但他也鼓励我们对古今和中外文学进行更多比较，当然不能偏离中国传统礼法和礼教太远；四是黄教授强调普遍的"负心汉"现象，而不是个别的

"负心女"案例，也就是说，"负心汉"必须成为一种大量的社会现象，才值得书写与研究，但个别的"负心女"案例在古代文学中，还很难成为显著的现象；五是最重要的，黄教授强调"负心"与"负情"是不同的，他认为，"负心"主要不是指负情、负爱，而是指负物，负物的核心是恩报，是一种经济学意义的投入与产出的关系，也就是说，"负心"主要是指在物质上，丈夫亏欠妻子，因为妻子曾经有过看得见的投入，如落魄书生曾得到娘子含辛茹苦的茶饭伺候，一旦科举成功，立即"婚变"，这样，妻子的投入没有得到应有的产出。所以，从经济学角度，这类"负心汉"严重违背了市场的公平原则，使投入与产出不成比例，于是家庭解体与社会危机自然就不可避免。这一充满争议的见解似乎是说，"负心"与"负情"不一样，"负心"是看得见的物质上的辜负，而"负情"则是看不见的情感辜负，但这种解释，有可能物化和商品化我们神圣的婚姻关系。黄教授认为，古代礼法没有规定情感是婚姻的义务与责任，似乎告诉我们，"负心"，可以谴责；但"负情"，很正常。黄教授认为，我们不能用今律古，把"负心"与"负情"混为一谈。

第二，如何平衡理想的道德评价和现实的理性评价之间的关系？黄教授提到，从明代开始，文学作品从谴责男性的负心，到谴责女性的妒心，如《焚香记》等开始正面歌颂书生，而且，文学作品开始强调社会、文化、传统等客观要素，为"负心汉"进行理性辩护。到了20世纪80年代的改革开放初期，文学作品也不再一味同情女性，而是哀女不幸、怒女不争，甚至将"负心汉"追求婚姻情感的自由，解释为历史的必然要求。而到了今天，就出现了更多的"女主"现象，阴盛阳衰成为一种趋势。这类从保守到自由的观念转换，也许会出现非此即彼、顾此失彼的可能，因为为"负心汉"辩护的所有理由，也可以用在为"负心女"辩护上，以子之矛、攻子之盾。这种互辩，表面上，我们似乎在提倡一分为二，对"负心汉"和"负心女"都要两面看，对产生"负心汉"的主观原因和客观原因也要全面地看，更要在为"负心汉"辩护的同时，平衡地为"负心女"辩护。但这类讨论往往陷入我们传统的左右学派之争。也就是说，如果我们谴责"负心汉"的观点属于左派的话，那么为"负心汉"辩护，就是右派；同样，如果我们为"负心汉"辩护是右派的话，那么为"负心女"辩护，就是左派了。所以，为了跳出这类两极和两端的研究路径，我们是否有可能运用一分为三的适度哲学，不要非左即右、非男即女、非主观即客观、非亏即赚，似乎在"婚变"问题上，一定有是非、有对错，一方亏了，一方一定赚了，你死我活，绝对的零和游戏？

第三，如何摆脱文学评价中的两极困境？我们是否需要引进儒家的中庸和亚里士多德的适度？尤其是亚当·斯密所提倡的两大原则：一是"对等适度"，它的应用价值是，我们在批判男人"负心"，或者责难妻子嫉妒心的时候，要讲双向适度，要将心比心，更需要提倡东方式的"男所不欲，勿施于女"的恕道，千万不要学西方式的霸道"男之所欲，必施于女"。同样，在同情被休、被出的妻子的时候，也要讲适度同情，这一对等适度哲学的核心就是将男女视为完全平等和对等的人，人的尊严没有性别的区别，且千万不要有性别区分（gender difference），有了这个核心价值垫底，就能帮助我们跳出男女的性别偏见，淡化保守与自由的极性思维，执二用中。二是亚当·斯密的"客观的旁观者"，这个"旁观者"是虚拟的，是一种男女在做，上帝、上天、菩萨在看的意思。斯密对人的几大道德情操提出了适度和客观的标准，包括适度的同情、适度的仁慈、适度的良心、适度的正义、适度的审慎、适度的自制、适度的自利、适度的道德，更重要的是适度的自由、适度的责任。也就是说，婚姻中的男女要共同学会掌握适度的自由和适度的责任之间的边界，不能过于任性地宣称：若为自由故，一切皆可抛。现实世界哪有这么潇洒的人生？类似地，也不能是"若为责任故，一切皆可忍"，人生也没有这么憋屈。

总之，我们需要对"负心""婚变"概念进行定义：什么是"负"？什么是"心"？什么是"婚"？什么是"变"？尤其需要遵循康德的反例训练原则或排他的逻辑方法，定义什么是"不负"，什么是"不负心"。如果不是"负心"，是否存在"负爱情""负物质""负道德""负青春"的现象？同时，我们也需要理解道德评价和理性评价的历史变迁，不同时代存在不同的道德标准和理性标准，不同的作家与作品对此又有不同的解读和表现，这属于我们经济学里的演化理性（evolutionary rationality）的研究范畴。此外，需要推崇一分为三的哲学理念，跳出两极思维，兼顾定义、文献和哲学三个维度。

（此文系2022年12月3日笔者主持与点评中山大学中国语言文学系
黄仕忠教授演讲的发言整理）

多学科交流篇

序　语

多学科、跨学科、交叉学科交流是纽约聊斋和其他讲座的又一大特色。除了文史哲之外，纽约聊斋已经安排和邀请了来自诸多其他学科的学者和专家，包括经济学、社会学、政治学、教育学、法学、宗教学、金融学、国际关系学、新闻学、图书馆与信息科学、科技、戏剧学、影视学和医学等。

有关学科约博方面，我喜欢一个比喻：拳头 VS 手背。知识的凹凸点，人人都有，但会出现两种不同的态度。一是捏紧拳头，维持凹凸点，只学习、加强自己的凸点，维护自己知识的高峰，不填补知识的凹点，任由凹凸点不断自我消长。二是将拳头松开，展现手背状态，将知识的凹凸点尽量拉平，促进自己知识结构的杂交、交叉、扁平，不断提升知识的增量，排除所谓的学习障碍（learning curve）。我们也许可以自问：是该不断补强，还是不断补短？是由约返博，还是由博返约？我们纽约聊斋的多年努力，就是提倡一个字：通。努力提高大家通识、通透、通达的能力。

本篇大致可分为三个部分。一是关于政治、金融、科技的人文思考；二是有关经济思想、经济政策的感悟；三是探讨中外高等教育的困境与出路。其中可以窥视纽约聊斋文化的多元、包容和理性的风格。

经济哲学与政策

西方经济学的思想分野

两千五百年以来，有关经济学的著作汗牛充栋，由此所造就的经济学家和经济学派层出不穷。但是，理解经济学理论、方法、模型和政策的关键是经济学思想，万变不离思想之宗。理解和领悟了经济学的思想分野，就能"以简御繁"（梁漱溟语）、举重若轻，厘清经济学的经络和脉搏。

大致而言，经济学的思想分野可以从下列四大方面予以分析与透视。第一种经济思想的分野是性善与性恶。这影响了经济学派的分类。不同的经济学派与他们所信奉的人类的自然本质的哲学见解密切相关。世界上大致可分为两种对人类本质的理解：一是人之初，性本善；二是人之初，性本恶。

如果信奉性本善，那就不需要社会制度和政府法律限制人的行为。并且，制度与法律本身是以不信任人性善良和完美为前提的。英国哲学家戈德温（William Godwin）认为，当人类的本质是良善时，那社会制度的存在只能鼓励好人变坏人，当社会上下、制度规则对好人处处怀疑、设防、盯梢，那么好人首先会怀疑自己是否真是一个好人，其次会激发好人尝试干坏事的冲动，因为不被信任，为何要始终做好人？所以，当制度防人像防贼一样，好人就有可能变坏人，无心从恶也会变异为有心作乱。

无独有偶，老子的《道德经》也认为，"法令滋彰，盗贼多有"，也就是说，法令越严，盗贼越多。所以好人社会，不需要制度和法制，更不需要政府的干预，自由放任更符合人性。这也是亚当·斯密古典经济学的哲学基础，相信存在天定的和谐，供需关系一定会或迟或早达致基本平衡。

作为对比，如果认为人之初、性本恶，那就必须使用制度、法律和政府权力来限制坏人、坏行为，于是，重商主义和凯恩斯主义等就信奉政府对市场的干预。受基督教哲学的影响，许多西方经济学家相信，人有原罪，所以，必须使用制度，将罪人变好人，至少逼使坏人不敢轻易做坏事。从东西方文化的角度比较，孔子的性本善与基督教的性本恶不同。如果认同性本善，那么一旦碰到坏人，就需要教育，而不是法律；需要改造内心的思想，而不是改造外在的行为；需要德治、人治，而不是法治。犹如治本为主的中医与治标为主的西医，治本显然重于治标。

由此，也出现了对人性的乐观和悲观之分。性本善是一种积极乐观的人生哲学观，性本恶则正好相反，是一种消极悲观的人生哲学观。例如，美国《独立宣言》就体现杰斐逊对人性完美的期待和愿望，因为它主张人人都有追求自由、财产、平等和幸福的权利，这也是美国民主党和古典经济主义的基本哲学。但美国宪法却正好相反，它表达了对人性自觉和德性的悲观态度，强烈认为绝对不能相信任何政治人物，因为他们的本性一定是追逐私利和集权，所以对政客一定要有戒心、警惕心，建立"三权分立"的监督制度，时时刻刻防止政府滥权，这就是美国共和党和凯恩斯主义的基本思路。

这种性善、性恶的分野，也导致不同人对自由与法律的不同偏好，性善论者侧重自由与平等；性恶论者则强调法律与稳定，由此也就分出了自由的理想主义与保守的现实主义两大群体，更分出了自由市场派和政府干预派的不同立场。

第二种经济思想的分野是人性先天决定论还是后天环境论。与人性善恶论相联系，另一个决定经济学派观点的哲学基础是，人的德性是由先天基因决定的，还是通过后天努力和环境变迁形成的，个人的天性可以被改变吗？

亚里士多德在《尼各马可伦理学》（*Nicomachean Ethics*）第二卷中提到人的德性分两种，一是智力的德性，这可以靠教育得到；一是道德的德性，这不是靠教育能得到的，因为德性、精神和气质基于天生习惯，源于家庭传统，犹如贵族需要三代培养，富贵需要富加贵，后天致富不难，先天成贵就难了。同样，马尔萨斯也强调人类的行为由自然的特性决定，无法被后天的福利、工作条件等改变。

如果信奉人类德性的先天决定论，那么完备的制度与严苛的法律至多让坏人感到恐惧，不敢轻易干坏事，但不能指望他们做好事。当然，通过激励机制，能奖励他们做些好事，但重赏之下尽管能出勇夫，却不能指望勇夫在激励之下就脱胎成了永远的好人，一旦激励机制和惩罚机制消失，他们就没有做好事的动力。基于这种哲学思考，意大利政治家和史学家马基雅维利就提出，面对大批天生德性不好的民众，要他们衷心爱戴君主难，要民众恐惧君主易，因为人很容易在暴政面前产生恐惧，但人很难在暴力面前产生发自内心的敬爱之心。当然，基于恐惧的服从，往往没有生命力，其中会充满虚情假意、阿谀奉承，十分危险。所以，史上的暴君往往极其多疑，他们深知民众与大臣的表面爱戴与臣服并非发自内心。

与先天决定论相对立，许多哲学家信奉后天改变德性和本性的可能。如空想社会主义者欧文（Robert Owen）在《新和谐》中认为，人若被优待和款待，是可以改变本性的。而且，信奉宗教的人，也基本信奉人性可以被改造，洗脑是可能和可行的。

世界几大信仰的宗旨都信奉改造和完善人性的必要与可能，不管是东方的佛教、儒教和道教，还是西方的天主教、基督教和犹太教，甚至东西相交的伊斯兰教，它们共同的教义和功能就是抑制人性的贪婪、纵欲、自私自利，希望用神性改造人性，建立真善美的灵性世界。

由此标准观察经济学的流派就能发现，主张追逐自利、追求利益最大化的古典和新古典经济主义，倾向于主动、大胆、直率地承认人性不仅本恶，而且不可改造，它们决定了经济学的基本公理，所有的经济学理论、方法、模型和政策必须而且只能遵循这个公理。任何强调毫不利己、专门利人的教条，只是一种空想的愿望。

作为对比，主张人性可以被改造的经济学家，往往推崇经济学的制度因素、文化习惯、历史进程、伦理道德和行为价值，由此就诞生了道德经济学、宗教经济学、文化经济学、历史经济学、经济心理学，尤其是目前西方流行的行为经济学与行为金融学，更是强调经济人的可塑性、特殊性、历史性、相对性，以及有限理性和适度自利。

第三种经济思想的分野可以从物质性、社会性和精神性三极进行分析。根据汪丁丁在《经济学思想史讲义（第2版）》的观察，经济学家大多从三个维度观察经济现象，一是形而下的物质维度，如经济与技术、物质、环境的关系；二是介于形而上与形而下之间的社会维度，包括人与人之间、人与社会之间、社会与社会之间的作用；三是形而上的精神维度，涵盖精神诉求、精神审美和精神秩序等。[1]

按照汪丁丁这个分野，一般认为有知识、"缺文化"的部分美国学者比较侧重物质和技术的秩序（如新古典增长理论），而有知识、有文化的部分英国学者比较注重社会秩序（如亚当·斯密的古典主义），但有知识、有文化、有思想的欧洲大陆（如法

---

1 汪丁丁：《经济学思想史讲义（第2版）》，上海：上海人民出版社，2012年。

国、德国、奥地利和瑞士等）学者，比较侧重精神秩序，包括德国社会学家和哲学家韦伯（Max Weber）和法国社会学家涂尔干（Émile Durkheim）等。

于是，经济学派和经济学家也可以大致分为三类，一是强调技术、环境、市场对经济的影响，如新古典主义；二是强调政府、社会、法律、制度对经济的作用，如凯恩斯主义、新自由主义现代经济学等；三是强调宗教、道德对经济的影响，如前古典主义等。

第四种经济思想的分野可以从他们方法论上的"软"科学和"硬"科学角度，找到一些参考轨迹。从软硬科学的光谱上，一般认为最硬的是数学，放之四海而皆准，1+1一定等于2，与文化、地域、阶级不发生任何关系；最软的则是艺术，艺术的美学和判断几乎没有普适标准，每一个人的心中都有自我的一份独特美感；而介于最硬和最软之间的学科应该是心理学，它既与人脑科学密切相关，也与人的客观行为发生联系，更与人的主观偏好和意念无法分离。

前古典经济主义将经济学视为道德哲学，18世纪中叶的斯密开始努力将它转型为政治经济学，19世纪初的李嘉图（David Ricardo）更希望把经济学练成欧几里得几何学。但他们都没有真正将数学引入主流经济学，一直到19世纪下半叶的边际主义，才真正将经济学这门软科学锤炼成了硬科学。但是，自20世纪七八十年代以来，新制度经济学开始降低经济学的门槛，加上理性选择学派、公共选择学派和行为经济学的加盟，经济学出现了回归软性、推崇文字表述，而不是仅仅是数学演绎的趋势。

于是，有关经济学的方法论，经济思想史就出现了三大阶段：19世纪70年代前的前古典主义和古典主义，侧重软性经济学；1870年后的新古典主义、凯恩斯主义和大部分现代经济学则更侧重硬性经济学；20世纪80年代以后，又出现了软性回归。具体而言，其中经济学的软硬科学的光谱区分应该是从较软的宗教经济学、德国历史学派、新老制度经济学派、行为经济学派、行为心理学派，走向货币主义、边际主义和数理经济学派。

其实，方法论也反映了经济思想和经济理论的偏好。侧重研究经济道德、经济哲学、经济宗教学、经济历史学、经济制度、宪政经济学，以及政治和政府行为的经济学者，往往偏好软性，辅以一般的统计学。但乐于研究货币、税收、金融、银行、静态、消费等的学者，则热衷于高等数学，精于定量。

需要指出的是，经济思想的根本分野是自由与保守两大阵营，具体表现是主张政府干预还是自由放任。自15世纪以来，西方经济学就围绕市场与政府的作用展开无休无止的争论。保守阵营主张政府干预，自由派则提倡市场主导。例如，主张自由市场的意识形态，必然产生和主张古典、新古典和现代经济学；主张保守的政府干预、强调市场失灵的经济学家，自然对前古典主义、重商主义、凯恩斯主义等爱不释手。

必须指出，保守与自由的选择，没有价值判断。1976年，斯坦福大学的罗伯特·豪（Robert Hall）第一次使用咸水派（saltwater school）与淡水派（freshwater school）来区分美国经济学家的保守与自由。咸水派或大海派集中在东西两岸大洋边的高校，如加州大学伯克利分校、哈佛大学、麻省理工学院、斯坦福大学、普林斯顿大学、宾夕法尼亚大学等，他们比较倾向于政府干预经济；而淡水派或大湖派则集中在中西部的大湖区，如芝加哥大学、明尼苏达大学、罗切斯特大学等，他们更倾向于自由放任思想。

理解了经济学家的性善vs性恶、先天vs后天、物质性vs社会性vs精神性、软科学vs硬科学之后，这有助于对经济学保守与自由思想的感悟通透，达到真正的"以简御繁"的境界，并能使用价值中立的观念，理性面对各种思想分野与学派。

（此文及以后两篇系2018年1月12日笔者在北京大学国家发展研究院讲课的内容整理）

西方经济思想史的分期

学者对西方经济思想史的不同分期，反映了他们各自不同的哲学理念和对经济思想史的理解。本人想以中国文论中的起、承、转、合四段论，来梳理西方经济思想史两千五百年的演变脉络。

起承转合的出处是元代范德玑《诗格》："作诗有四法：起要平直，承要舂容，转要变化，合要渊永。"现在的用法多为，起是开头，要平稳直白，开宗明义；承是承接上文，但要加以申述，或有力敲击主题，或从容舒展情绪；转是转折、变化，跌宕有致；合是结束和归纳，要意义深远。这种起承转合的文学解释是一种线性描述，由始至终，环环相扣。

但起承转合也可以作为一种持续循环的哲学解释：起是开端、是基点；承是阐述和发展，承前启后；转是思想的变化，包括正转、反转和逆转；合则不是结束，而是整合、综合，甚至出现对起点的回归，出现否定之否定的扬弃效应，为新一轮的再度起始，创造学理和思想的基础。这种起承转合的哲学思考，可以作为理解和界定两千五百年以来西方经济思想史分期的一个参照。

有关西方经济思想史的起点，许多学者倾向以亚当·斯密于1776年出版的《国富论》作为标志，因为斯密是真正意义的经济学理论的鼻祖。不过，我则比较倾向另一种说法，即经济学思想可追溯到古希腊时期，而且基督教的圣经《旧约》和伊斯兰教的《古兰经》等宗教经典，也蕴含了不可忽视的经济学思想。尽管1776年之前少有现代意义的经济科学理论，但理论必须植根于思想和哲学，不然理论就是无源之水、无本之木。我们今天谈的主题是经济思想史，而不是经济理论史或经济学派史，所以，论及西方经济学思想的起源和精髓，绝对无法也不应该绕过古希腊先贤们的传世经典和原创哲学。

大致而言，西方经济思想史的第一阶段应该起源于公元前5世纪的前古典经济学时期，直至1776年结束。色诺芬的《经济论》虽然在古希腊被认为是"家庭管理规范的学问"，也就是一门"管家"的学问，但仍可作为第一部西方经济学著作，设立了人类经济思想的起点。他借用苏格拉底和他人对话，不仅提出"经济"这个词，还阐述了农工商的关系、人类物质幸福的内涵、拥有和增加财富的途径和手段、人才对经济的作用，以及货币的作用等。色诺芬是苏格拉底的学生，与柏拉图同辈，比亚里士多德高一辈。随后，柏拉图、亚里士多德等先贤都对经济哲学做出奠基性的贡献。

在前古典主义时期，12—14世纪的经院学派大致继承了古希腊传统，促使中世纪的经济学大多由神学和哲学主导，并形成了两大经济学原则：一是伦理原则，由神学对经济行为做出了三大界定和规范——禁欲、利他、节俭；二是自然法则，给道德穿上理性的外衣，在自然法基础上开拓思想。随后的重商主义和重农主义也都对经济学思想做出了重大贡献。

大致而言，前古典主义时期的经济学思想可以归纳为三大主题：宗教主导、道德主导、政府主导。它们共同奠定了西方经济学思想的起点与基点。

如果第一阶段的前古典主义时期代表"起"，那么1776—1936年的古典和新古典主义时期就代表"承"，它既有继承的一面，更有发展的一面。多数学者习惯将古典与新古典分成两大阶段，但本人以为，尽管古典与新古典主义在方法、理论、手段和政策方面存在不同，但它们的主体思想是一脉相承的，因为它们共同信奉经济学三大要义：自由放任、市场主导、理性利己。其中主要人物和学派包括古典经济学大家亚当·斯密、李嘉图、马尔萨斯，以及边沁的功利主义和萨伊经济学。对于1870年后的新古典主义，必须重点介绍杰文斯、门格尔、瓦尔拉斯创立的边际学派，以及马歇尔创立的剑桥学派和均衡价格理论等，他们在思想上继续坚持市场主导、自由主义，但具有更多的科学元素和数理色彩。

西方经济思想史的第三阶段出现大转向，因为1936年凯恩斯发表了《就业、利息和货币通论》，建立了凯恩斯主义经济学。面对20世纪30年代全世界的经济大萧条，主张政府干预、强调市场失灵的凯恩斯主义应运而生。在哲学意义上，这是对前古典或重商主义的重复或扬弃，是一种否定之否定。

进入20世纪70年代以后，西方经济出现滞胀，凯恩斯主义失灵，经济学主流思想再度出现逆转，以货币主义、理性预期主义、公共选择学派等为首，它们以反对凯恩斯主义和反政府干预为使命，全面复兴古典和新古典的自由市场思想。但是，与此同时，西方现代经济学也开始走向整合与回归，存在复兴部分前古典主义思想的趋势。

例如，新制度经济学开始挑战和修正数学化的主流经济学，侧重动态的经济历史、软性的制度变迁和特殊的具体案例。2015年保罗·罗默（Paul Romer）发表《经济增长理论中的数学滥用》，挑出自己的恩师罗伯特·卢卡斯（Robert Lucas）在2009和2014两篇论文中所出现的数学模型的推导错误，强调如今的经济学已经过度使用数学。[1] 同时，以萨缪尔森（Paul A. Samuelson）为首的新古典综合学派做出妥协与综合的努力，试图整合信奉市场的马歇尔微观经济学和坚持政府干预的凯恩斯宏观经济学，将

---

[1] Paul Romer, "Mathiness in the Theory of Economic Growth," *American Economic Review: Papers & Proceedings*, Vol. 105, No. 5 (2015), pp. 89-93.

两种对立的经济学思想与方法予以适度妥协和综合，建议因时因地，适度和交叉地使用不同的经济政策。尤其是自1978年以来，诺贝尔经济学奖已经四次授予与行为经济学、有限理性有关的经济学家，包括2017年得奖者塞勒（Richard Thaler），由此表明现代经济学开始出现弱化数学、模型与普适性的倾向，强调适度发展、相对价值、道德经济和宗教规范，并出现反制凯恩斯、有限理性、适度综合的特点。

西方经济学思想的四个发展阶段，部分反映了哲学意义的起（前古典主义）、承（古典主义和新古典主义）、转（凯恩斯主义）、合（现代经济学），尽管这种合的趋势尚未为主流所认同。这种起承转合不是线性发展，而是思辨意义的循环，它在经济学思想的发展进程中，存在许多哲理性启示。

总之，过去两千五百年，保守与自由的经济学思想激荡正好完成了两大轮回，一是保守的凯恩斯主义与保守的前古典经济学（如重商主义）的重合，二是自由的现代经济学与自由的古典和新古典主义经济学的交叉。面对这种钟摆式的左右思想变迁，是不是该到了适度理论、中道思想和一分为三哲学登堂入室的时代？基于此，西方战后所出现的新古典综合、新制度经济学、行为经济学等学派所展示的思想、理论和方法，值得深度关注。

古典经济学派的思想脉络

西方古典经济学派思想的精髓可以浓缩成两个字：自由。在美国,这种自由的思想已演变成了一种宗教崇拜:不自由,毋宁死(Give me liberty, or give me death)。而这种对自由的至死追求,逐渐镶嵌入西方文化的DNA,犹如稳定镶嵌入东方文化的DNA一样。但自由绝非西方文化的专利,中国当前提倡的24字社会主义核心价值观中也包含了自由。

自由是个看似简单,却又复杂的概念。自由主义是一种形成于17—18世纪启蒙运动的政治哲学,它推崇四大宗旨:自由、平等、人权、民主。这四大宗旨存在逻辑关系,即先有自由,如美国黑奴得到人身自由在先(1865),然后争平等(1865—1945),再争权利(1945—1965),最后争民主,用民主制度来保障自由、平等和人权。也就是说没有自由,不可能有平等;没有平等,不可能有人权;没有人权,就肯定没有真正的民主。

在讨论自由时,我们没法回避"幸福"与"正义"两大概念。人人希望得到幸福,但幸福的标准是主观的。我们常说的要解放全人类、为人民的幸福服务,这个动机极好,如何实现,却很复杂,因为我们不可以,也不应该告诉他人什么是他们的幸福,然后用我们的幸福标准强加于与我们不同的人群,并号称要"解放"他们,这样就违背了自由准则。康德说,人人都有自由追求自己的幸福,"只要这种自由无损正义"[1]。

由此可以推导出了三个理念。一是"幸福"的定义必须由个

---

1 迈克尔·奥克肖特:《哈佛演讲录:近代欧洲的道德与政治》,顾玫译,上海:上海文艺出版社,2003年,第64页。

人决定。政府、集体和他人不能也不应该提供你不喜欢的幸福。二是幸福存在一个基本原则：人人都有追求幸福的自由与权利，自由是追求幸福的必要前提。只要个人自由追求所得到的幸福，应该是幸福的；如果得到的结果，还是不幸福，那就需要赋予个人继续、不断追求幸福的自由权利。三是个人追求幸福的自由权利，需要制度保障。

所以，自亚里士多德以来，西方人达成了一个大致的共识：由于不存在统一的幸福标准，所以必须给每个人追求幸福的自由权利。这里必须强调一下，西方社会的第一原则不是民主，而是自由，民主是实现自由的手段而已。这一点被古典经济主义充分强调过。

上述政治自由主义体现在经济领域，就是强调自由经济体制的三大基础，包括法律规则、私有财产、契约自由。首先，法律规则是经济自由主义的基本核心，包括法律的确定性、普适性和平等性三大要素，其关键要素就是法律面前人人平等。其次，私有财产权利是经济自由主义的重要底线，包括财产的控制权、收益权、自愿处置权，谁控股、谁受益；谁受益，谁就享有充分的处置财产的自由权利。这是一个私有产权的逻辑链条，缺一不可。任何试图打破和损害这根链条的努力，都会导致产权不明晰、不确定，摧毁私人的投资意愿和预期。最后是契约自由，它是自由主义经济的重要保障，包括选择缔约方的自由、选择契约条款的自由，以及交易权利的自由，合同的主要经济功能是提供产权转让。但合同一旦签订，必须履行；如果违反，必须受到惩罚。

古典经济学继承和发展了政治自由主义和经济自由主义，极力推崇自由放任（laissez-faire）。它首先强调个人是经济社会的基本元素，个人拥有自由的自然权利，尤其主张经济自由化。其次，它特别推崇客观的自然秩序，认为人是理性的，存在超强的自我调节与和谐功能，所以，不需要外部和政府干预。在现实中，外部干预或外生变量一定是弊大于利。同时，自由放任思想强调市场应该是自由竞争的，任何强调有干预的市场或有限的市场，那绝不是市场，这是对神圣市场的侮辱和羞辱。美国第三任总统杰斐逊认为，"管得越少的政府就是最好的政府"，与老子的"治道之要，贵在不扰"之论，不谋而合。

经济自由主义是方法论个人主义（methodological individualism）。对自由主义经济学家而言，个人是利己的，而利己的个人一定是冷静而又理性的，由理性的个人所组成的集体、社会和国家一定也是理性的。因此，经济分析的最小也是最核心的单位，应该是而且必须是个人，而不应该是团体、组织、社会或国家。

同时，古典经济主义认为，经济自由是个人自由的出发点，也是个人自由的实质。没有经济自由的个人自由，只是一种摆设，生命权、自由权和财产权是人的三大核心权利，犹如三位一体，密不可分。也就是说，财产和自由与人的生命一样重要，没有财产，生命没有尊严；没有自由，生命失去本质意义。

后来，杰斐逊进一步提出，没有经济自由、财产独立，就没有民主社会，因为一个债务人，往往屈服于债权人的政治压力。所以杰斐逊主张建立小农社会，每个选民都需要拥有一块小土地，自给自足，享受充分的经济独立和政治独立，才能实现真正的民主。他的部分愿景为林肯1862年颁布的《宅地法》所实现。

同时，建立在政治自由、经济自由和方法论个人主义基础上的古典经济主义，发展了两大经济学假设，建构了经济学的灵魂。古典经济学力图成为一门科学的政治经济学，而科学要求建立纯粹的模型，制订无数的给定条件、前提和假设，并需要将经济现象静态化。例如，1993年诺贝尔经济学奖得主福格尔就喜欢通过违反事实的假设，来研究美国历史"假如没有铁路""假如没有内战"等"伪命题"，并得出结论：如果19世纪中叶以来的美国没有铁路，那么，到1890年，美国的国民生产总值仅比这一年的实际产量低3%而已。也就是说，假如没有铁路，美国的工业化至多推迟两年，铁路对美国经济增长的作用微乎其微。[1]

但是历史不讲如果，只讲结果，历史学比较忌讳假设，因为假设的一大危险是它有时与历史事实不符，辛苦建立的假设和模型，有可能被具体、个别、历史的证据证伪。而且，历史学强调多元状态、不确定因素与合力作用，同时也强调经济现象的特殊性、动态性和演化性。单一因素决定论，如经济决定论，容易片面，很难成为西方史学界的主流。

古典经济主义的第一大假设就是信奉人是理性的，理性人就是经济人，而经济人的第一优先一定是自利，追求自身利益的最

---

[1]　Robert William Fogel, "A Quantitative Approach to the Study of Railroads in American Economic Growth: A Report of Some Preliminary Findings," *The Journal of Economic History*, Vol. 22, No. 2 (Jun., 1962), pp. 163−197.

大化。而且，自利是一种人性的自然情感，是合理的。而非自利的行为或人性，多半是扭曲的、虚伪的或被迫的。但利己必须适度，过度利己就是自私，就有可能损人利己；而过度利他，则违反自然人性和情感。同时，理性的经济人一定精神健全、头脑清楚、行为明智，在选择利益和幸福时，一定也是利己的，多数人自然是想要更多，而不是更少。所以，我们要提倡适度利己。

当然，个别无私无我的利他群体也是客观存在的，这种群体是否会改变这个理性人的普适假设？个体的理性是否能够决定群体的理性？许多理论与现实已经证明个体也许比群体理性，因为群体行为一定比个体更容易走向荒唐、盲目、疯狂，以及缺乏人性。1895年，法国社会心理学家勒庞（Gustave Le Bon）的《乌合之众》（*The Crowd: A Study of the Popular Mind*），至今已出了29版，它的核心议题就是聪明的个体陷入群体之中，就容易失去理智，并不明智。与个体相比，群体存在五大缺陷：一是不善推理，急于行动；二是冲动、急躁，容易轻信；三是个体智慧会在群体中弱化，会低于原本的智慧，1+1<1；四是群体容易形成原始暴力与动物欲望；五是群体中容易出现劣币驱逐良币的现象，突破道德底线。这些研究都是对古典经济主义的挑战。

古典经济主义的第二个假设是利益最大化。经济人从事经济活动的目的一定是在约束条件下追求自身利益最大化。如消费者往往普遍追求效用最大化，偏好价廉物美的商品；而生产者则自然追求利润最大化，赢利是企业家的王道。

但是，世界上是否存在一批非理性、有限理性的消费者，

"只买贵的，不买对的"？2017年诺贝尔经济学奖得主塞勒就认为，现实中，非理性、半理性或有限理性的傻子够多，能把理性的聪明人踩死。聪明人生气的不是世上傻子多，而是偶尔自己竟然也会被傻子踩死，或者自己也成了傻子，随波逐流。股市中，成千上万的无知散户的行为常常让才高八斗、学富五车的专家跌破眼镜。

现实中也存在有利不图的"傻瓜"。例如，在美国一些州允许经营合法的大麻生意，利润丰厚。但有人认为，这有违他们所信奉的教义或有违他们的道德底线，所以不愿从事这类合法的"毒品"生意。但古典经济学理论强调，经济活动基本不问价值和道德，只问功利与效用。有用的就是对的、好的，无用的就是错的、坏的。

1978年诺贝尔经济学奖得主西蒙（Herbert Simon），在20世纪50年代对最大化假设也曾提出质疑。他认为，人其实不是追求效益最大化的动物，而是追求满意度最大化的动物，因为追求效益最大化的成本太高了，以至于你的追求永无止境。所以，人应该是先设定一个预期的行动效果，一旦达到预期的满意效果，就应该停止行动。

总之，理解了古典经济主义的自由、理性和利益最大化的基本思想，就比较容易理解亚当·斯密的分工理论和价值理论、马尔萨斯的人口理论、边沁的功利主义理论、李嘉图的利润率和比较优势理论，以及萨伊（Jean Baptiste Say）的效用理论和萨伊定律等。目前，尽管西方的经济学派五花八门，但古典经济学仍然历久不衰，始终不曾退出西方经济学的主流。毕竟，自由和市场是西方社会的核心之核心的价值，已经镶嵌在西方主流社会的DNA里，落实在大多数民众的行为之中。

美国经济政策解读

首先，我想请教主讲人王雪磊博士几个有关美国金融政策方面的问题。

第一，能否给我们罗列一下美国这次几乎是史无前例的货币和财政刺激计划的内容，也就是说，面对这次大瘟疫所带来的这只"黑天鹅"，美国在2020年3月至5月下了什么样的猛药，出了多少高招、奇招、险招，或者是昏着儿、烂着儿？

第二，根据古典经济学的经济理性学说，任何政策的出台一定有它的合理性或必要性，当然，根据行为经济学的理论，其中也一定存在有限理性或非理性。所以，想请教王博士，美国这次非常态的大水漫灌，有什么必要？或者来一个康德的反例训练，如果不进行这类过度政策，政府无为、不作为，后果会怎样？同时，请主讲人帮我们比较一下罗斯福"新政"、2008年金融危机和这次危机，美国政府在救市的广度、深度和强度方面，有何异同？

第三，学经济史的学者大多喜欢强调叙述性的分析（narrative analysis），因为任何一个历史事件都有三段论：原因、特点和后果。现在请主讲人帮我们解读一下，美国政府这次刺激政策的可能后果。首先，能否谈谈美国这个世界金融界的老大所推行的非常政策，对未来美国的通货膨胀、股市和汇率产生什么影响？此外还有两个小问题。一是为什么大疫当前，失业率高达14.7%，甚至有人预测可能达到25%，三天前的2020年5月21日，美国失业人口已多达3800多万，美国全部人口只有3.5亿左右，经济前景完全不可预期，但股市却没有崩盘？除了3月出现四次熔断之外，科技股竟然已经超过今年1月2日以来的表现，1月2日纳斯达克指数为9071点，到5月22日，已达到9324点。到5月20日为止，美联储资产负债表总资产首次突破7万亿美元，达到7.04万亿美元，比一年前增长3.18万亿美元。这表明为了对付疫情，美国政府发行了大量国债，但美联储则为这些国债买单，导致资产负债表迅速扩张，这是否是财政赤字货币化的翻版？二是为什么美元已经印了近数万亿，美元还是这么坚挺？今天的美元与人民币汇率比已经超过1:7.13。对此，我们大学的金融教科书是否需要重写？我们还想知道美国财政与货币政策的工具箱中，还剩下几把榔头、几个扳手？

聊完刺激政策的原因、特点和后果，我们也要关心美国政策的大动作对中国金融政策的影响。中美金融领域的博弈是否越来越不好玩、越来越难玩？中美金融战是否会没完没了？尽管历史学者尽量不预测，但学者预测是一种社会良心，不能因为要爱惜自己的学术羽毛，就明哲保身。其实，学者预测不准，并不等于无用，而是能帮助决策者和民众心生敬畏与警惕，避免危机，预测的结果错了，其实也是一种贡献，这是一种具有乌鸦嘴性质的预警。例如当初苏联倒台后，很多学者预测"中国崩溃论"，结果，"中国崩溃论"本身反而崩溃了，因为中国做了不少防患于未然的改革。

下面我想根据主讲人的思路，分享一些我对当今美国金融政策的想法。

首先，非常时期实行非常的财政和货币政策，可以被允许。美国经济发展的历史和现实促使更多的经济学家，包括自由派、市场派的经济学家，达成一种最大公约数的共识，就是在严重的经济危机或今天的大灾大难时期，政府的干预是必要的，非常时期的过度，也许又是适度，过度的过度，就是适度，负负得正。

这里有必要提一下自由市场经济之父亚当·斯密对政府角色的观点。他认为，政府的作用必须在三大领域中保留，包括司法、国防、公共工程。甚至他在临死前出版的1790年第6版的《道德情操论》上，竟然提出社会需要公正的政府官员和法官，作为一种正面的道德力量，纠偏贪婪、自私商人的道德瑕疵，提出官员和法官拥有"普遍的仁爱""圣人般的超凡脱俗的资质"。很难相信主张自由市场经济的鼻祖，竟然提出要由政府官员和法官来解决市场经济的难题，这令人费解。但是分析他所经历的时代变迁，就能理解他的"双标"，因为他在18世纪70年代到80年代，见证了英国工业革命所带来的两极分化，以及商人的贪婪与自私，这不是市场本身所能解决的问题。

无独有偶，对市场和投资人的有限理性行为，2017年诺奖得主塞勒也主张要有政府外力的"助推"（nudge），让政府这个"自由主义家长"来助推民众成为有远见的计划者。当然，塞勒也警告，不能把政府的"良性助推"，演变成恶性的"乱推"或"胡推"（sludge）。所以，只要存在市场的动物性、存在商人的动物性、存在市场的失灵，政府的干预是必要的。

但是政府的干预后遗症极大，所以必须慎之又慎。这次危机给了美国政府集权（不是极权）的黄金机会。强势的联储局越来越向更强势的总统让步，不仅屈服降利率，而且降到零利率。其后果一定是政府越来越大，社会越来越小，潜在的经济风险也会越来越大，我们有理由担心凯恩斯主义的全面复活。

其实，在政府干预市场的游戏中，美国两党没有本质区别。12年前的2008年金融危机中，奥巴马就曾大量应用凯恩斯主义的理论和政策，政府积极救市。但是，政府出资并不是免费的午餐，市场代价巨大，就像为了止痛，打吗啡；为了止渴，喝毒酒。所以，这种过度的政府干预只能是短暂的、应急的。这种干预就像一种药，只有在身体有病，而自身又无法自愈和恢复时，才能用，一旦病好了，必须立即停止用药，并靠自身的机体来进行自我调节。

当然，这种政府喜欢干预经济的本能与美国政治的周期效应存在逻辑关系。美国政治周期是指每四年来一次的总统大选，还有每两年一次的国会众议院改选和每六年的参议院改选。这里有一个简单的逻辑：为了选票，必须承诺；但承诺必须要有干货，干货就是福利，福利就需要钱。短期内来快钱的方法一般只有两种：增税和借债。但政客们大多不敢轻易大规模加税，民主党内心是非常想加税的，但深知这一定会遭到中产以上选民的反对，最后也就只有一个更爽的办法：发国债。债留子孙，先赢了选举再说，四年或八年后，管它洪水滔天。

这样，就出现了一个恶性循环：政党上台后前两年，一定优先兑现竞选承诺，后两年，就得准备下次大选，准备新的承诺。无限承诺的最大支撑就是扩大财政赤字。但是，政治承诺的社会福利虽可以得到选票，也会导致社会福利的刚性化，因为政客只能不断增加福利和社会保障，增加100元，民众无感，但减少1元钱，地动山摇。2002年诺奖得主卡尼曼（Daniel Kahnenman）发明了一个前景理论（prospect theory），基本意思就是人成功一百次得到的快乐抵不上失败一次的痛苦。他的实证研究证明：人因为好处带来的快乐指数与因为坏处带来的痛苦指数几乎差5倍。所以，谁敢动民众已经到手的奶酪，那一定是候选人的自杀行为、票房毒药！

所以政府的干预必须适度和及时退出。选民要鼓励甚至强迫美国政府对经济的干预要适度，要不断调整。这里值得介绍菲利普斯曲线，它是关于通货膨胀率与失业率关系的著名曲线。1958年，菲利普斯（A. W. Phillips）根据英国1861—1913年间失业率和货币工资变动率的实证资料，证明了通货膨胀率与失业率呈反比关系，就是失业率越低，通货膨胀率越高；反之，失业率越高，通货膨胀率则越低。这条曲线表明，政府可以用较高的失业率来换取较低的通货膨胀率，也可以用较高的通货膨胀率来换取较低的失业率，但鱼与熊掌不可兼得。所以，菲利普斯曲线是告诉政府，在干预通货膨胀时，要学会适度、妥协，善于利益交换。当然，20世纪70年代美国出现滞胀危机，证伪了菲利普斯曲线，因为当时出现失业率和通胀率双高的经济形势。

这种适度干预的理念同"新古典综合学派"也是思想一致的。1970年诺奖得主萨缪尔森就试图把凯恩斯主张的政府干预论与新古典经济学派信奉的市场调节论予以综合，建议在不同时间与地点，适度使用不同政策。例如，当需求不足、严重失业时，如今天的美国，政府需要干预经济，旨在刺激总需求，促使充分就业；但在经济达到充分就业以后，如失业率在5%以下时，就应该让市场发挥更多的配置资源的作用，政府必须退出市场。

另外，我们不能过于相信美国政府会自觉、快乐地退出干预。在现实中，要政府退出干预，好像与虎谋皮，就像要商人在赚得盆满钵满时收手一样难。我一直以为，当我们在谴责美国市场和资本家存在动物性的时候，也需要追问，难道美国政府和美国官员就没有动物性吗？至今为止，没有一个理论和逻辑能够证明政府官员的动物性比商人的动物性要弱，更无法用实证证明官员比商人更理性，更无私，更像雷锋叔叔，一心为人民。

最后，我们应该看到美国急需一个"新的新政"（new new deal）。斯坦福大学经济系的马修·杰克逊（Matthew Jackson）最近提出，当前美国绝不能只依赖政府救急、滥发纸币，治本之道是实施"新的新政"，这是对小罗斯福20世纪30年代的"新政"的新发展。主要内容，第一是大力发展基础建设，目前道路的使用率正好较低，且各州优先开放的领域都是建筑业，而这些公共工程是能够在短期内提供就业，增加供应刺激的。在这个问题上，两党基本没有争议，政治障碍最少，而且能够对冲一些过度的财政和货币政策。

第二是发展教育，尤其是高等教育。历来的事实表明，经济越萧条，高校学生越多，因为出现失业潮，失业者中相当一部分会来高校"充电"。教育往往能帮助民众，尤其是低收入、低技能的劳工，获得新的知识和技能，一旦经济复苏，就能更迅速地得到重新就业的机会、改善工资待遇。但是这次危机不一样，很多人想回学校，但不能回学校，因为疫情期间所实施的社交距离和隔离政策，逼使他们只能接受在线教育。

"新的新政"还包括发展科学研究、为劳工提供更灵活更安全的选择、强化国际贸易和鼓励外国移民。很显然，小罗斯福"新政"是有政党色彩的，小罗斯福本人是民主党人，所以他的宗旨是搞"社会主义复辟"，他的"新政"带有强烈的自由化、福利化、平民化和社会主义化的宗旨，主要推动公平、关怀和分享（fair, care, and share）；但今天的美国政府是共和党执政，推动的是"资本主义复辟"，股市是生命，教育不是主要优先。

世纪性的疫情还在延续，史无前例的金融危机还将不断恶化，但这也给学者提供了千载难逢的研究机会。期待在线的各位学者，能够活学活用，及时观察、记录、反思，整理出独特的研究案例，为未来保存一份真实的经验和教训。

（此文系2000年5月24日笔者主持与点评中国建设银行驻纽约分行
副行长王雪磊博士演讲的发言整理）

金融监管的人性要素

有关金融监管的人性要素，我想借此机会分享一下我在教授美国经济史课程时的一些想法。因为讲经济史，一定会涉及美国的金融问题。我就从制度、文化和人性三个维度补充一点金融欺诈和金融监管的问题。

第一，从制度层面的监管来说，学界有一个著名的"裁剪"行为（tailoring behavior），就是被监管者会玩弄和操纵一切评估和监管的标准，以尽快、尽顺、尽低的代价，通过法律法规的评估，这包括教育资格、会计规范、产品质量、税务报告、官员业绩等。而从政府治理绩效来看，有人总结了两个"定律"：一是"坎贝尔定律"（Campbell's law），表示监管部门越频繁地使用大量的量化指标作为监管标准，越有可能导向腐败，并越容易扭曲监管的社会过程；二是"古德哈特定律"（Goodhart's law），是指任何能够被观察到的监管部门的统计规律性，只要将它用于控制的目的，就必定会失效，这也是过度控制的坏处。

这两个定律的核心警示就是，任何成文的绩效标准一旦过度定量、过度科学，效果可能适得其反，钻空子、搞投机的现象就会大量出现。特别是在一个垂直型治理制度下，只要上有所好，中层或下层一定层层加码，将本来应该是适度的一个监管和评估过程，变异为极端过度、严密控制和严重腐败的剥削进程，复杂经济学将这类精细的计算、自私和欺诈的行为，称为"剥削"行为（exploitation behavior）。

第二，从文化角度来说，我想先介绍一下信用经济学（credit economics），它由德国旧历史经济学派代表希尔德布兰德（Bruno Hildebrand）在19世纪中叶创立。他提出人类的货币经济经历了三大阶段：一是以物易物的自然经济，二是以货币交易的货币经济，三是以信用交易为核心的信用经济。表面上，信用经济主要发生在金融界或货币领域，但背后的核心是信用，就是遵守信用协议，否则，就会产生今天主讲人骆宁博士所论述的信用风险、欺诈风险、运营风险、市场风险和法律风险。

其实，我以为，在一个缺乏信用文化的国家实行信用经济，再严格的监管制度，也不敌文化和习惯。也就是说，在信用的问题上，文化比制度还重要，"有法可依"敌不过"有法不依"，法官宣判玩不过"要钱没有，要命一条"的痞子文化，产权法律也斗不过盗版民风。制度设计很重要，但这种设计和安排要侧重在促进人与人之间的信任之上，将制度、信任和道德情操三者联结起来，因为三者存在一个良性的因果关系，而一个社会，管理的混乱和随意，只会导致信任指数降低。

第三，关于人性。当清教文化和监管制度等对贪婪和投机的人性无能为力的时候，应该怎么办？对付金融欺诈行为，应该靠文化、靠制度，还是靠对人的德性的信任？我们常说的信任、良心、人性、人权、以人为本等要素，其实属于"德治"的范畴，而不是"法治"，这些就是美国经济学界日益关注的人文经济学（Humanistic Economics）的主题，人文经济学提倡尊重道德、价值和生命，保障人的尊严，维护弱势群体和地区的权利与公平，平衡神本、物本、资本、法本、科本和人本，基于此，监管制度才能起到应有的作用。

尽管这些似乎都是正确的废话，但有点务虚的"形而上"的概念就是把金融理财的浅层产品（shallow goods），如靠计、算、术所设计的浅层产品，转变成提升到道、恕、仁等高度的深层产品（deep goods），给金融学、经济学赋予一些精神生命，体现一些人文、人本和人道的精神本质。这有助于减少金融欺诈，提升金融监管的效能。

最后，值得追问的是，社会信任与金融信任是否可以等同或者互换？根据福山的研究，美国社会的信任指数远远高于中国社会，但不一定说，美国人对金融机构的信任就高于中国人。支付宝、微信支付盛行于中国的现象，似乎表明中国人对阿里巴巴和腾讯很信任，而类似手机支付，在美国实体商店的普及率很低。其实，信任与信用不是一回事，也就是说，我对你高度信任，不等于你拥有优良的信用，信任很难变现为信用，两者也不存在正相关，并不是越信任，信用越好。

我的结论是人性比文化重要，文化比制度更为关键。作为教授，长期讲课形成一个习惯，就是希望听众能够思考。我上述的自问自答，是开放式的，没有答案，如果大家今天能够就两位主讲人的演讲和我的问题，引起一点点思考，那就是我们纽约聊斋的功德了。

（此文系2021年6月5日笔者主持与点评纽约联邦储备银行骆宁博士演讲的发言整理）

政治现实与人性

美国大选的人性反思

今天距2020年美国大选倒计时10天。我来美国已经35年，获得美国历史学博士学位，所以，我不仅已经见证和经历了8次美国大选，而且一直高度关注每一次大选。可以毫不夸张地说，今年大选是8次大选中，美国华人最焦虑、最关注和最撕裂的一次。原因很多，但与我们今天所处的"VUCA年代"有关，这个词是沃伦·本尼斯（Warren Bennis）在1987年创造的，就是指动荡、不确定、复杂、浑浊（volatility, uncertainty, complexity, and ambiguity）的年代。今年我们连续经历了多件百年不遇的大事，更加剧了"VUCA年代"所带来的焦虑感。

值此敏感时刻，我首先想介绍两个理论。一是心理学的认知理论。我们的认知经常出现四大问题：一是不知（unknowing），不知真相，在选举问题上就是不知道两个候选人到底有什么政见和政绩；二是无知（ignorance），有信息，但认知能力有限，不懂，知了等于不知；三是误知（misunderstanding and misinformation），有信息，也听懂了，但被误导；四是拒知（denial to know），由于偏见与傲慢，拒绝知道，装睡，这个最糟，叫不醒！

根据心理学的认知理论，在一个不确定的年代，我们的心智很容易走向两极，忽左忽右，无所适从。复杂经济学的创始人布莱恩·阿瑟认为，在这个"VUCA 年代"，人们要么是"束手无策的慌乱"，如乱投票；要么是"退避三舍的虚无"，如放弃投票。政客也往往乘机剑走偏锋，分化族群、激化矛盾。民众也很容易盲从政客的偏激和无知，导致全社会上下、左右、内外共同地推波助澜，加大负反馈的效应。在这类主客观情势的推动下，民族主义、民粹主义、种族主义、专制主义这四大基本教义派就会有庞大的市场，很多人会失去理智、陷入疯狂。类似现象在"一战"和"二战"前已经多次出现，并为世界大战和法西斯主义的出现创造了条件，这一切可谓触目惊心，令人记忆犹新。

二是公共决策理论。它将现实状况分为四类来论述：一是已知的已知（根据政客过去的政绩和逻辑，我们大致可以经验性地预知他们如何出台政策）；二是已知的未知（我们已知的政客，将怎么处置未来四年未知的新危机，不知道）；三是未知的未知（有些难以预测的政客，如何对付难以预测的危机，不知道）；四是不可知的未知（圣心难测，而"黑天鹅"事件更难测，所以我们永远不可知）。这四个知与不知，不是绕口令，前者认知理论中的"知"，是指对主观决策者的了解，后者公共决策理论中的那个"知"，则是指对客观状况的了解。这次几大难以预知的危机，更证明人类认知的局限。世界越未知，越证明我们人类的无知和无力。所以大家需要谦卑和谦虚，没有过度自信的理由。

同时，我们对民主选举制度也需要进行反思与改进。例如，公共选择学派的投票理论有三个要点。第一，多数票决很难反映每个选民的偏好程度，因为一人一票，无论个人对这个议案多么强烈地支持或反对，都只有一票，不能加权。第二，处于少数派的个人，为了促使自己喜欢的议案通过，有可能买票贿选，最后会导致有利于少数人的不适度议案得到通过。第三，多数票决会导致选民对公共选择的冷漠，因为个人投票的选举成本很高，而选举结果对自己的切身利益的影响又很小，成本与效益不匹配，所以，美国大选的参与率很少超过60%，这样，多数票不一定反映真正的民意。

另外，我们今天所经历的危机与灾难的主要原因是什么？一些信奉制度的学者，以为好制度能使坏人变好人；也有学者热衷于文化，以为有了先进的文化，就能帮助坏制度变成好制度。其实，一个染缸一样的文化里，再好的制度也没用。美国这样的国家，如今也出现左右如此对立、红蓝如此两极、危机如此四伏的境地。以前一直以为，民主的真谛之一是妥协，妥协的前提之一是宽容、中道，但如今妥协、理性、适度的路越走越窄，中间和温和力量越来越没有声音。对此现状，我们习惯甩锅，要么迁怒于制度，要么怪罪于文化，还会责怪别人，就是缺乏孟子所提倡的"行有不得，反求诸己"的德性。其实，执行制度、提升文化的主力是人，是人性、人道和人品。我们还说，领袖很重要，但什么样的选民素质和德性往往酿成什么样的领导人。

所以，在这次史无前例的对立中，我们不能忘了自己都是受过教育的文明人，必须守住做人的底线，必须尊重对方的人格，必须共同追求适度、中道的目标。我以为只要人类的自私、偏见、无知等共同的弱点仍然存在，那么适度思想的生命力一定永存。

其实，今年的几大危机也是一面真实的镜子，展露人类所有的人性特点和弱点。有人通过危机的考验，人性和德性得到升华；有人原形毕露，使多年修炼的文明底色逐渐褪色；有人则更加向下沉沦，离现代文明和常识越来越远。但是，希望通过今天的讲座，每一位来宾都能有所反思，反思我们全体华人做人的最大公约数在哪里？人与人是否需要互相尊重？人与人是否可以好好说话、耐心听人讲话？这才是比美国人选本身更具意义的心灵完善和精神启蒙。

（此文系2020年10月24日"大学沙龙"笔者主持与点评麻省理工学院政治经济学黄亚生教授演讲的发言整理）

元宇宙的哲学思考

过去两个月，我在恶补元宇宙的知识皮毛时，发现一个现象：科学家、投资家和玩家往往是推动新科技发明的油门，而担任刹车角色的往往是伦理学家、人文学家，尤其是法学家。例如，万众期待的无人驾驶汽车，千呼万唤不出来的主要原因之一就是法律障碍，人工智能、克隆这些挑战人类伦理底线的新科技，都受到了一些文科学者的围追堵截。虽然刹车的角色在新科技强大的油门面前显得乏力，但是，大家如果期待一辆新科技的豪车，如元宇宙，能够行稳致远不翻车，单靠油门是不行的，一定需要具有人文关怀的知识分子担当"麻烦制造者"，提醒油门使用者保持一定的警觉和清醒。

大家是否发现，在新科技横空出世的时候，我们的法学家不仅清醒、理性，而且常常走在其他社会科学和人文学家的前列？去年上海交大法学院的季卫东教授和北大法学院沈岿教授来到纽约聊斋做客，都不约而同地讨论了高新科技与法律困境的大问题。

借此机会，我也想分享几点心得。第一，元宇宙与组合方法的关系。首先，元宇宙的出现，表明组合、复合、综合已成为当今新科技的新趋势。乔布斯对苹果手机有一个著名的比喻：苹果手机就是一根项链，它把各种现有的科技进行了串联和组合，包括组合多点触控屏、iOS、高像素摄像头、大容量电池等单点技术。关键就是要把点连成线，把线整成面，再把面弄成三维（3D）、四维（4D）。结果，2007年横空出世的苹果手机，就重新定义了手机，开启了激荡十几年的移动互联网新时代。而今天元宇宙的终极形态也就是一系列"连点成线"的技术创新的组合，包括组合高速无线通信网络、云计算、区块链、虚拟引擎、VR/AR、机器学习、数字孪生、机器人等。当然，组合也有可能是鱼龙混杂的组合，如於教授在我们这次讲座的广告上，提到一个词：Snark。它就是"Snake"（蛇）和"Shark"（鲨鱼）两词的组合，中文似可译成"蛇鲨鬼"，或是"骗子"。不过，两个坏动物相加，是否会起到坏坏得好、负负得正的效果呢？骗子骗骗子的结果，是否导致欺骗的成功率递减呢？

同时，有关组合的理论，最初来自物理的复杂学，而现在方兴未艾的复杂经济学，就是借鉴了物理学的复杂理论，提出进化式组合的方法，它主张把互不相干的一块块木头和一张张纸片，实行进化式组合。这次元宇宙概念的横空出世，也是一种复合与组合的努力。其实，这种组合的方法比较适合我们中国人，因为根据"李约瑟之谜"的解释，历史上，我们比较不擅长把0变成1的科学发现，但我们一定很善于和很敢于玩科技发明，就是将1变成100。我也常与一些研究生说，一篇好文章需要三新：新观点、新资料、新方法。新观点、新资料不难，比较难的是新方法，因为几个世纪以来，行之有效的归纳、演绎、定量、定性、宏观、微观等方法，都是难以挑战和创新的，但只要将现有的方法进行适度的组合，那就是一大创新，如社会科学研究中的混合法（Mixed Method），或称三明治方法就是一个例子。但绝不是乱组合、瞎组合，组合的效应必须是1+1>2。

第二，元宇宙与精神虚拟的关系。元宇宙的出现，也许会让人类对精神虚拟或灵性虚拟产生更深刻的认知。大家知道，我们人类和精神世界自古就存在一种虚拟性，主要由五大类组成，包括神、灵、魂、情、意，统称为灵性（Spirituality），可以译为灵性、心性、神性，属于精神世界的虚拟或意境，我暂且称它为"灵性虚拟"或"精神虚拟"（Spiritual Virtualization）。

作为对比，元宇宙、人工智能、互联网则给我们展示了另一种虚拟，包括视觉、感觉甚至味觉、嗅觉的虚拟，故我称它为"技术虚拟"（Technological Virtualization），但不是"科学虚拟"（Scientific Virtualization），因为元宇宙只属于技术创新的层次，不是科学发现的层次。

比较"灵性虚拟"和"技术虚拟"的不同，很有意思。首先，两者所借助的工具不同。"灵性虚拟"或"精神虚拟"主要依赖于信仰、宗教、想象、意念、幻想和情感。比如，我相信有来生，我就相信有些人不相信的天堂和地狱；我相信死后有灵魂，所以我崇尚英灵、忠魂，我坚信自己可以与亡故的亲人进行情感和意念的交流。作为对比，技术虚拟，如元宇宙，主要依赖技术手段，创造一种新的媒介和平台，帮助我享受想得到，但在现实中很难得到的信息、资源和快乐。

其次，两者的表现形式不同。"灵性虚拟"是无形的、看不见的、形而上的、出世的，比如说，神、灵、魂、鬼、魅长得什么样，完全是主观的，你心中的神，与我心中的神，可能完全不一样，见仁见智。但"技术虚拟"则是有形的、看得见的、形而下的、入世的，类似一个机器人、一个鲜活的图像，都是我们生活中随处可见，而且是共同可见的，不是某个人所特有的。

再次，两者追求的目标不同。"灵性虚拟"是非物质、超自然、超现实的，追求的是终极目标，类似生命的意义、人类的幸福和世界的和平。而"技术虚拟"必须由金钱堆积和资本支撑，是功利的、物质的，追求的是盈利，属于急功近利的范畴。

尽管这两种虚拟存在很多不同，却不一定是对立的，而有可能是互补、互通和互动的。首先，两种虚拟都可能具有沉浸感。元宇宙喜欢用一个词叫"沉浸感"（immersive or virtual immersion）。在英文语境里，沉浸（immersion）与投入（engagement）和介入（involvement）一致。而且，根据主讲人於教授私下给我的开示，沉浸感的本质就是宗教感，这样，一种沉浸感就有可能连接"灵性虚拟"与"技术虚拟"，两者在很多方面可以相辅相成。有人就提出一个新的哲学概念：感觉就是真实。只要你能感觉到，能够产生沉浸感和互动感的人与事，就是真实。有点类似笛卡尔的"我思故我在"的范儿。

在这里，还请大家明确一个界限：虚拟（virtual）不等于虚假（fake）。虚拟来自现实，但超越现实，有点接近我们常说的"文学来自生活，但高于生活"的意思。"meta"的其中一个原意就是超越，元宇宙其实就是"超越现实宇宙"的意思。"灵性虚拟"与"技术虚拟"似乎都不是瞎编，而是基于各自的现实体验之后的虚拟。

另外，"灵性虚拟"既可称为"Spiritual Virtualization"，也可称为"Virtualized Spirituality"，即"虚拟的灵性"，两者可以互换；而"技术虚拟"也可称为"技术化的虚拟灵性"（Technologically Virtualized Spirituality），因为现在的网上交流，不仅可以交流视觉的影像和听觉的语言，而且能够交流感知（perception）。例如，我传到网上的南极照片，能够使你看了后产生冷飕飕的感觉。就像钱学森先生在1990年将"virtual reality"译成"灵境"一样，这就是把"virtual"和"spiritual"合一的努力。基于这种相关性和互动性，我们是否可以想象，未来的未来，人工智能（artificial intelligence, AI）有可能变成人工思想（artificial thought, AT）？这种人工思想的努力，有可能促使"灵性虚拟"与"技术虚拟"合二为一，促使我们的机器也能想象、有感情、会思想吗？

如果是这样，那么将陶渊明崇尚的"形、影、神"的境界变成三合一，也不是不可能。在陶渊明眼里，"形"是生命，是有形的，而他所说的"神"，则是无形的超物质和超自然的，而"影"则是我们的"名"，起到连接有形的生命和无形的"神"的功能。如果是这样，未来的人工智能和元宇宙最大的挑战或机遇就是，将人类的"形、影、神"，在一个平台上进行进化式组合。在这里，我们是否可以继续想象，我们的人类世界可能从昨天的互联网、今天的物联网，发展到明天的脑联网？而这个脑联网就需要"技术虚拟"和"灵性虚拟"的综合努力。其实，未来已来，明天已经不再遥远。

插一个笑话。有人已经发现，靠玩高科技出身的脸书的老板小扎，长得有点像古希腊人，他将脸书改名为元宇宙，是否有点复兴古希腊文明、复兴轴心时代使命的范儿？他是否存在通过"技术虚拟"，来振兴我们的"灵性虚拟"的野心？

第三，元宇宙与第三元世界的关系。元宇宙的出现，也许代表着人类的第三元世界的出现。这个第三元世界可能存在几大特征和功能。其一，它既不是现实，也不完全是虚拟，而是介于虚拟与现实的第三元世界。科学家已经发现，元宇宙这种可虚拟的生态，是能够在线上和线下出现仿真现象的。元宇宙不是也不可能完全独立于现实社会，因为元宇宙需要的很多信号来自真实世界。元宇宙属于介于虚实之间的第三元世界，也就是虚拟的现实世界，或是现实的虚拟世界。

其二，如果"实"是第一元世界，"虚"是第二元世界，"虚拟的现实"是第三元世界的话，那么这三元世界，是否有可能协同进化，同生共长？生出虚实协同的元宇宙，最后是生出万物？这个虚实协同的世界能再生出新的万物吗？我们不妨想象一下。

其二，第三元世界所出现的仿真，它与仿造是两个不同层次的概念。根据法国社会学家和哲学家让·鲍德里亚（Jean Baudrillard）的区分，人类的第一阶段是仿造（Conterfeit），第二阶段是制造（Production），第三阶段是仿真（Simulation）。仿真是一种超现实，它可能模糊了虚实的界限。

我一直以为，面对这些高科技和新科技的洪水猛兽，虚拟的人像人，可怕；我们的人像虚拟，也可怕；但最可怕的是，我们分不清虚拟人与真实人的区别，所谓的人机趋同或人机一体。这就是日本机器人专家森昌弘于1970年提出的"恐怖谷效应"（Uncanny valley），而它的起源与心理学相关，弗洛伊德在1919年的论文《怪怖者》(*The Uncanny* [*Das Unheimliche*])中专门提及。所以，心理学很可能成为未来联结"精神虚拟"和"技术虚拟"的重要桥梁，类似望梅止渴，就是由一种心理暗示所激发的生理现象，并有可能今后通过元宇宙的平台来表现和强化。

其四，第三元世界也许能帮助我们打破内卷化。今年元宇宙特别火的一大原因，是互联网已经接近内卷化的极限，卷到了很难再找到一个经济增长点，形成了一种没有发展的增长、少有盈利的增长。这种情形，就会迫使大家去反思，如何跳脱内卷，如何从存量竞争到增量拓展，使我们的生命在虚与实的两极空间之间，找到第三个空间。

我们纽约聊斋的讲座在新冠疫情期间于 Zoom 上线，但聊斋的纽约朋友更希望慢慢转到线下，面对面，而这样就会失去线上的来自五湖四海的朋友，这是让人十分纠结的点。如果元宇宙能够帮助大家从现在的三维，上升到四维，享受360度全方位的场景，那我们就可能线上线下同步享受五湖四海欢聚一堂的真实感。大家知道，人类认知世界的维度不断增加，先是收音机的听觉，而后增加电视机的视觉，再从电视机升维到互联网、苹果手机的互动感觉，最后，希望通过现实与虚拟的结合，把现有的视觉和听觉的互动，发展成具有触觉、嗅觉和味觉的元宇宙。

所以，任何世界，一旦有了第三元插足，系统就会变得更复杂，但更有趣、多元、奇妙，尽管我们都需要时间适应这些奇妙。就像柏拉图的洞穴比喻，一旦囚徒离开黑暗但舒适的洞穴，走出洞外，他会不习惯、眼花缭乱，但这也许是我们生命成长的必要代价。

最后，第三元世界存在很多负面的功能和危机。首先，第三元世界所追求的人类发展极限的努力，有可能是人类的一大灾难。例如，康德在发明"内卷化"（involution）一词的时候，是站在批判进化论（evolution）的立场上。内卷化的原意是退化，与进化相对立，它强调这些貌似进化、反而内卷的理论和现实，有时候无助于人类的真正进步和幸福。所以，反对元宇宙的学者似乎可以从康德的内卷化哲学思想中，找到思想的依据。

同时，适度进退是王道。康德的这一思想为海德格尔所发展，因为他坚决反对那种不断进化、无限进化的观点，人类走出黑洞不可怕，可怕的是一旦走出了黑洞，人类看见了一个太阳还不够，一定要发明出比太阳还明亮1000倍的灯光，不懂得知其白、守其黑的辩证哲学，也不知道，今天的蹲下，是为了明天更高的跃起，今天的太阳落山，是为了明天更辉煌的升起这些辩证发展的道理。所以，我们对追求无限与极限虚拟的元宇宙，一定要保持充分的警惕，将油门和刹车平衡、适度地使用，懂得适度的进、适度的退，尤其是要防止元宇宙可能带来的缺失，包括现实失真、安全失控、法律失效、道德失范、伦理失常、隐私失密、思想失却和大脑失智。

总之，如何面对元宇宙的未来，我的态度是走中道、行适度，扮演的是半乌鸦、半喜鹊的角色，需要让子弹再飞一会儿。

清华大学做过一个网上民意测验发现，目前10%的人积极肯定元宇宙，像喜鹊；10%的人表示反对，像乌鸦；而80%的人是持中立与观望的立场。我想我也和绝大多数人一样，就是八成人中的一员。

（此文系2021年12月4日笔者主持与点评康奈尔大学法学院於兴中教授演讲的发言整理）

教育困境与转型

美国高教危机

美国高校深受新冠疫情的困扰，危机重重。

第一大危机是生源全面短缺。表现有三。一是总体生源出现衰退。根据麦肯锡公司调查，美国高中毕业生人数"将在2026年达到约360万学生的峰值，到2030年将降至330万学生"，然后就将不断下降。二是愿意上大学的人数下降。美国人口普查局的调查结果显示，2020年秋天有770万—1000万成年人取消了接受高等教育的计划；在2020年秋季学期，所有大学的新生入学率平均比上年同期下降了13%，创下新的最低纪录。三是社区大学的入学率下降最明显。美国的社区大学培养了超过三分之一的美国大学生。据统计，美国社区大学的新生入学数量过去一年下降了21%，降幅主要集中在原住民、非洲裔和西班牙裔学生中。

导致生源下降的原因至少有三。其一，由于远程教学，校园生活严重萎缩、凋敝，上大学的最大吸引力渐渐失去，美国大学有可能进入无校园时代，不少大学像一些大公司一样，开始出租和出售校园，学生宿舍成为一种累赘、负资产。其二，学生和家长担心远程教学的质量下降、学位放水，尤其是担心雇主会质疑疫情期间毕业生的水准，因为有人已经给2019—2022年度就读的大学生贴上了"电大生"的标签，据统计，存在这种担忧的学生比例已高达57%。也因为如此，疫情期间，25%的美国学生推迟大学入学，就是所谓的"Gap Year"。而且，上四年制学校的可能性从71%降到53%。尽管这次一些名校的申请人数依然爆棚，但从总体而言这是虚假繁荣，一是今年1700所高校不要求SAT或ACT，刺激一大批追梦者赌赌上藤校的运气；二是许多非名校的申请人数骤减，例如，今年，纽约州立大学系统的申请人数下降了14%，一些加州州立大学也不断推迟申请入学的最后期限，期待在最后时刻收到更多学生的申请。其三，国际学生减少。根据美国国际教育协会（IIE）的统计，2020年秋季，国际学生的注册率比上一年急剧下降了43%，对所有国际学生而言，其中一大原因是美国网课已经导致教育的性价比急剧下降，当然还存在国际学生所特有的时差障碍和语言困难，网上的英文交流增加了国际学生的交流难度。

第二大危机是与生源危机紧密相连的财务危机。疫情期间美国高校财务危机的具体原因、表现和后果，主要表现在四个方面。

其一，一定数量的美国高校已经或即将倒闭。英国《经济学人》经过调查预测，2020年美国2000所正规的大学，有800所可能破产。有一种预测，未来十至十五年，将有一半美国大学面临倒闭风险。纽约大学商学院教授斯科特·加洛韦（Scott Galloway）通过四个恐怖的象限，从价值和脆弱两个维度进行归类，对440所比较著名的高校发出警告。第一类是蓬勃发展类（Thrive），处于象限的右上角，包括哈佛之类；第二类是勉强维持类（Survive），处于象限的右下角，包括藤校Brown，以及Emory和NYU等，我任职的福坦莫大学也荣幸地被归入这一类；第三类是挣扎类（Struggle）；第四类是奄奄一息类（Challenged），包括著名的文理学院Smith College等。

其二，一些大公司的职业培训成了美国各大高校的致命克星。根据加洛韦的预测，未来只有1%的富豪子弟会去全日制的文理学院，因为十年后，学子们很可能拿到的是谷歌与MIT联合授予的学位证书。目前，谷歌与MIT、微软与伯克利、苹果与斯坦福、脸书与哈佛，一起联手搞职业技能培训，好处是学位的实用性提高、学习时间缩短、学费低廉。需要一提的是，目前美国大学生的贷款多达1.56万亿美元，不堪重负。谷歌最近推出职业证书项目（Google Career Certificates），只需要6个月，学费几百元美金，就可拿到，这个证书在谷歌眼里就等于四年大学学历，而且越来越多的美国大企业承认这个证书，包括沃尔玛、英特尔、美洲银行、百思买（Best Buy）等。这些大公司纷纷表示，大学学历不再是求职的必要条件。

其三，大学教授的待遇受到严重与直接的冲击。为了应对过去一年的财务危机，美国3500所大学大致采取了三大不同的措施，史无前例：一是绝大多数高校开始停止加薪、停止招人，并有可能延续到2022年6月；二是许多高校冻结和减少学校每月支付给教授的退休基金，相当于教授工资的10%左右；三是有些高校实行减薪、延缓学术假、无薪假，而且终身教职正面临危险，金饭碗不再，例如堪萨斯州立大学系统自2021年1月起，实施了更容易停止终身教授合同的新政策。很显然，如果教授待遇和职位不保，大学的根基自然就会摇摇欲坠。

其四，高校教职员工大批失业。2021年4月初，美国劳工部发布了一份令人震惊的失业报告，在过去一年，65万美国大学职工丢掉了工作，相当于全美被裁员人数的13%；加上中美关系的恶化，已经导致美国高校损失了来自中国大陆学生的11.5亿美元的学费收入。

其实，上述的生源减少、财务危机等，只是美国大学的表面危机，更深层的危机至少有三个：第一，大学还要不要办？如果要办，如何尽快实现关停并转、精兵简政？如何提升大学打败大公司办教育的竞争力和性价比？第二，高校里的人际关系如何实行创造性转化？在教室和校园的传统师生交流关系还要不要？怎么要？没有了传统的学生与学生的社交关系、校园生活，大学的存在还有什么优势？第三，教学方式、高校设置、课程设计如何实现革命性的变革？大学如果办成电大或国际电大，将带来什么样的颠覆性冲击？如何既要价廉，又要物美，更要学生和家长心甘情愿地砸锅卖铁上大学？

今天，主讲人关小茹博士的演讲非常能够启发我对高校管理现状和未来的思考。她所提倡的四维架构，包括课程设计、教学方式、教授职责、高校设置，既能帮助大家平面地将这四大难题进行分析，找到它们之间的内在关联；又能立体地根据各个大学的具体情况，找出解决这四大问题的优先顺序，因为问题不可能同时间、同力度地全部被解决。

其实，关于课程设计、教学方式、教授职责、高校设置四者谁重谁轻，是个大问题。因为我们今天要改革大学，这是在做一件正确的事情（do right thing），但如何把事情做正确（do thing right），就见仁见智了。所以，我以为，大学改革的逻辑思路应该是这样的：第一，大学还有存在的意义吗？如果存在意义都没有了，下面三大改革就完全没有必要，皮都没有了，毛自然也就消失了；但如果认为办大学还有意义，那么疫情前与疫情后大学的不同意义在哪里？第二，只有明确了疫情后大学存在的新意义、新特点，我们才能讨论疫情后，大学教授存在的新价值和新功能。什么样的大学需要什么样的教授？我们这些教授今后是雇佣劳工型教授、教学型教授，还是研究型教授、学者型教授？如果是劳工型、教学型教授，是否只要借助人工智能和其他科技手段，就可替代我们这些学位显赫、著作等身、才高八斗，但工资高昂、平均一年教书200学时左右，而且理论上百岁可以不退休的终身教授？第三，一旦确定了教授的新定位，我们才能讨论课程设计的理念和内容。第四，确定了教学理念，才能决定最合适的教学方式，由新教授推销新教学产品给新学生客户。

除了四维关系之外，借此机会，我想给大家介绍一下所谓的大学教师与学者合一的模式（Teacher-Scholar Model），它旨在把我们的大学教授练就成既会教书，又会研究的两用人才。很有意思，我与关校长在大学里的分工是：她的使命是把我们的教授练就成会使用科技手段教书的，我的使命是把我们的教授练就成更会抓住科研机会做学问的。大家知道，在现实中，口才好的，一般笔才不够，笔才好的，一般口才不行，所以要把教学与科研两者高度统一，就是美国大学教授的永恒挑战。我们的工作就是在这种挑战中，既要不断强调大学和教授们所面临的生死存亡的危机，也要不断给教授们指点迷津，保持我们的存在价值。

所以，听了关校长的演讲之后，我发现她很"自私"。因为如果疫情来得更凶猛、更长久一点，对她所钟情的网络教学，则是千载难逢的机会，有点类似医生希望有病人，律师希望有罪犯一样。同时，如果网络教学成为大学的主流，那么，今后我们这些研究型大学的美国教授，还有没有用？如果网络教学、智能教育主导美国高校，大学就只需要几个顶尖的教授设计课程，然后雇用大量的技术人员，将这些课程放到慕课（MOOC）和翻转课堂上就行。大学就像一家麦当劳，完全可以变成一个传授知识的流水线。美国高等教育期刊《纪事报》（Chronicle）刚公布了一个问卷调查，70%的高中生和大学生认为网上教学是正面的经历，54%的学生希望疫情后，继续在网上修课，但90%以上的学生希望回归校园生活。也就是说，一方面，多数年轻人喜欢不受严格束缚的网课，趁机可以开小差、玩游戏、轻轻松松拿全A；但另一方面，他们又希望来到校园，与同学们一起吃喝玩乐，过上玩得心跳的日子。如果这是今后大学的主流的话，我们大学如何有效培养学生的自觉自制能力、批判思维能力、心理建设能力、价值判断能力、宽容妥协能力？

记得孔子在《论语·子罕》篇中说："知者不惑，仁者不忧，勇者不惧。"梁启超在1922年12月27日苏州学界演讲时，将知、仁、勇理解成教育的三大主题：知、情、意。一是知育，教人要教到不迷惑、不困惑，培养常识、通透、智慧；二是情育，这是一种情商教育，教人教到存公心、去私欲，乐天知命，不患得患失，养成一种"天地与我并生，万物与我为一"的境界，所以是不忧成败、不忧得失；三是意育，这是一种意志教育，培养见义勇为的精神，大学要教人教到不惧自我、不惧危难，要有一种"虽千万人吾往矣"的气概。靠电大、网络教育，能有效、全面地完成这知育、情育、意育吗？

所以，本人长期以来，极力推动大学培养学生的第四种目的，就是除了提供知识、技术和能力这三大目的之外，还要提升学生的价值观念、思想能力，这也是一批美国私立大学，尤其是天主教大学所推崇的办学宗旨之一，我们非常注重"全人教育"（whole person education）。而这些有关价值的培养，也许是人工智能和网络教学的短板，因为虚拟的网上交流，比较容易激化两极观点、偏听偏信，削弱互相倾听、理性对话和兼容并包的文化价值和思想能力。

最后，我想强调一下，我们不能把今天高校危机的锅都甩给疫情，很多危机由来已久。疫情与高校的生源危机和财务危机存在相关性，但不一定是因果性，不是因为疫情这个单一因素，才有了高校危机，疫情只是加剧和加速了危机的到来。如果秉持这种态度，也许能够帮助我们更理性、更平衡和更全面地分析问题，进而解决问题。

（此文系2021年5月1日笔者主持与点评美国德保罗大学助理副校长关小菇博士演讲的发言整理）

教育学与边缘学

今天是我们纽约聊斋云沙龙第三次讨论教育问题。第一次是哥大林晓东教授讨论子女教育问题，第二次是芝加哥德保罗（DePaul）大学关小菇校长讨论网上教育问题。今天，则由我们三位中、美大学资深院校长讨论容易被人忽略和边缘化的问题：幼儿教育、社区大学教育和终身教育。表面上，这三个问题似乎没有什么直接关系，其实，它们涉及一个大问题：那就是从生到死的教育问题。尽管这不是一般人所热衷的精英教育问题，但它们属于边缘群体、边缘年龄和边缘地区的边缘教育，也可属于边缘学研究的一部分。

这里说的边缘学与经济学的边际效用（marginal utility）不同，也与臆测性、伪科学的边缘科学（fringe science）不同。边缘学关注的主要是边缘人、边缘地区和边缘时期，是跨学科、多学科的研究，但它不注重宏观叙事、中心主流、精英人群。

目前在美国研究边缘学至少存在三个现实背景：第一，中心学、主流学和精英学的研究对象和资料几乎已经穷尽，导致不少学者只能炒冷饭，很难再发现新档案、推出新成果。所以，研究边缘学，转移关注面，比较能够出成果。第二，边缘学也属于当今的政治正确题材，关心弱势、边缘团体存在着天然的正义性、合法性和安全性。第三，美国的一些学术研究基金也开始偏重边缘问题，我长期在美国跟踪研究项目的资金走向，比较清楚边缘学日渐成为显学的趋势，而且比较容易争取到研究基金。

我们今天研究教育学的边缘主题，其实同样有助于对主流和精英教育的理解。没有边缘何来中心？没有弱势何来强势？没有支流何来主流？这就是对立统一的奥秘。比如主讲人万毅平教授所提的水桶板理论，解释了弱势群体决定精英群体命运的这种现象。另一位主讲人钱高垠教授论及幼儿教育时，涉及纽约和丹佛以及中国一些边远地区的全面丰富的实证案例，其中的发现十分令人震惊，包括边缘化的贫困地区幼儿智力开发平均延误率在45%，类似100米赛跑，他们的起点整整落后了45米，这叫他们在未来一生怎么追得上遥遥领先的主流群体？而俞立中校长以上海的终身教育体系为案例，提出了目前尚被边缘化的终身学习的方式和平台，包括开放大学、家长学校、学分银行，非常有创意。俞校长还比较了美国社区学院教育与中国成人教育、继续教育和终身教育的不同，对我启发最大的是，他提到中国教育已经从精英教育、大众教育进入普及教育，这是一种成熟，但也是一大挑战，因为逼使我们这些从事高等教育管理和教学的学者，思考今后的高等教育如何三者兼而有之，不仅要使精英、大众和普及发生物理反应，还要追求化学反应，甚至生物反应，把高校建设成一座立交桥，多点交叉，既畅通无阻、互相独立，又互相支撑、同生共长。在此基础上，我们还应该把目光投向特殊的弱势的边缘群体，让他们得到同样平等、多元的教育机会。

（此文系2022年4月9日笔者主持与点评美国纽约曼哈顿维尔学院万毅平教授、纽约市立大学莱曼学院钱高垠教授、上海纽约大学创始校长俞立中教授演讲的发言整理）

美国大学职业转轨

本文的主题是关于我本人在美国从一个大学教授到大学行政人员的转轨经历，也许有助于窥视美国大学的文化与制度。

成为20世纪80年代中期中国学生留美大潮中的一员，是我人生的一大挑战和机遇。我于1986年赴美留学，1987年和1992年分别获得美国史硕士和博士学位，在美国大学执教历史九年后，于2001年"改正归邪"，走上了一条"学而不优则仕"之路。人生总有意想不到的起点和中转站，不过，不管未来的走向如何，回味当初职业转轨的心路历程、评估一个来自中国的历史学者从事美国高校管理的优势和劣势、点评分析美国高校行政管理的特征，也许对人、对己都有些许启示。

留在美国任教不在我原来的人生规划中，但人生的规划永远赶不上世事的变化。20世纪80年代末后，我开始思考将留美变旅美的可能性。当初以为，学美国史的中国人在美国的就业机会几乎等于零。基于此，当时的一些同行纷纷从美国史转向中国史、亚洲史，或中美关系史，希望扬长避短，在就业竞争中占得优势。但我的专业选择可谓木已成舟，博士论文的题目和草稿已经大致完成，如果转向，将浪费我多年的寒窗苦读。于是，我只能硬着头皮，以中国人的脸、美国史的背景，作为在美求职的唯一一块"敲门砖"。

1991年，我在求职市场上初试身手，竟然得到了在美国历史学会年会上的12个面试机会，尽管最后全军覆灭，但也激发了我的胆气和中气。1992年，我有惊无险地得到了两个工作机会，最后选择了在南方滨海名城的州立大学，任历史系助理教授。后来才明白，我们这些学史学的就业机会是得益于美国大学的公共课设置。美国史或者世界史是多数美国大学本科学生的必修课之一，这为史学博士们创造了不少史学教授的位子。同时我还发现，从投入和产出的经济利润角度看，一个大学最赚钱的专业不是工程等理工专业，而是史学和英语，因为理工专业需要投资实验室和各类价值连城的设备，消耗大量资源，多数教授的工资也比人文学科的高出许多，但理工专业与史学专业的学生所缴付的学费则基本一致。所以，投资人文学科、多开史学课程应该是一项性价比很高的教育工程。

告别寒窗生涯，置身于那个碧海连天的南方历史名城，人是很容易迷失的。于是，我又开始折腾：对内追求破格晋升；对外则尝试跳槽，由此还引发了一系列中美文化碰撞的故事。

值得一提是1994年春季的跳槽经历。当时我得到了弗吉尼亚州一所大学历史系的聘用承诺，准备"北漂"。有一位美国同事知道后，觉得应该充分利用这次跳槽机会，历练自己讨价还价的美国式本领。于是，他帮我沙盘演练了一系列"阳谋"。第一步，先敲响系主任办公室的门，轻轻地将对方的聘用意向书放在她的办公桌上，然后悄然离开。第二步，我肯定会接到系主任的一个电话，可能内容有二：一是表示祝贺，这样我就准备回家打包、辞职，因为这一声祝贺，表示她对我已无兴趣，或者无力挽留；二是约我谈话，这说明有戏。结果，不出所料，系主任的电话是约我谈话。第三步：与系主任讨价。

当我走进系主任办公室时，系主任没有废话，一上来就只说了两句话，一是"我们需要你"；二是"你想要什么？"这种"赤裸裸"、毫无外交辞令的问话，对我们这些仍处在"温良恭俭让"的中国文化化石状态的中国人来说，实在是一次难得的文化震撼。好在事先已有同事帮我设计了腹案，于是就面不改色心不跳地提出两个"非分"要求：一是增加10%的工资（通常每年平均只有2%的涨幅）；二是允许我在次年申请从助理教授破格提到副教授（我当时任教的时间不到两年，正常晋升的年数是六七年）。

系主任似乎早有准备，爽快地答道：工资涨10%应该没有问题，马上向院长推荐；破格问题无法保证，因为需要按程序考核与审批，但她答应时机一到，会强力推荐。（最后，她的承诺果然兑现。1995年4月，我被破格晋升为副教授。）当时，我十分感动，中国人毕竟还有一份"士为知己者死"的儒生情结。但正当我要立即答应，放弃跳槽想法之时，耳边响起了那位美国同事的忠告：千万不要当场答应，不然的话，反而会引起老板的反感，因为一是我不懂得尊重家人，重大决定擅自做主；二是似乎存心不良，并非真的想走，只为讨价还价；三是不懂美国基本的文化常识，不按牌理出牌，将被视为是个难以相处的同事。于是，我很感激地对系主任表示，我将与家人商量后，再做答复。

与美国同事商议后，他又建议：赶快与弗吉尼亚那所大学报告你所得到的这两个优惠，要求他们加薪。我虽然犹豫，但还是按他建议要求对方再加10%的工资。结果，对方经过一天商量后告知，可以再加5%，并设身处地地善意相劝：我们历史系教授工资都很低，你现在的工资已经与很多老教授接近，如果再加，你会成为众矢之的。后来权衡再三，我还是决定留下，毕竟系主任对我有知遇之恩。对此，这位美国同事提醒我，如果决定留下，还可再与系主任提出新要求。这时，东方文化做人的底线警告了我：做人不能太贪，要学会见好就收。其实，这是美国社会常用的一种游戏规则，老板一般尊敬高就者和跳槽者，并通过力所能及的利益倾斜留住人才，不会给想跳槽的下属戴上一顶"不安心工作"的帽子，从此给你小鞋穿。

这样，在此后的六七年内，尽管我仍然每年在寻求机会跳槽，但基于一份中国儒生"迂腐"的观念，内心还是相当纠结。

当然，在被提升为副教授、拿到终身职以后，跳槽机会大减，因为多数大学为了省钱，只愿意招聘助理教授，除非你是一个著名学者，不然只能降格以求，接受助理教授的位子。所以，我在1995—2000年期间的求职努力，大多是有雷声、没雨点。

2000年春天，我被晋升为终身正教授，原先的系主任也退休了。突然有一段时间，我感到无所事事、百无聊赖，应付日常教学太容易，很轻松就可捧着铁饭碗，过一辈子望得到头的生活，这也是终身教授制度的优势和弊端所在。处于职业转轨的十字路口，无意中，一本书、一个人、一件事和一句话给了我转换事业跑道的勇气、信心和力量。首先是看了一本闲书:《中年危机·男人卷》。那本通俗读物让我突然发现自己也有点中年危机的感觉，失去了人生的目标，因为学术职称已到顶点，待在现在的学校，学问一时难以突破；而去竞聘更好大学的正教授位子，显然才太疏、学太浅；如果在现在的大学混到退休，未来就是一眼望到边，难有更多的兴奋点。此书告诫所有处于中年危机之中的男人，必须强迫自己"折腾"，折腾出新的目标、新的能量和新的结果。

其次是见证了一位中国旅美学者从教授转轨为大学院长的成功经历。这位朋友当初是第一个成为美国大学学院院长的大陆学者。榜样的力量是无穷的，由此极大地激励了自己效仿的胆量。在一个群体生存环境中，从众心理难免。记得当初计划出国留学，中气完全不足，毕竟这是到美国学美国历史，语言、观念和智商都远远不够，于是，每当一些朋友留美，内心总在怀疑，他们混得下去吗？是否过不了几个月，就会铩羽而归？结果，这些朋友不仅没有半途而废，而且越学越好，于是就以此为榜样，壮胆效仿。同样，当怀疑自己能否胜任美国大学行政管理工作之际，具有相同背景的朋友已经捷足先登，于是就有了一份"你行，我为什么不行"的胆气。

再次是在2000年暑假参加在上海举行的一次研讨会期间，一位国内学者公开以玩笑的姿态对着我们这些"假洋鬼子"叫板：你们这些旅美学者在美国可以发财、做学问，但就是没法做官掌权，因为美国人根本就不信任，也看不起你们的管理能力；如果你们真有本事，就在美国大学"弄个师长、旅长"的给我们看看。另一位国内同行也借机反问：现在很多海归回中国大学跟我们抢位子，如果你们在美国大学能当院长、校长，还会愿意回国吗？结果，他们的讽刺引起了国内与会者的热烈回应。这次公开叫板对我起到了"请将不如激将"的效应。不过，别人的冷嘲热讽可转换为正面的动力，逼使自己向不可能挑战。

最后是一位学佛的朋友知道我当时正处在人生的十字路口，于是就扔给我两个字："舍得"。我由此悟出了"洪氏五层次"。其一，由于凡人总是希望先得后舍，所以佛祖故意将舍放在得的前面，故为"舍得"，而不是"得舍"，必须先舍后得；其二，由于凡人的贪婪，总是希望小舍大得，所以佛祖将舍与得设计成正相关的关系，即大舍大得、小舍小得、无舍无得；其三，由于凡人总是关切看得见的舍，而忽略看不见的得，于是，佛祖要求众生多关注看不见的得，因为这种无形的得是形而上和出世的；其四，在佛祖眼里，众生根本不应存在得与舍的概念，因为得就是舍、舍就是得，两者应该互通、没有边界；其五，最高境界不是有与没有、通与不通，而是一切皆空，需要将自己所拥有的一切放空、归零，永远存有重新开始的勇气。对我自以为得意的领悟，这位佛家的弟子却说：你只是悟到了4.5个层次，需要经过毕生的努力，才有可能悟到最后的0.5。不过，当时的"洪氏感悟"已经足够指引我做出人生重大的抉择了。

决定转轨，竞聘行政职位其实不是心血来潮，也不仅仅是一本书、一个人、一件事和一句话的临门一脚，而是经过相当理性的评估。首先是自己的劣势十分明显。美国是一个非常讲究经历和资历的国家，虽然美国社会强调机会面前人人平等，但一般不提倡"不拘一格降人才"。而当时我在美国的15个春秋中，既没有当过系主任，更没有当过院长，充其量只是大学里的一个亚太研究中心主任，以及有在留美华人学会中担任过一些美国大学一般不予承认的行政管理职务的经验。

其次，我当时的目标是竞聘美国大学的最高科研主管，类似这类位置很少由社会科学和人文科学背景的学者担任，因为这一位置的主要任务是增加学校的科研基金，而科研基金的主要贡献者当然是工科和理科等自然科学的教授。而且，美国大学不设主管文科科研的副校长，而是由一位科研主管统一管理文科和理科科研。

另外，作为一个中国人，也很难与美国人竞争这一"肥缺"。毕竟，这一管理位置不仅需要相当的语言能力、科研能力、公关能力、协调能力和募款能力，而且还需要处理棘手的人事问题、财务问题、法律问题和国际交流问题，更需要理解和融入美国社会的主流文化，这些都是我们旅美学人的软肋。（我曾自创了来自大陆的华人进入美国文化主流的标准：打高尔夫球、养宠物、信教。这三项必须兼有，而我在当时一样都够不上。）

这样，经历的缺乏、学科的局限和文化的边缘成为自己职业转轨的三大致命弱点。但是，我的耳边经常响起迪士尼乐园老板的一句"豪言壮语"："If you can dream it, you can do it."（可意译为："不怕做不到，就怕想不到。"）由此也激发自己理性评估一个史学出身、没有行政经历的中国学者，应该还是存在一些独特的管理优势，毕竟任何事物总是一分为二的。

首先，史学知识与训练有助于我们知识结构的完善。一些历史学者的一大特点就是"杂"，因为当我们研究某一朝代历史时，既要涉猎该朝代的科技、政治、经济、文化、社会、军事等正史，也要知晓当时的服装、婚姻、美食、音乐等野史，历史知识的"精粮"和"粗粮"需要通吃。所以，一般而言，历史系毕业生的知识结构既广又杂，在几十年前的杭州大学百科知识竞赛中，高居冠军地位的一直是我们历史系。而美国学界大力提倡交叉学科、边缘学科、多学科的协作，这也在某种程度上使我们这些吃学术"杂粮"长大的学者拥有一种优势，可谓歪打正着。而作为一个高校行政管理人员，又需要一定的人文和社会科学的知识和素养，这也许是美国高校的主要负责人大多出身文科的原因之一。所以，当我在竞争大学科研主管一职时，我就是以这一点说服遴选委员会成员的：招聘学校一级的科研管理工作者，更应该注重候选人学术背景的"杂"，而不是专，关键在于能够在各种学科的交叉和协作中，准确、及时和成功地组合科研团队、开发科研项目和得到科研基金。

其次，史学出身者比较能适应不同的职业与环境。记得在2002年，《中国青年报》上发表了一篇题为《历史系何以人才辈出》的文章，列举了杭州大学历史系毕业生在经商、从政、创作等方面所出现的杰出人才。其中一大原因是，急剧变动的市场经济需要善于调整自我、适应环境的复合型人才，而不是永远固守一个狭隘的专业的人才。其实，我以为，大学教育的主要使命是向学生提供三种东西：知识、技术和能力。知识和技术只要假以时日，是可以不断获取和提高的，只有能力才是最难培养的。这些能力（包括分析能力、批判能力、交际能力、领导能力，以及耐挫能力等）的培养正是美国本科文理学院（liberal arts college）所孜孜以求的。也许，文理学院的学生本科毕业后不一定能够顺利找到工作，但他们所具备的能力是到研究生院进一步深造所必需的，而且也是有眼光的雇主所青睐的。这就是为什么美国一些名牌大学的本科生院，大多不设立商学、法学、医学。

所以，在应聘过程中，当我的未来老板发问：如何顺利完成从一个教授到全职行政人员角色的转变？我就以我的大学同学在各行各业成功立足和成功转型的例子，说明历史学者所固有的职业转型优势和适应环境能力。而且，我还提到，史学出身的人比较具有自知之明，因为面对浩瀚的历史长河和历史典籍，我们都是多么微不足道。

再次，历史与管理存在天然的联系。传统而言，历史其实就是过去的政治，一部《资治通鉴》记载了中国帝王的内圣外王、见证了宫廷政治的各种面相，可谓政治权谋和行政管理的百科全书。所以，读过中国历朝历代典籍的历史学者，对管人、管事和管钱似有一份不同于他人的悟性。哪怕没有实践经验，但只要有悟性，很多事可以无师自通、举一反三。

不过，在2001年求职的面试过程中，我还是受到招聘单位教授和行政人员的普遍质疑：没有行政经历，如何能够使人相信你的行政能力？于是，我就采用纸上谈兵的战术，大谈管理的哲学、管理的战略、管理的案例，而且"强词夺理"，强调缺乏行政经历的优势：因为经历丰富有时可能意味着故步自封，不思、不愿也不敢改革。我还大言不惭地提到：克林顿当总统前并没有在华盛顿和大州工作的经历，但却成功地带领美国走入了经济兴盛的时期。借此说明经历和经验并不是成功的必要条件。

后来，我到任后，我的老板多次提到，当初决定雇用我，是一个大胆的冒险，并提及她是如何认同我对合格管理者四大标准的理解。一是"三大管理哲学"，即公平（fair）、关怀（care）和分享（share）；二是"三E工作风格"，即活力（energy）、热情（enthusiasm）和投入（engagement）；三是"三大开放作风"，即开放的思想（open mind）、开放的渠道（open door）、开放的财务信息（open account）；四是"三R形象"，即负责（responsible）、可靠（reliable）、受人尊重（respectable）。这些管理上的感悟大多是我从中外历史的经验和教训中提炼出来的，也是我在此后招聘其他行政管理人员时所遵循的"洪氏标准"。

除了上述学习历史所得到的优势之外，我最后能够转换事业的跑道，还存在一些主客观因素。就客观因素而言，美国高校所存在的"学而不优则仕"的现象和传统，为我们这些在学术研究方面已到黔驴技穷的学者提供了发挥剩余价值的空间。中美高校主要管理人员存在一个有趣的不同：中国大学的校长大多是院士级的顶尖学者，一流学术成果、著名专家名声成为选拔中国校级领导的必要条件，因为入仕者必须学优，此乃中国古训。作为对比，放眼美国各大高校的校长，几乎没有一个是诺贝尔奖级的大牌学者，在学术上也少有惊人的建树和传世的著作，似乎在美国，入仕者不必学优，甚至学优者就很难成仕，尤其是，一旦成为全职的高校校长、院长，很少有人继续从事研究创新。

在主观方面，我愿意舍掉来之不易的终身教授的铁饭碗，是获得第一份全职行政职位的重要因素。当时，我所申请的职位是在宾夕法尼亚州一所州立大学主管科研和师资发展事务，该校学生人数13000，全职教授人数600，地处费城附近。这一职位要求申请者必须在美国大学任教八年以上（我当时是九年），但又不授予教授的职称，而一般在大学教书八年者，大都有了终身教授的位置，这样就要求应聘成功者，必须放弃现有的终身教授一职。据说在当时，全美国只有两个州（宾夕法尼亚州和明尼苏达州）对校长和院长不授予任何教授的位置，旨在防止他们尸位素餐。

但是，当我被告知得到这一行政职位之时，还是陷入了一番天人交战。如果接受，就意味着自己过去九年奋斗所得到的终身教授之职将付之东流。更何况，美国高校与企业一样，校长的个人好恶或主观意愿决定我们的去留（即所谓"serve at president's pleasure"），而且，根据合同，校长可以告知，也可以不告知你被解职的理由。这样，我的未来就有可能生活在朝不保夕的生存环境之中。

但是，最终我还是在2001年3月，做出了令一些同行错愕的决定：舍终身教授这一"看得见"的"无价"头衔，去换取一个"看不见"的人生挑战，并从此过上了从未"享受"过的八小时坐班制，而且，还将进入"伴君如伴虎"、随时可能失业的岁月。

四年后的2005年，我再度跳槽，到了普渡大学西北校区担任首席研究官，并重获终身正教授的位子。第二次跳槽的主要原因之一是挑战自己的管理能力，因为如果说违背常理得到第一个行政职务是由于运气的话，那么，能够第二次得到类似职位，就说明运气不只是唯一的因素了。另一原因则是对四年前所舍弃的终身教授一职耿耿于怀。毕竟，自己还是一个吃五谷杂粮长大的凡人和俗人，注重"看得见"的舍与得，而且我始终认为我转换的只是短跑跑道，当教授才是自己最喜欢的，也将是最终的归宿。

在中西部工作11年后的2016年，我第三度跳槽到了地处纽约的福坦莫大学，担任主管全校科研的首席研究官至今。这是一所综合性、研究型的私立大学，学生总数在17000人以上，这次跳槽的一大动因是我非常喜欢文化多元的纽约，而且这是第一次感受私立大学的工作经历。与此同时，这是一所传统的人文学见长的大学，符合历史学者的学术生态环境。值得一提的是，《美国世界与新闻报道》的2016年美国高校排名显示，我毕业的马里兰大学排在第60名，普渡大学主校区排第60名，福坦莫大学也是第60名，而且福坦莫大学林肯校区地处纽约曼哈顿的60街。

在过去多年从事美国高校管理的经历中，我主管过或正在主管的事务主要是学校的科研，包括文科科研和理工科科研、国际科研合作、研究基金的申请与争取（pre-award）、研究基金的财务管理（post-award）、研究法规、研究技术转移、科研成果产业化、校级研究所和研究中心、实验室和学生科研等，同时还负责管理师资发展和荣誉学生（Honors Program）等事务。对此，我对美国高校的管理工作积累了几点肤浅的心得，供自己玩味，也供读者参考。

第一，"学而不优则仕"的现象与美国高校文化密切相关。前面提到美国高校"学而不优则仕"的现象，但出现这种现象的原因，却与美国高校的固有文化和体制存在关联。美国高校存在一个普遍的共识：一流学者往往不是一流校长，甚至不该成为一个校长。因为真正的一流学者往往智商极高，而情商就不见得与智商正相关，他们以"自由之思想"和"独立之精神"为学术生命的根本原则，这也是他们学术境界的最高追求，并且他们习惯于天马行空、独往独来的生活方式，这些人格特质往往是他们之所以成为一流学者的重要条件。作为对比，一个一流校长的基本素质和要求则是组织能力、交际能力、政治手腕和领袖魅力。他们尤其需要合作协调、善于妥协、勇于担当，有时还需要忍辱负重，舍小我而成大我，而且他们的主要使命是搞大钱、找大师、建大楼，但这些素质恰恰是那些学术大师所难以具备的。如果一个大牌学者也具有一个杰出校长所必需的"搞大钱、找大师、建大楼"的能量，那大概是五百年才出一个的惊世之才。所以，美国大学对校长的传统要求就限制了大师级人才转轨成为行政人员的可能。

同时，真正的学术人才不愿意或不屑于成为教授们真正的"公仆"。因为美国大学一般是既不鼓励也不支持院校一级全日制行政人员继续带研究生，也不允许行政人员假公济私，利用行政资源继续经营自己的学术自留地。美国大学存在一种基本的职业道德文化：纳税人花重金雇你来当校长或院长，就是希望你一心一意做好管理工作，而不是脚踩两只船，搞所谓的"双肩挑"。而且，在理论上，行政人员的工作时间是每天八小时，他们的学术研究、义务兼课等"副业"都应该在八小时外进行，或者是在辞去行政职务之后。基于这种氛围，任何超人都难以取得学术、行政双丰收。

也正因为如此，像我一类在学术上难有建树的"学而不优"者，才会愿意，或才有可能成为"仕途"的一个过客，而在中国这一学而优则仕的环境下，也许就根本难有"学而不优"者成为公仆的机会。我所认识的绝大多数的美国校长和院长，都已长期不再从事原创性的学术研究。当然，也有一些行政人员已经把学术研究当作了一种人生乐趣和一种生活方式，而且，还充满忧患意识，为今后"仕而不优则学"留一条退路。毕竟，做行政是暂时的，而做学问则是一生一世的，因为美国大学的终身教授没有退休年龄的限制。

第二，美国高校已经建立了比较合理的提供公平机会与进行公平竞争的机制。当我第三次谋得美国高校行政管理职位之后，中国的朋友往往假定，我通过了什么特别关系和某些贵人相助。其实，我完全不认识所在学校的任何人，都是按照公开、公平和公正的程序申请，经历了"过五关，斩六将"的过程而获得职位的。

美国大学对少数族裔相对包容和宽容的文化，令我常存感恩之心。将心比心，一个美国人就难以成为一所中国大学中国史的终身教授，或者成为中国高校的校级领导。也许，中国大学不会怀疑外国学者的学术水平，但对他们理解中国文化和适应中国生活的能力，自然存疑。毕竟，这不是一个临时的客座或名誉教授，而是将与他们共事一辈子的终身教授。中国文化向来对"客人"尊重和礼遇有加，但这一"客人"一旦成了"自己人"，心态和待遇就可能产生微妙的变化。尤其是对这些"外来客"的政治倾向和国家忠诚程度，更是存有无可厚非的合理怀疑。

当然，美国的种族歧视仍然存在，但美国特色的歧视是一不能写、二不能说、三难以做。美国高校中对少数族裔的轻视、忽视、不公平常会出现，但一般不敢轻易而又公开地进行歧视，因为整个学校和社会都已经建立了一套行之有效的维护种族平等、保护程序正义的机制。任何不满、抱怨和申诉可以通过比较畅通的渠道得以传达，而且，美国校园大多已经形成了同情弱者、崇尚公平、抑制特权的政治正确文化。

我曾目睹了一件少数族裔教授在教职晋升过程中遭遇不平等的事件。当时，这位教授在系一级的升等评审中，遭到多数票的否决，其理由竟然是所准备的申请文件编排不够周全，而不是教学、科研和服务的成绩不佳，这显然是一种不公正的偏见。好在学校的政策规定，允许投支持票的少数教授提交一份专门的申诉报告，所有被系里否决的申请资料，也都自动交由学院一级的评选委员会重新审议。结果在后来的学院和学校两级评选过程中，该教授的申请被全票通过。这就是学校内部纠错机制的作用，及时纠正和防止了可能的歧视与不公正。

同时，我还经历了一次在升等评级过程中，如何处理旅美中国教授所发表的中文学术文章的案例。当时的系一级评选委员会决定，中国教授的中文文章不能计入升等的参考材料，但却将另一位美国教授用西班牙语发表的文章列入参考，尤其是将一位美国教授用中文发表的学术文章加倍计入。于是，这位中国教授就向学校科研部门和人事部门提出种族歧视控告。最后，大家建立了一个共识，所有的非英语学术文章，只要是经过双向匿名同行审议的，都应该具有与英语论文同等的价值。但是，在学校科研部门介入调查中国一家杂志的过程中发现，中国的杂志对外号称有编辑委员会，但在实际操作过程中，编辑部的编辑们一般都拥有"生杀"大权，不像美国杂志的编辑只是拥有类似"文书"和"收发"的权力。这样，学校只能判定，由于该中国教授在中国发表的中文文章没有经过双向匿名的同行审议，所以不能作为升等的参考。此案例表明，反歧视主要不是追求结果正义，而是追求程序正义，只要评判标准是统一的、申诉程序是公正的、审查结果是合理的，少数族裔的身份并不是胜诉或败诉的关键。

第三，美国高校的人际关系和人事关系相对单纯与透明，人与人之间喜恶大多形于色，习惯光明正大的阳谋，而不是诡计多端的阴谋。如果出现矛盾，午餐文化就十分有效，通过面对面的沟通和午餐，就能够有效化解歧见。一般而言，美国式的谈判流行利益交换，通过直率、直接的交换，能够避免激烈的关系冲突，即使不能达到双赢和最优，也能获得次优。而且，中国文化所固有的"温良恭俭让"并不一定是美国高校管理中的忌讳或弱点。我的体会是，咄咄逼人、与人争利的一些美国同事也许能够占得一时之利，但也在消费和侵蚀自己的长远形象、信用和人际关系。他们也许能够赢得一场具体的战役，但可能会失去一场整体的战争。而中国人一般都比较温和，很少介入权力斗争，由此有可能失去短期的利益，但也许会经过长期的过程，得到更多的朋友，尤其是很少会有敌人。

另外，在美国高校，行政管理人员能够享有相对的清静，保持相对廉洁。首先，大家严守八小时的工作时间，八小时外，很少有公务应酬，95%以上的晚饭都能与家人共享，周末几乎都能与家人共度。所有必要的应酬大多在工作午餐中解决。这样，也导致美国高校的行政人员还是拥有相对自由的时间从事学术研究。此外，美国高校的程序完整、规则透明，所以人为腐败的空间就小。作为行政人员，一方面，个人相对缺乏权力；另一方面，这能减少和摆脱无穷无尽的关说、求情。我曾经邀请来自美国国家科学基金会的官员来学校做报告，我们不仅不能为他支付旅行、住宿等费用，而且在中午工作午餐时，他吃了一个三明治，竟然当众给我5美元现金，作为午餐费用，因为美国国家科学基金会规定，所有基金会官员每年接受外来的免费招待费用不得超过20美元。

总之，作为一个中国人，我非常感激美国社会给我们这些"外来客"所提供的教学、科研和服务的机会。虽然我在行政职位上始终有一点过客心态，并常有倦意，但有一点是肯定的：多年从事行政管理的酸甜苦辣，既是一段经历，更是一份财富。不管我今后的事业何去何从，这段独特的历练将会充实我的人生，丰富我对美国的认识。

（此文转引自王希、姚平主编《在美国发现历史》
［北京大学出版社，2010年］所收录的笔者文章，
有增删，感谢北京大学出版社授权再版此文）

经济思想篇

序　语

　　本书的前三篇主要是我为纽约聊斋主讲人"抬轿子"做的点评，本篇则是我的主要研究领域之一，侧重于经济思想史。我在美国所获的硕士和博士学位均为美国经济史。过去几年，我有幸为福坦莫大学与北京大学所合作培养的金融和管理博士班，开设了西方经济思想史的课程，并完成了专著《左右之间　两极之上：适度经济学思想导论》。同时，我在澳门大学学报《南国学术》发表了两篇有关亚当·斯密经济学思想的文章:《"一只看不见的手"的百年误读——文献还原亚当·斯密的隐喻》《文献还原亚当·斯密的"市场"真意》。

　　基于专著和两篇论文，我在纽约聊斋做了三次专题演讲，并邀请了十多位学者专家进行了研讨。基于本书的随感录特点，我将每次演讲分解成几个短篇，便于阅读，同时附录了专家与我之间的真实问答，以便大家做更多思考。

适度思想与经济

何为适度哲学？

世界经济的发展进程，一直难以适度应对三大关系国计民生的大事，包括通货膨胀与通货紧缩的两难、贫困与富裕的两极、政府监管与市场自由的对立。到底何为适度？为何适度？如何适度？身处当今左右撕裂的极性环境，寻求执二用中，力行适度中道，尤其必要。

我想利用这次聊斋演讲的机会，将我的新书《左右之间 两极之上：适度经济学思想导论》做一个通俗的解说，从史学与哲学入题，以西方经济思想史为文献依据，简要介绍适度经济学思想独特的史学脉络、理论框架、研究方法、曲线图标、政策原则等，并讨论未来经济学思想的可能发展走向。

面对种种不确定性，未来经济学研究似乎可以延伸适度哲学和适度经济学思想，实行方法复"合"（combination）、学派综"合"（synthesis）、思想和"合"（integration），共同探讨在左右两极、内外两端、上下两面之间的中道，寻求和而不同、合而不一的研究心态、学术环境和思想境界。

我先简单交代一下演讲的主题。我的第一个任务是定义，定义什么是中庸、什么是适度、什么是适度经济学思想。而为了定义，需要两大武器：一是哲学，二是文献研究或文献综述。精确的定义是为了帮助我们今天的对话有交集，而且，这个精确的定义也是保护我自己的有效武器，比如说，我把适度经济学思想的定义只局限在1、2、3，你不能把你的4、5、6强加于我。所以，定义就是定规则，帮助我们今天的讨论有聚焦和有效率。

理解经济学需要借助哲学思想，因为一个经济学派大致由五大要素组成：思想、理论、方法、模型和政策。其中哲学思想是重中之重、定海神针。例如，所有经济学教授的文凭不是经济学博士，而是哲学博士（Ph.D），这也就是为什么亚当·斯密先写有关伦理道德哲学的《道德情操论》，后写有关经济学的《国富论》的奥妙。插一句，我在美国高校工作了30多年，经历过无数次的财务危机、关停并转，但很少有一个美国校长敢冒天下之大不韪，彻底取消没有市场、很少学生的哲学系、哲学专业或哲学课程，因为这是美国大学的老祖宗，是古希腊留给西方学界的宝贵遗产。需要一提的是，许多人认为美国历史不够悠久，只有200多年，其实，美国历史、文明、思想和文化必须追溯到2500年前的古希腊，两者存在源远流长的继承和发展的关系。

很显然，经过哲学加持之后的适度经济学定义，一般能够超越经济学科的范畴，并将它应用于多学科和跨学科的交流。尤其是我们讨论适度经济学，绝对绕不过哲学，因为适度经济学的祖宗就是中庸之道和适度哲学。一位匿名的外审专家就认为，我的新书可以归入经济哲学的范畴，但遗憾的是，中美两国研究经济哲学的学者越来越少，因为数学已经取代了哲学，成为现代经济学的主宰。

除了哲学，我们离不开文献研究，旨在证明我所提出的适度经济学思想不是天马行空式的闲聊，而是来自一批经济学大师的原著，有迹可循、有据可查，同时也为了证明，我所提出的适度经济学思想不是抄袭这些大师的观点，因为至今为止，没有一个中外学者系统提出和研究适度经济学思想。所以，总的来说，所有人文和社会科学的学者应该拥有三大法宝：精确定义、哲学知识、文献研究。

我的第二到第四个主题，是把界定好了的适度经济学思想的定义，应用到适度经济学的三大核心，包括理论框架、研究方法和政策原则。最后一步是总结，并对未来经济学的研究分享一些想法。今天的讲座主要是为买不到书、不想买书、没时间看书或看书后有疑问的各位，提供一个框架，非常简约和浓缩。

首先，何为适度哲学？要想讨论西方的适度哲学，必须了解比西方早了600多年的东方中庸之道，尤其是，孔子比亚里士多德早生了167年，比苏格拉底也早生了81年。需要澄清的是，早在公元前11世纪，周文王姬昌在《周易》中，就已提出中正思想，比孔子早了600多年。我在书中，引用了大量的来自《周易》《尚书》《周礼》等孔子前的中庸思想。这里，我侧重于孔子中庸思想的四大含义。

其一，中庸是不偏、中正、执中。"一"是主张一致，不承认对立，更不能容忍"二"；"二"是强调不同，主张两元，反对一统；而中庸既承认一分为二，更推崇将对立的"二"升华到对立统一的"三"。根据北大儒学大家庞朴的研究，"三"与"参"相通，强调在左右对立的情况下，提出中道的第三种选择和建议，所以我们常称参考、参谋、参观和参照等，而这类"参"的效用，就是用中，执二用中。其二，中庸是一种权，也就是权变，即所谓的"两害相权取其轻，两端相对取其中"，但"害"与"端"的标准随时变化，所以需要经常不断地"权"。其三，中庸具有"和"的深刻意涵。王夫之从拆字学角度认为：这个"中"字，上下贯通的一竖，就是起到了中和的功能，而且，中为体，和为用，也就是说，求"中"则"和"，逆"中"则乱。《易经》将这种中和提高到美学的范畴，认为中和之人一定至美。其四，中庸具有正向的价值判断。中庸是儒家所尊奉的一种君子的德行，甚至是一种信仰，不可妥协。

在西方，适度思想的完成者应属亚里士多德，但在他之前的50年左右，古希腊伊索克拉底（Isocrates）已经提及"适度"一词。亚里士多德曾将适度的三个词混用，对应英语有时用"appropriate"，有时用"intermediate"，有时又用"mean"。斯密在《道德情操论》中，对亚里士多德的适度思想进行了拓展，将他三个混用的适度词合并为一个，就是"propriety"，在书中，这一词出现次数多达325次，而且在《国富论》中也有13次提及"propriety"。

大致而言，西方的适度哲学存在四个要点：其一，适度就是德性，不适度就是一种罪恶。其二，适度就是不偏不倚，但不一定是绝对的二分之一之中点，如古希腊美学提出审美的黄金分割定律，不是均分的0.5，而是0.618。其三，适度难，也不难，亚里士多德和孔子都认为，找到这个中间很不容易，但斯密提出适度的一大本质是平庸和平常（mediocrity）。宋代朱熹也有类似的解释，认为"庸，平常也"，人人可为，有点王阳明心学所主张的人人可成圣人的意思。其四，适度是理性，斯密提倡要由一个理性的"客观的旁观者"来指导和监督我们的适度言行。

综合上述东西方文献信息，似乎可以给"适度"下一个既反映中外哲学的本意，又对经济学思想具有指导意义的定义："适度是在一定时空条件下，常人所认同的一种不偏不倚的中间言行；这种中间言行来自常人的主观、动态、理性、相对的权变，并具有正面和谐的功能与道德德性的取向。"这一定义，揭示了适度哲学概念的六个核心内涵。

第一是中间性。适度是一种不偏不倚的中间，中间（middle range）不等于中点（midpoint）。同时，观察、分析、决策必须运用一分为三的三元视角：不及、适度、过度。所以，一分为三是适度的核心。第二是平常性。这个中间是由常人所认定的一种常理、常识、习惯、风俗。第三是主观性。这个中间产生于主观的权变。为了寻找中间，需要先界定不及与过度的边界，最后判断两极之间的中间。第四是历史性。这个中间的认定具有历史的演化性。中间的标准存在动态和历史发展的特点，昨天的适度有可能是今天的过度或不及。第五是中和理性。这个中间存在和谐的功能，因"中"而"和"、为"和"而"中"，这是适度哲学最重要的实践功能。中是减少两极冲突、寻求左右妥协的前提，和平来自妥协，妥协来自执中、求中，也就是说，始于中，终于和。而这一切的中和，都要以理性作为前提，因为没有理性不可能找到中道，更不可能有妥协与和平。第六是价值相对性。适度具有一般意义的正面道德取向，但是，这种正面价值不是绝对的和固定不变的，因为过度的适度，又是过度，物极必反；过度的过度，也许又是适度，负负得正，矫枉过正。所以论适度可以，但千万不要把适度夸大成一种适度主义，那又是一种绝对和不适度，就会出现原教旨主义的绝对倾向。

所以，适度哲学由中间性、平常性、主观性、历史性、中和理性、价值相对性等六大要素构成，它们将是发现和解释适度经济学思想的六把钥匙。[1]

（此文及以后五篇系2021年8月28日笔者主讲的发言整理）

1　参见洪朝辉：《左右之间　两极之上》，第15—31页。

何为适度经济学思想？

明确了适度哲学的定义之后，就需要文献研究西方主要经济学派，分析其中是否蕴含一些适度经济学思想的蛛丝马迹。我主要选择了五大学派作为文献研究的依据，包括古典经济学、新古典经济学、制度经济学、行为经济学和文化经济学。

一是古典经济学的平衡性。斯密《道德情操论》的最大核心是适度，而他所发明的六大基本价值都与适度紧密相连，包括适度同情、适度正义、适度良心、适度审慎、适度仁慈和适度自制。而且，斯密适度思想的核心就是平衡。另外，尽管本人以为，"一只看不见的手"与"市场"没有直接关系，但与适度思想有关系，因为这只手提出自利的主观欲望与社会利益需要平衡，就是所谓的主观为我，客观为他。而且强调，这些适度与平衡的功能是人性的自然，无处不在、无时不在、无人没有。还有，《国富论》中，90次提到"平衡"一词，涵盖供需、劳工、金融、贸易、政教（政治与宗教）、自由与安全之间的平衡。

二是新古典经济学的均衡性。新古典主义的一般均衡理论（general equilibrium theory）在一定程度上，也体现了适度经济学思想的理念，包括均衡无限欲望与有限资源、均衡公平与效率的矛盾。基于欲望的无限和资源的有限，人类必须对基本条件约束下的有限资源进行均衡。同时，竞争均衡也体现了适度原则。竞争均衡与一般均衡紧密相连，是指消费者效用最大化和生产者利润最大化的同时，所有商品的市场总需求不得超过市场总供给的状态。所以，竞争均衡理论的适度思想主要体现在竞争均衡的福利性质，也就是说，一方面，竞争均衡需要考虑资源的最有效配置，但另一方面，更需要考虑这种资源配置的公平效用，强调效率与平等的两难均衡。

三是制度经济学的中和性。制度经济学包括旧制度经济学和新制度经济学，它们的许多观点反映了适度哲学的几大特性。例如，中和性。旧制度经济学的最大贡献者是康芒斯（John Commons），他的思想立场主要是推崇制度与法律的中和功能，强调集体和组织，特别是法院的中和功能，主张理性交易的中和功能，提倡调和阶级冲突，喜欢综合和交叉研究，他将法学、经济学和伦理学进行了有机的综合和交叉，并使商业交易具有了法律的制度高位和伦理的道德高度，促使经济与商业交易也具有了许多非物质性、制度性和人文性的元素。还有就是价值相对性，其主要思想是强调价值与文化密切相关，并由文化决定价值的大小、高低、优劣。所以，价值判断与文化评价相似，不可能存在可计量的普适标准。另外，康芒斯将制度分为正式制度和非正式制度，正式制度是指有形的法律、规则和契约，形成强制力。而非正式制度是由价值信念、伦理规范、道德观念、风俗习惯和意识形态等因素组成。

到了新制度经济学派的诺斯，他开始将相对价值发展到意识模式的建立，而意识模式的一部分来自文化、一部分来自经历，他强调正式制度或外部制度只有与非正式制度或内部制度兼容的情况下才能发挥作用。有点类似，美国的民主制度必须与拉美的文化和意识模式兼容时，才能节约制度的运行成本，减少制度变迁的阻力。所以，经济学家不能只侧重正式的看得见的制度安排，而更应该注意适度和有效的非正式制度，并将正式制度和非正式制度进行适度的组合。另外，新旧制度经济学派共同主张历史的演化性，因为经济学的研究对象不是静态的，而必须是变化、演化和动态的，具有鲜明的历史性，这与演化经济学相一致，与新古典的静态原则，正好相反。

四是行为经济学的有限理性。行为经济学强调，人的经济行为很难做到完全理性和客观理性，因为人的能力是有限的，所以人的理性也一定是有限的。较早提出有限理性理论的经济学家应属西蒙（Herbert Simon），他的努力也丰富了适度哲学的主观性、中间性和变动性。例如，有限理性主要表现在以下三个方面：完备理性不可能、有限理性需要约束和有限理性需要改进。同时，行为经济学的心理性强调经济学与心理学的密切关系，而这种心理因素与适度经济学思想的主观性，存在关联。

总之，行为经济学所推崇的有限理性、主观性和心理性，其实就在强调我们都只是个有血有肉有感情的平常人（human），而不是纯粹理性的经济人。这一理念深刻反映了适度经济学思想的精髓。

五是文化经济学的共享性。文化经济学的一大核心是寻求共享的信念与偏好。具体而言，文化经济学提倡五大适度的共享：适度的共享意识、共享价值、共享利益、共享凝聚力和共享效率。这个共享价值（shared value）的适度意义在于，它将普适价值与特殊价值（individual value）进行了中道的平衡，用一个共享价值和特殊价值进行了区分与连接。另外，文化经济学强调第三种调节。面对政府调节与市场调节的经常失灵，文化经济学提倡具有适度意义的第三种调节：道德调节。这种道德调节反映了超然于市场调节与政府调节两极的适度原则，既有助于制约市场的过度贪婪，也能削弱政府的过度干预。还有第三次分配。厉以宁在1994年提出第三次分配，并在2018年的《文化经济学》中进一步强调。[1] 第一次分配是根据市场调节，如工资、利润、地租等。第二次分配是根据政府调节，如累进所得税、房产税和遗产税等，抽肥补瘦。作为对比，在第三种道德调节指导下的第三次分配，许多个人和组织通过将自己的收入，自觉、自愿地用于公益、慈善、捐赠，贡献给社会，这就是收入的第三次分配。在理论上，第三次分配是对市场和政府所主导的主流分配形式的补充，因为市场往往缺乏救济能力和机制，而政府救济则常常缺少覆盖机制和效率，所以政府与市场的救济努力一定会出现救济空白。

但是，实现健康的第三次分配的前提是需要一个制度安排，需要大量的民间慈善组织的发育和生长。我研究美国19世纪末的第三次分配现象时发现，当时出现了大批的非政府的基金会，因为存在两大动力：一是内在的来自宗教的动力，富人如果在生前不把取之于社会的财物，用之于社会，是很难进天堂的；二是来

---

1 厉以宁：《文化经济学》，北京：商务印书馆，2018年，第223页。

自外在的遗产税的强制——70%以上，与其死后的钱被政府无偿征收，不如建立一个私人基金会，如福特基金会，帮自己留名青史。这就是为什么19世纪末美国的基金会和慈善事业出现井喷式的发展，美国社会至今受益多多。最近中国开始大力宣传第三次分配，使人更觉得有必要学习适度经济学思想的精髓，不能以第三次分配为名，实行巧取豪夺，跨越第三次分配的自愿边界，将慈善捐款改造成杀富济贫、均贫富的翻版，过犹不及。总之，第一次分配讲效率、第二次分配讲公平，但第三次分配一定要讲自愿。

还有第三种假设。由第三次分配也能引出第三种假设的可能。经济学界已有经济人假设，提倡理性、利己、利益最大化；也有了动物人假设，主张非理性、损人利己、你死我活、丛林法则；而第三种假设就是厉以宁所提倡的社会人假设，介于经济人的理性与动物人的野性，提倡我本人所主张的适度自利、适度利他，或适度经济人、适度动物人。

第三种道德调节、第三次分配和第三种假设存在一个共同点：它们都是独立于市场和政府两极之外的第三极，其实质是强调市场和政府所应该共享的价值，是一种适度的中和力量，一旦市场和政府失灵，它们就有可能作为一个适度的补充工具。

根据中庸和适度哲学的定义，也根据西方经济学五大学派的文献研究，适度经济学思想似可定义如下："适度经济学思想旨在研究影响经济发展的过度、不及和适度因素。"其内涵是寻求资源供需平衡、市场价格均衡、制度演化安排、行为有限理性、文化价值共享的经济学理论、方法和政策；其宗旨是导正经济主体的过度保守或过度自由的言行；其功能是在民众权利、政府权力和市场资本三者之间，寻求中道、中和与同生共长的经济资源与机制；其目标是共同构建平衡、均衡、演化、有限和共享的经济制度和适度社会。[1]

根据上述定义，适度经济学思想大致蕴含了下列五大基本的特性与内涵，包括平衡性、均衡性、中和性、有限理性和共享性，这样就便于我论述适度经济学思想的四个方面：理论、方法、政策和未来。

何为适度经济学的理论与主题？

简单界定了适度经济学思想的定义之后，现在开始聊聊适度经济学思想的理论。适度经济学思想所依据的核心理论就是三元理论。尽管思想高于理论，但理论又丰富和支撑了思想，理论不是万能的，但没有理论，万能的思想有可能变得无能。

三元理论也称三元论，它的本质是挑战传统的一元论和二元论，希望在两元之间或两元之外寻找第三元。西方学界大多以为《易经》的核心是二元，阴和阳。其实，按我的理解，阴阳的本质是三元，因为第三元就是和，只有把阴、阳、和这三元形成一个系统，才能真正理解阴阳五行。三元理论包括三元本体论、三

---

1 洪朝辉：《左右之间 两极之上》，第33—100页。

元认识论和三元价值论，它们共同的功能是如何在三元之间实现中庸之道和适度之道。

三元论对适度经济学思想有什么启示呢？一是它将现有的经济现象尽量分为三个不同的元素，并放在同一个系统中予以观察，形成左中右、上中下、里中外的不同时空参照。比如说，研究中国外资企业的功能，就应该把它放在当年国有企业与民营企业冲突的系统中研究，外资企业作为第三者插足，曾为中国企业的产权改革开拓了巨大的空间，使国有和民营企业的张力出现缓和。此外，我们需要运用一分为三的视角，分析和比较每一种经济现象的优、中、劣，就是为了达到斯密所推崇的"客观的旁观者"的境界，避免偏见和无知。另外，在寻找解决经济难题、设计政策的时候，需要提出上中下三个选择、左中右三种偏好，全面因应不同可能的后果。

三元理论其实已经被广泛应用到社会科学和人文学领域，包括三元神学、美学、智力、爱情等。这些社会科学和人文学方面的三元理论对适度经济学思想的借鉴意义是，尽量跳出二元对立和二种选择，引入第三元参照。这个第三元往往能够比另外二元，提供更高的综合优势、更大的公约数和更优化的选择结果，弥补另外二元的不足和不平衡。

三元理论不仅受到社会科学和人文学的推动，也得到许多自然科学理论的支持和丰富。第一是对称性破缺（symmetry breaking）理论，第二是三值逻辑，第三是完备不一致定理，第四是中医三元理论，第五是物理的导体作用。

　　被自然科学所证明的三元理论，也对适度经济学思想的构建提供启示。一是适度经济学思想的平衡性，决定了缺陷、失衡既是一种危险，但也是一种机会，危与机并存；二是适度经济学思想的演化性，决定了一个现象暂时的是非不清、真假难辨，不是坏事，它能帮助研究者和决策者心平气和、冷静理性，让子弹先飞一会儿，事缓则圆；三是适度经济学思想的复杂性提示我们，一种现象出现自相矛盾、两难悖论并不可怕，这也许是激发我们不唯上、不唯书、不唯权的创新机会；四是适度经济学思想的中间性与均衡性，要求我们不要害怕引入复杂的第三元，应该将它视为解决问题的机会和条件；五是第三元所具有的导体和协调的特性，是适度经济学思想共享性的精髓，主体与客体之间的矛盾，有时需要通过导体这一桥梁和媒介，才能达到和而不同、求同存异的结果。

　　同时，三元论与三元悖论相关，又称三难困境、三难选择、不可能三角或不可能的三位一体。三元悖论是在一个给定的条件下，人们存在三种选择，但任何一个选择都是，或者好像是（as if）无法接受的，或是不想要的。于是，我们就面临两种逻辑等价的选择，一是三选一，二是三选二。在经济学和与经济学相关的学科中已经发现了许多三难困境，对适度经济学思想的研究存在启发，包括蒙代尔三元悖论、工资政策三难困境、社会三难困境、企业管理三难困境、地球三难困境，它是研究经济（economy）、能源（energy）和环境（environment）的"3E困境"，还有就是著名的宗教三难困境。

上述三元悖论对适度经济学思想的建构，提出了许多有益的思考。例如，人们不能拘泥于两种选择或两种变量，因为这种二选一的两难，会局限我们的选项，导致人类更多的困境，所以需要有第三者介入，帮助我们三选二（67%），它一定比三选一（33%）或二选一（50%）要优化。

上述三元理论、三元悖论和它们在其他领域的应用，有助于归纳出我自创的"三角范式"，作为适度经济学思想研究的一大组成部分。大致而言，"三角范式"存在以下功能，第一是价值中立性和包容性。"三角范式"能帮助我们淡化是与非、正确与错误的两分，提倡价值中立。与三角范式相对的线性思维，则存在强烈的价值判断。例如，如果运用线性思维，很容易得出任何不及、过度都是负面的，只有适度才是最佳的简单结论，人类就是不断地从左的不及、右的过度的钟摆效应下，最后走向完美的适度。但如果运用"三角范式"的思维，就能对不及、过度产生相对的包容，因为三个角可以从不同角度予以观察，没有固定不变的正反价值，三个角本身没有好坏之分，只存在有效无效之别，而且这种有效无效，取决于不同时空和不同人群。

第二是相互依赖性与相克性。"三角范式"告诉我们，三个角的功能是相互依赖、共同支撑的，如果缺一角，就不成其为三角，并且，又将退化到线性思维。如果没有过度这个角，另外的不及和适度两角也就不复存在，适度、不及、过度三者的关系犹如一个命运共同体。同时，三角之间存在循环的相克，类似剪刀、石头、布，既显示各自存在独特的优势与劣势，但又表明相生相克机制的存在，促使三角之间各自存在忌惮和敬畏之心，不敢为所欲为、胡作非为。

第三是不确定性和复杂性。线性思维可以预测发展方向，可以断定历史发展一定是波浪式前进、螺旋式上升，但"三角范式"没有方向，也难有规律。所以，"三角范式"提供了一种不确定性、复杂性、未知性。但另一方面，"三角范式"设定了三角的边界、范围和规矩，你可以跳舞，但必须是戴着三角的镣铐来跳舞。我们尽管难以预知未来，但未来的变化存在一定的边界和弹性区间，与混沌无常、乱得像蝴蝶效应的曲线不同，尽管三个角可以变大变小，但不能变成无角、两角或四角。

第四是循环性与价值相对性。"三角范式"给了我们一个循环思维和想象的空间，今天的大角，有可能成为明天的小角，而昨天的小角，又有可能成为今天的中角。同样，昨天的适度有可能成为今天的过度，今天的过度也有可能成为明天的不及。

我们运用这个角形思维，可以比较适度地评价类似中国特色经济、企业、道德文明这三个主题的中道作用。按照纵向的线性思维，文明秩序是有价值判断的，法律秩序所建立的法治似乎比宗教文明的教治与道德文明的德治要进步，但一旦运用三角思维，就会对这三种文明秩序的评价出现价值中立的态度，也就是说，文明秩序也许没有好坏之分，只有对各自民族和国家有用无用之别，泛道德、泛法律、泛宗教，都不是适度哲学和理论所推崇的。这也就表明，每一个系统中，三角之间既存在依赖性，也存在不确定性，更存在循环性，所以需要包容性地看待三种不同的经济体制、经济发展和文明秩序的要素。

在适度哲学、三元理论、三元悖论和三角范式的指导下，适度经济学思想的独特研究主题也就呼之欲出。这个问题很重要，任何经济学新思想的出现，必须能够拓展新的研究课题，解决现实的难题，这就叫经世致用。不然的话，这类新理论就会很苍白，也很难有吸引力和生命力。例如，第三变量的学术意义。要想符合适度经济学研究课题的标准，首先是研究对象必须具有三种变量，这是适度经济学思想的重要特点。我自己曾经对适度经济学的课题进行过尝试或检验。2015年我的英文专著，试图在政治权力与民众权利的两元对立的框架下，引入经济资本，并在这个三角框架下，研究介于国有企业和私营企业之间的股份合作制，介于集体土地与私人宅基地之间的家庭农场，介于计划经济与市场经济之间的权力资本经济，以及介于物质贫困与精神贫困之间的权利贫困。类似方法，也用在我的史学和宗教问题的研究中，如我写过介于宏观与微观之间的中观史学的文章，介于政治强人与次强人之间的过渡人作用，介于合法的三自教会与非法的地下教会之间的家庭教会。

再如，单一变量的三种视角。除了在两个变量之间或之外，需要引入第三变量作为适度经济学思想的研究主题外，还需要在每一个特定的单一变量上，运用三种视角予以深度分析，包括不及、过度与适度，或者上中下、左中右、阴阳和。具体到经济学研究课题，我们可以在研究理性这一单一变量问题上，系统研究三种理性，即过度理性、没有理性和适度理性三者的关系；在利己问题上，也是三类，即过度利己、过度利他、适度利己之间的区别；在政府干预问题上，也有必要研究三种干预，即干预过度、干预不及和干预适度的三种选择和后果。我们不仅要做正确的事，还要把事情做正确。在这个博弈过程中，需要在监管部门与垄断企业之间出现第三种力量，实行适度干预，主要是适度纠正监管部门的过度行为，容许有嫌疑的垄断企业运用现有的行政诉讼法，反诉政府，民告官，形成制衡。

旧制度经济学派主张法院就是有力的第三种力量。它对垄断的私人企业和监管的政府部门都会产生有效的制衡力量，当然，这个法院必须是独立和公正的。所以，我的英文著作的一大主题就是讨论如何把政府权力、经济资本和民众权利这三只老虎，都关进法律和制度的笼子里。但美国的历史经验告诉我们，关老虎的顺序非常重要，必须先关政治权力，再关经济资本，最后才关民众权利。而且美国各花了一百年左右的时间来进行制度性、法制化地关老虎。比如，1787年的宪法限制政府的权力；1890年的反托拉斯法限制资本的垄断；2001年的爱国者法案，为了国家安全，限制民众的权利。

此外，同一概念的三重解释。适度哲学的变动性、相对性和包容性，决定了适度经济学思想课题的思辨性，能帮助经济学家将同一概念，根据不同的时空和语境，进行三重不同的解释。

类似同一概念的三重解释和思辨，在经济学领域比比皆是。比如，政府干预既可能是坏事，也可能是好事，更可能是□□性的作为；市场失灵也可能是坏事、好事和无害三种后□□存；

同样，高利率、高增长率、高就业率、高通胀率、高工资等，都有可能出现三种不同的解释、理解和后果。[1]

何为适度经济学的研究方法与曲线？

下面来谈一下适度经济学思想的研究方法。需要说明的是，适度哲学所规定的适度经济学思想，决定了它的主观性和相对性，所以，适度经济学很难使用数学建模去量化规定普适而又定量的适度标准。不过，这并不排斥适度经济学在定性研究为主的基础上，结合一定的图标和曲线，进行方法论上的创新。

复杂经济学创始人阿瑟提出过进化式组合的概念，它与达尔文式的进化不同，因为达尔文进化论信奉的是今天的发现，来自昨天的基础，就像今天的人是昨天的猴子变来的一样，而进化式组合则认为，技术和方法的进步有时不是线性和纵向发展的，而是非线性和横向组合。今天的新方法、新科技已经层出不穷，将现有科技和方法进行横向组合，就是一种创新，类似互联网+的概念。所以，适度经济学思想的研究方法，主要不是去创造一个全新的方法，而是对现有的处于两端对立的研究方法，进行组合，在组合中求创新。

首先是定性和定量组合。基于这一进化式组合的思路，我们需要对经济学研究最重要的定性和定量两大研究方法进行组合。

1　洪朝辉：《左右之间　两极之上》，第101—125页。

例如，以定性研究为主的"扎根理论"，蕴含了不少适度经济学思想的元素，而且通过与另一个著名的研究方法——"混合方法"进行组合，能够提供一个有效的新方法。我本人对这种方法论的组合也进行了一些实践，从2010年起，我与我们在普渡大学的团队，使用了近期很热的数字人文学和空间人文学研究方法，在定性和定量研究之间，使用数字化和空间化的方法，来研究教堂短缺问题，发表了12篇英文论文，属于宗教经济学与宗教市场学的学科范畴。总的来说，适度经济学思想的研究方法就是提倡定性与定量组合，支持数字、空间与田野调查互补。

另一个就是组合的实验方法。实验方法是组合定性与定量方法的另一种尝试。我们有必要探讨将三种实验方法，进行适度组合的可能，包括现场实验、计算机实验与生理实验。第一是现场实验，包括流行的把打坐与脑神经科学结合的实验。第二类是计算机实验，它首先在博弈论领域被经济学家大量使用。第三类是更为复杂的生理（physiology）实验。这三种不同的实验方法存在一个共同的特点：尽管他们的方法大多是计量的，但他们一般不使用数学建模的方法，而是使用打坐、脑神经科学、脑电图、滴鼻式、计算机和统计学等方法。这些实验方法的重新组合，至少能够给出三点方法论方面的思想启示。第一，不能轻视简单的研究方法，它们有可能成为进化式组合的一块宝贵的垫脚石。这些小方法，类似"扎根理论"，能够催生小理论，为大理论的诞生提供条件。第二，单向、单维的实验方法是不够的，有学者提出"系统积木块"概念，它是指复杂系统往往由一些简单的元素，通过不断改变组合方式而形成的。这样，这个系统的复杂性不在于积木的多少、大小，而在于积木由谁来组合、何时何地来组合，尤其是如何进行重新组合。第三，实验方法的组合程度与方式需要适度。多种实验和方法的组合并不是越多越好、越大越有效，因为这有可能导致系统的混乱。

我们还可以以文化价值指数化的研究作为例子。文化价值（如信仰和信任等）是一种非常定性而又难以被定量的主题，但另一方面，对这些定性的文化价值观念进行指数（index）研究，就为指数化、计量化价值观的研究，提供了一个新的指向。以1970年幸福指数研究为先导，已经打开了一片文化价值指数研究的天地，经济学和管理学越来越重视信任指数（index of trust）的研究。同时，有关信仰指数、忠诚指数、宽容指数、慷慨指数等研究，已经日益流行。

除了定性与定量研究方法适度组合以外，适度经济学思想也对归纳、演绎和溯因方法的组合非常重视。演绎法（Deductive Method）早已成为主流经济学最重要的研究方法。但使用演绎法的一大要求是引入假设（hypotheses），这类假设，就像预先设置了一个过滤器，或者类似一个紧箍咒，容易使人产生先入之见。这种自上而下的演绎法，出错的概率不小，而且比较容易出现片面和武断。作为对比，归纳法（Inductive Method）是从个别模式、具体案例出发，从下往上、以小见大。面对归纳与演绎方法的两极对立，"溯因法"（Abductive Method）提供了第三种选择。"溯因法"是一种根据现象来推测现象产生的原因的方法，顾名思义，就是追溯原因的方法。如果说演绎法是从上到下，归纳法是从下到上，那么溯因法是从后到前、从今到古。

怎么组合这三种方法呢？首先，需要将演绎、归纳、溯因三种思考方式，在同一个研究主题上循环使用，不断地从下往上地归纳、从上往下地演绎，以及从后往前地溯因。

其次，可以尝试将经济行为和经济政策进行从中到上和从中到下，也可以从下到中、从上到中，甚至可以从后到前、从前到后地追溯。如怎么评价新冠疫情暴发后纽约州长在抗疫和经济复苏方面的表现，可以从中层的州政府官员对他的评价开始，然后向上研究他在联邦政府中的评价，再向下考察县一级政府和民众对他的评价。然后，横向研究其他州民众对他的评价，比较他与其他州长的口碑，还要追溯他在疫情前的表现，以及辞职后的民意调查。当然，做这个研究的时机也很重要，有时盖棺都难以论定，何况人还活着，不同的时间点，结论一定不一样，因为世事变幻无常，而民意常常像流水。

自从19世纪末新古典经济学创立以来，众多经济学家自觉不自觉地试图对经济学的适度思想进行图标描述。第一，拉弗曲线对征税与国家收入的关系，提出适度和中道思路的模型解释。第二，菲利普斯曲线对通货膨胀率与失业率的关系，提出了最适度的一条曲线。第三，马歇尔于1890年创立了供求曲线，将最佳的供应与需求的交叉点，称作均衡。这三条著名的曲线，形状各异，但有一个共同点，就是追求适度与中道。

受上述三大曲线的启发，我尝试对经济学的适度思想进行一些曲线描述和图示。首先，我们以政府与市场的关系为例，这里，最佳适度点是圆心（X0），活跃市场与不活跃市场是横坐标（X），强势政府与弱势政府是纵坐标（Y），建立四个象限的纵横关系。这样，就出现了五个变量：首先是适度的中心圆点（X0），另外四个变量由四个相交点来显示，分别为X2、X-2、Y2、Y-2，各自代表了政府与市场作用在边界上的优化点。适度达到极致的指数是处于圆心的X0，但极度适度又可能是一种不适度，物极必反。所以，比较合理的适度标准不是X0，而是具有一定范围和面积的圆形边界。在此范围内的政府权力和市场效度，应该被视为适度区间。反之，如果在任何一个象限超出2或-2，就可视为不够适度，有可能过度或不及。

　　同时，根据四个象限，可以大致判断不同政治经济的现实状况。首先，象限I（Q1）圆圈之外的部分，代表一个强势政府与活跃市场高度结合的社会，具有经济繁荣、权力资本强大、对外扩张强势的三大特征，犹如"二战"前的德国、日本。这是过度政府权力和过度市场扩张的最负面后果。其次，象限II（Q2）圆圈之外的部分，代表强势政府与不活跃市场的混合，大致特点是集权政府、政强商弱、国强民穷。再次，象限III（Q3）圆圈之外的区间，表明弱势政府与不活跃市场的结合，它将导致经济凋敝、国弱民穷、社会动荡和积贫积弱，今日非洲的索马里等处于此类方位。最后，处于象限IV（Q4）圆圈之外的部分，显示活跃市场与弱势政府的同时出现，它的特征是自由放任经济、商强政弱、国弱民富，19世纪推崇自由放任的美国，应该属于此类。

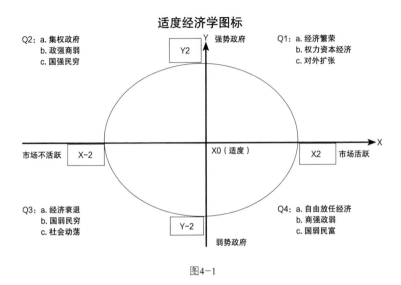

图4-1

另外，根据经济状况不断变动的特点，这个适度圆圈的范围也是不断变化的，能够借此显示适度指数的高低。一旦圆圈向右上方移动，圆圈的边界完全脱离X0这个适度圆心，整个圆圈只出现在象限I内，则表明最低的适度指数出现，导致有为的政府与有效的市场达到极点。

还有，随着人类经验的积累，适度范围的圆圈应该是越来越缩小，张力的范围也是随着距离的缩小而变小，慢慢逼近适度的圆点（X0），但停留在圆点的极度适度状态，只会偶尔发生但难以持续，如血压。

所以，适度曲线的原则有两个，一是尽量促使圆心的X0，始终在圆圈的边界之内；二是圆圈的边界所覆盖的象限数量，越多越好，保持一种经济生态的相对平衡。还可以将它应用到防疫与放开经济的两难，城市化过程中效率与贫富分化的两难，引入平权问题等方面。

使用这一适度曲线，还可以对文化经济学中经常出现的悖论主题予以检验，包括适度的慷慨指数，还有诚信指数与企业效益、企业社会责任指数与企业效率、企业声誉指数与生产效率、幸福指数与金钱、道德调节与市场调节的测定；也可以将适度曲线应用于多学科和跨学科领域，包括心理学、金融学、政治学、历史学、中美关系，旨在将适度思想进行有限的曲线化解释与展示。所以，适度经济曲线的应用性很强，适用范围也很广，可以举一反三、普遍应用。[1]

如何实践适度经济学思想？

如何适度？首先需要讨论政策原则。适度经济政策的实现之本当然是制定政策者的适度素质。对于君子而言，中庸和适度是一种心性、德性、人性与天性的和谐共生，需要知行合一、内圣外王，以及内在修为与外在践行的高度耦合。汉代许慎也认为："庸，用也。"用，就是应用和实践，结合"中"的哲学与"庸"的政策，才能做到经世致用、"中""庸"合一。作为决策者更需要"乐而不淫，哀而不伤"，做到执中、守中和适中，但不执一。一般而言，决策者的适度素质需要满足四大要素。

1　洪朝辉：《左右之间　两极之上》，第127—160页。

首先，一个适度的经济决策者需要具备不偏不倚的德性和心性，将追求适度变成一种人生习惯、道德修行和生活理念。在这一点上，中西领导力的有关理论不谋而合。科林斯（Jim Collins）强调最高级别（第五级）的领导人具有平衡的德性，即平衡做人的谦虚低调（personal humbleness）和做事的专业意志（professional will）。埃德加·沙因（Edgar Schein）和彼得·沙因（Peter Schein）的《谦逊领导力》，也提到谦逊品格在一个主张积极、张扬、自信的西方文化环境中，能起到补充和平衡的作用，他们强调谦逊领导力（humble leadership）的层次高于其他领导力。这一平衡哲学与中国的"内圣外王"或"内圆外方"，异曲同工。先炼成内心的修身养性之体，成就"内圣"之本，再铸就外在的领导风格，形成"外王"的能力。内圣为体、外王为用，体用结合方为真正的领袖。

同时，孔子的礼乐观，也体现了中庸与平衡思想，因为他认为："以礼治身，以乐治心。"在这里，礼乐皆以天地为本，但"礼"是天地秩序之本，维系制度规范；而"乐"是天地和谐之本，与"礼"的秩序使命形成有机一体。《礼记·乐记》提到"乐者为同，礼者为异。同则相亲，异者相敬"，强调礼与乐各显功能，乐能促和、求同、亲近，礼能存异、互尊、共敬，达到和而不同的秩序，达到礼乐并举、身心兼治。这样，治身与治心达成相存相依，最后通过礼与乐，达致和，而和又是秩序的结果和本质，可谓"礼之用、和为贵"。具备这种内外兼修、身心共治、礼乐平衡、刚柔并济、虚实同行的德性，以及"攻守退"协调、

"儒释道"合一的领导能力，就为设计和执行适度与平衡的经济政策创造了前提。

决策者的适度品行决定了政策的适度与否。任何制度与文化要素，有时在人性面前常常苍白无力，因为执行适度制度、提升适度文化的主力是人，是人性、人道和人品。尽管好制度有可能使坏人变好人，但坏人也可能使好制度变坏制度。

其次，经济决策者需要养成及时反映和回应多数民意的习性。一般而言，多数民众习惯适度、中庸与和谐，所以，为了寻找、判断、选择不偏不倚的经济政策，决策者不能脱离当时当地的多数民意。

再次，决策者还需要具有不盲从民意的胆识、意志和定力，因为真理往往掌握在少数人手里。例如，多数民意一定希望少交税，于是许多政客为了短期的选票只能屈从；但领导人又必须保障社会福利的支出，于是决策者只能依据凯恩斯的理论，要么多印钱，要么多借债。至于债留子孙的长期灾难，就不在短视的民选官员之优先考虑的范围。这样，一些民主国家的领导人有时就被选票绑架，只能减税、借债、多印钱。所以，适度政策的选择需要决策者敢于牺牲、乐于交换和善于妥协。拉弗曲线就是在政府收入与民众交税的冲突中，找到适度的妥协；菲利普斯曲线也是希望牺牲一定的就业，来适度降低通胀，或提高一定的通胀，来维持适度的就业。

最后，决策者有时需要强势的"过度"作为，矫枉过正，抱持"知其不可而为之"的信念和态度。在现实中，适度经济政策有可能成为拒绝创新与反对变革的借口，能成就惊天动地大事的决策者，往往需要大破大立的能力与魄力，引领民众告别中庸、回应变革。从过往的历史看，太平年代往往兴适度、中庸，大难或大变革时期呼唤出奇、"过度"，而这种"过度"则有可能是解决经济顽症的猛药和良药，"过度"的过度有可能又是一种适度，负负得正。所以，适度一旦被长期固化，则可能导致进步的动力缺乏、活力不够。例如，中国历史上因应社会急剧变动的"过度"经济政策，商鞅变法、王安石变法和张居正"一条鞭法"等，往往罪在当代，却功在千秋。运用"历史性"视角观察，这些具有雄才伟略的人物，既可能是枭雄，也有可能是英雄。

除了决策者的适度能力以外，还需要建立合理评价适度经济政策的原则。在我的书中，我提出四大原则：一是设立评价的要点，二是规定政策的要素，三是设计基本的措施，四是建立量化的标准。尽管适度思想指导下的经济学很难确定量化指标，但可以根据几大流行的标准，对适度经济和政策提供一个大致的边界与参照。例如，美国第一位诺贝尔经济学奖得主萨缪尔森认为，5%的失业率应该是经济发展的节点，因为这是充分就业的标准，也就是说，一旦失业率低于5%，政府就应该退出行政干预，鼓励市场自发地发挥资源的配置效应。但适度经济学不提倡中点，而提倡中间，所以，适度经济的充分就业指标应该是失业率在3%—5%左右，如果失业率高于5%，可能表明经济过冷，政府的财政和金融政策干预就成为必要，低于3%则表明经济过热，例如在2023年初，美国失业率到了3.5%，所以需要降温、加息了。

类似地，根据美国经济历史发展的一般经验，也大致要求通货膨胀率控制在2%—3%之间，才算适度，现在美国是6.5%；衡量收入分配的基尼系数应该控制在0.3—0.4之间，美国现在是0.411；银行利率应该在2%—5%之间，现在美国是4.4%；财政赤字则需要控制在GDP的3%之内，现在美国是5.5%；比较适度的GDP年增长率也大致应该控制在2%—3%之间，现在美国是3.2%，有点高。有意思的是，多数国家所认定的各大经济增长的适度指标，一般在2%—5%这个区间。而且，合理与适度的经济增长率，还应体现以下要素的统一与平衡，包括奢求、需要与可能的统一，生产、生活与发展的统一，速度、比例与效益的统一，短期、中期与长期的统一。

更重要的是，通过对各类定量指标的观察和分析，才能决定政府干预政策的四种基本对策：一、是否有必要出台？二、需要在哪些领域出台？三、出台政策的力度多大才是适度？四、最重要，政府的干预政策什么时候必须退出市场？[1]

最后我对未来经济学研究的发展，分享一点自己的体会。首先，我们需要复兴前古典经济学的精髓：信仰基因、道德经济、宗教关怀。另外，我们需要振兴人文经济学（Humanist Economics），尤其是复兴经济学的人文精神和人本思想。除了强调制度经济学和文化经济学之外，需要复兴人文经济学的精髓。前面提过，制度、文化都打不过人性、人文，所以要提倡尊重道德、价值和生命，保障人的幸福和尊严，维护弱势群体和地区的

1　洪朝辉：《左右之间　两极之上》，第160—180页。

权利与公平，但最终应该尽可能统一在人本的大目标下，因为人本代表人类的一种终极关怀。最后，未来经济学的发展需要促进经济学思想在起、承、转的基础上，完成"合"的历史和学术使命。这个合的使命主要包含三大内涵：方法复合、学派综合、思想和合。和而不同、合而不一。

总而言之，我以为，各大学科的学者最好都从哲学入题、开题，这样，就比较容易找到共同对话的起点和基点，毕竟我们都是Ph.D。而且，学者合作的前提是和谐，有了和谐，才有可能发现中道；但为了找到中道，就需要借助哲学，尤其是适度哲学。只有我们各学科的学者共同联手，才能比较有效地找到左右两极、内外两端、上下两面之间的第三条中间道路，最后，在和而不同、合而不一的学术环境中，共同应对极性时代的极性挑战。

有关适度经济学主题的讨论

问一：《自由之间 两极之上：适度经济学思想导论》的主要贡献？

洪朝辉：首先我提出了适度经济学思想的定义，文献研究了适度经济学思想的历史发展和跨学科演化，并挖掘和论述了古典经济学的平衡性、新古典经济学的均衡性、制度经济学的中和性、行为经济学的有限理性、文化经济学的共享性、复杂经济学的组合性等具有适度经济学思想的闪光点。

第二，我以自己设想的适度经济学思想的"三元理论"和

"三角范式"，具体讨论了适度经济学研究的组合方法，建立了一个适度经济学曲线，设计和界定了适度经济学思想的政策设计和执行准则，并根据两千五百年来西方经济学思想的起、承、转、合这么一个发展进程，提出未来经济学需要逐渐沿着相对适度、局部适度、有限适度、理性适度的方向，走向三种组合：进化式组合、创新性综合、包容性融合。

第三，我的新书利用历史学的研究方法，分析了东西方文化产生异同的历史背景。同时，借助哲学的智慧，寻找中庸与适度的内在联结和传承变化，并运用经济学范式，探索西方经济学思想史的框架和思想，梳理适度经济学思想的起源和发展。另外，还借鉴了物理学、生物学、计算机、逻辑学、心理学、政治学、社会学等其他自然科学和社会科学的知识，来强化对适度经济学思想的理解与解释。所以，这是一本跨学科、多学科和交叉学科的专著。

第四，我搜集的资料比较丰富。本书英文原始资料比较翔实和丰富，不到15万字的书稿，共有500多个注释。与许多国内经济学家最大的不同是，我全书的注释很少引用整本书或整篇文章，多数注释尽量标注引用的具体页码，对重要引文，还提供英文原文，对一些重要的学术用语，也在书中列出英文原文，方便读者查证。另外，对于一些名著，如亚当·斯密的《道德情操论》《国富论》等，我并未使用流行的中文译本，而由我自己直接从英文翻译，并保留英文原文，便于读者比较与鉴别。

问二：中庸与适度的区别？

洪朝辉：根据孔子中庸与亚里士多德适度哲学的阐述，它们在中间性、主观性和道德性方面高度吻合。但它们也在下列几点中存在不同的侧重。

第一，有关理性。孔子的中庸与亚里士多德的适度的最大不同，在于理性。孔子的中庸思想很少包含理性，也较少逻辑思想，当年的利玛窦就批判儒释道缺乏理性与逻辑；相反，孔子崇尚道德评价、人性仁爱、心灵和谐。而古希腊哲学的一大传统和根基就是理性和逻辑，注重智慧知性，更推崇法律平衡与公正。斯密的"客观的旁观者"就是代表一种理性，推崇运用客观理性的第三者观点，来处理双方的冲突。

第二，有关自由。孔子的中庸强调个人服从家庭、家庭服从国家、国家服从君王，所谓的君君臣臣，父父子子，而且把它渗透到入世的人伦守中，追求现实的妥协与和谐，提倡只有等级，才能维护稳定，士农工商需要各守规矩，不能逾越，一旦逾越，礼崩乐坏，天下大乱。而亚里士多德和亚当·斯密的适度，则尊重个人意志与自由选择，满足个人的自利需求。

第三，有关相对性。孟子强调"执一"，意思就是固执、不变，而"执中"就是要求做出明确的判断和选择，存在相当意义的绝对性，排斥似是而非的中庸标准，追求的是中间点，而不是具有弹性的中间。而斯密的适度思想则提倡相对性，允许中间这个区间的存在，放宽了适度言行的鉴定标准。

第四，有关中和。孔子中庸思想包含了明确的"中和"观点和设计，而西方的适度哲学对中和思想没有太多的论述，当然，亚当·斯密的"客观的旁观者"观点，存在中和的某些功能，因为这个"第三者"就是为了纠偏双方的对立而存在的，它希望用理性、适度、道德的视角，提出一种看不见的"仲裁"，促使双方能够反求诸已，最后减少冲突，达到和谐。

除此之外，适度哲学继承了斯密的道德哲学体系，也与儒家思想的体系存在许多内在的相似性。儒家的仁、义、礼、智与斯密的同情、正义、尊重、自制等，存在很多可以相互参照的内涵。还有，儒家的道统/君子与斯密眼中的法官和政治家的关系，也值得大家关注和比较。

问三：适度哲学与适度经济学思想有什么联系？

洪朝辉：前面提过，适度哲学存在六大元素（中间性、平常性、主观性、历史性、中和理性与价值相对性），而适度经济学思想则存在五大元素（平衡性、均衡性、中和性、有限理性和共享性），两者存在许多交集。原则上，适度哲学指导了适度经济学思想，但适度经济学思想又丰富和发展了适度哲学与中庸思想。

第一，适度哲学的"中间性"直接影响了适度经济学思想的"平衡性"与"均衡性"。只有明确了中间的概念，才能界定何为两边、两极、两面、两方和两派，更有了不及、过度与适度三者的边界比较，于是"中间性"就为"平衡性"与"均衡性"提供了借鉴，包括"平衡"供应与需求、投入与产出、通胀与通缩，也包括"均衡"价格高低、收益递增递减、反馈正反等。

第二，适度哲学的"历史性"与适度经济学思想的"演化性"如出一辙。它们共同强调历时而不是共时的纵向变化，推崇强烈的历史性意识，反对静止、孤立和片面地认识与分析问题。

第三，适度哲学的"平常性"对适度经济学思想的"有限理性"，提出了一种指导。因为完备理性代表了一种超理想、超常的完美要求，是对"经济人"的理性期望，但多数平庸的常人往往难以做到。所以，"适度理性"或"有限理性"正是反映了常人的平庸、中庸与现实，是一个"自然人"的常态。

第四，适度哲学的"中和性"指导了适度经济学思想的"共享性"。共享的核心就是在对立的意识、观念、利益等方面，提出各个经济主体之间存同求异、和而不同的共享理念，尤其是共享的利益，因为许多经济冲突就是来源于利益分配的不均、不公、不平。如果能够实现利益共享，很多冲突与对立就能迎刃而解，"中和"的理念也能得到实现。[1]

问四： 为什么常人容易跟从极端、难以适度？

洪朝辉： 为什么我们人类知适度难、行适度更难？第一个原因是走极端、行极化，能使我们的选择过程简单、容易、高效，不需要苦苦求中，持续定位，没完没了地自我纠结，尤其对有选择困难症的人而言，更痛苦。

第二个原因是极端、偏激的声音一般比较清晰、明确、富有激情，容易形成有效的战斗力、凝聚力和产生集体效应。我长期生活在美国的民主环境里，在评奖和升等的讨论过程中，深深体会到我们的投票其实不是一人一票，而是谁的声音大、谁极端，

1　洪朝辉：《左右之间　两极之上》，第97—99页。

谁就能获得高票，更多的人是想息事宁人。

第三个原因是人类普遍的思维定式决定了很难抛弃左右偏见，放弃保守与自由两端，更难避免自私与狭隘，这就很难在行动上保持长期合作和持续适度。结果，由于人性的贪婪以及供需失衡，通货膨胀或通货紧缩就成了二百多年来世界经济的普遍梦魇，挥之不去。

大家有否发现，尽管理论和现实都证明，人类中的多数愿意倾向于中间选择与温和政策，但最终适度成为全民选择的事实却少之又少，而由适度带来历史进步的景象也成为一种奢望。为什么呢？也许，追求温和的中庸之人，大多缺乏堂·吉诃德式的激情，也少有"传道士"般的执着，他们偏爱用理性的语言和温和的行动去捍卫执中的理念，很容易在左右的喧嚣声中被边缘化、被忽略，并被少数人拖向非理性、非适度的深渊。所以，适度就是知易行难的，其中更需要从人性深处去寻找答案，因为这个问题超越了文化、种族、国籍、阶级、制度、政党的界限。

新论"一只看不见的手"

何为"一只看不见的手"？

质疑和挑战流行全球的百年定论，需要勇气。亚当·斯密的"一只看不见的手"隐喻，早已被众人认定与市场经济直接相关，但我通过认真研读原典、文献还原"一只看不见的手"的来龙去脉，对流行的定见提出质疑。其实，在今天这个轻信网络信息、不查信息来源、不纠正错误信息、轻易转发不实信息的年代，我们更加需要培养查证原始文献的习惯。

目前学术界存在三大流行的定见：（1）亚当·斯密的"一只看不见的手"与市场经济有关；（2）"一只看不见的手"的术语与思想是斯密的原创；（3）斯密对"一只看不见的手"进行了详尽而精细的论证与解释。

对此，我今天对上述三大定见的论证逻辑与思路如下。要解释何为斯密所理解的"市场",为了证明"一只看不见的手"不是市场经济,首先需要说明市场是什么;其次是解读斯密的"一只看不见的手"的原始文献,理解"一只看不见的手"的原始思想;最后,我们才能比对斯密的"一只看不见的手"与斯密的"市场"是否相同。请注意,在这三个论证中,我们只论证斯密本人所写过的"市场"和"一只看不见的手",完全排除其他后人的任何延伸与解释,只拿斯密的原文说话。

除了何为"一只看不见的手",还要考证:"一只看不见的手"是如何造成了不同解读?谁是将"一只看不见的手"归功于"市场"的第一人?然后,就要解释:为何"一只看不见的手"会导致今天如此不同的解读?也就是所谓的"三何"之问:何为"一只看不见的手"?如何"一只看不见的手"会被理解成"市场"?为何"一只看不见的手"会被理解成"市场"?

首先,需要提供证据。目前学界将"一只看不见的手"与市场经济发生联系的文献证据分三类:一是著名西方经济学家,包括科斯(Ronald Coase)、斯蒂格利茨(Joseph Stiglitz)等诺奖得主;二是西方工具书,包括《大英百科全书》、维基百科等;三是众多的中文书,包括《国富论》序言、各类词典等。他们的共同点是:"一只看不见的手"与市场经济有关。

现在,我们来考证一下亚当·斯密在《国富论》中所论及的"市场"。《国富论》一共623次提到"市场"(Market),只有一次提到"开放与自由市场"(an open and free market),没有一次提到"市场经济"(Market Economy)。所以,大家至少不要将"市场经济"一词强加于斯密,这是典型的"高级红"。而且,《国富论》通篇没有关于"市场"的精确、明确、严谨的定义,这在今天的博士论文里肯定过不了关,但18世纪的思想史就不兴什么精确定义。

由于《国富论》缺乏明确的"市场"定义,那我们只能提倡农民心态、工匠精神,一个一个地查对、研读。《国富论》623次提到的"market",主要涉及几大方面,按书中提到的次数为序:(1)价格和市场价格(market price or price,1364次);(2)需求与供应(demand,319次;supply,178次);(3)政府角色(government,370次);(4)平衡供需(balance,90次);(5)劳动分工与市场(division of labour,43次);(6)资源配置(resource,23次);(7)市场率(market rate,2次)等。

根据上述几大类信息,我将斯密所认为的市场的核心价值归纳为三个:一是自由竞争价格(the price of free competition),二是最小化政府的干预,三是最有效的资源配置。

大致明确了斯密所提到的"市场"意思之后,现在将进入今天的正题:到底亚当·斯密的"一只看不见的手"长成什么样?斯密在生前就出版过两本巨著——《道德情操论》和《国富论》,加上他最后不舍得烧掉的《天文学史》一文。也就是说,斯密的三本文献中,分别只各有一次提到"一只看不见的手",一共有"三只手"。

先看"第一只手":

可以观察到，在所有多神宗教、野蛮人和异教的古代时期，只有自然的不规则事件才被归因于神灵的体制和力量。火燃烧，水复活；重物下降，而较轻的物质由于其自身的性质而向上飞行；这些都是物体自身性质的必然；即使木星的那只看不见之手也从未发现并作用于这些物体。（斯密，《天文学史》）

英文原文：

For it may be observed, that in all Polytheistic religions, among savages, as well as in the early ages of Heathen antiquity, it is the irregular events of nature only that are ascribed to the agency and power of their gods. Fire burns, and water refreshes; heavy bodies descend, and lighter substances fly upwards, by the necessity of their own nature; nor was the invisible hand of Jupiter ever apprehended to be employed in those matters.[1]

"第一只手"与市场经济完全没有关系。其中的"Jupiter"是应该翻译成"木星"，还是翻译成罗马的一个万能神"朱庇特"，见仁见智。

再看"第二只手"：

---

[1] Adam Smith, *The Glasgow Edition of the Works and Correspondence of Adam Smith*, 7 Vols., Oxford: Oxford University Press, 1980, Vol. III, p. 49.

……这位傲慢无情的地主望着自己广阔的土地，没有为[农民]弟兄的需要而思考，而是想象着由自己消耗全部的收获……[然而]他的肠胃承受能力与他的欲望之旺盛不成比例，……多余的[资源]他不得不分配给[他人]，……因此，所有得利的人都源于这个地主的奢侈和遐想……[其实]富人……是被一只看不见的手所带领来获得与生活必需品几乎相同的分配，……在没有意图，并不知道的情况下，就会促进社会的利益，……

英文原文：

... the proud and unfeeling landlord views his extensive fields, and without a thought for the wants of his brethren, in imagination consumes himself the whole harvest that grows upon them. ... The capacity of his stomach bears no proportion to the immensity of his desires, ... The rest he is obliged to distribute among those, ... all of whom thus derive from his luxury and caprice ... The rich ... are led by an invisible hand to make nearly the same distribution of the necessaries of life, ... and thus without intending it, without knowing it, advance the interest of the society, ...[1]

1　Adam Smith, *The Theory of Moral Sentiments*, Indianapolis: Liberty Fund, 1979 (1759), pp. 184-185.

"第二只手"的核心意思:第一,富人的自利欲望无限,但富人的消受能力有限;第二,如果富人没有奢侈欲望和发财想象,富人就没有动力去雇用农民、投资土地和发财致富,于是,农民就无地可种,土地就会被抛荒,财富也就无从积累;第三,反之,一旦富人发财成功,他将无法消受多余资源,只能通过各种方式分配给他人;第四,这样,主观利己的富人,不知不觉地在客观上为社会提供了利益。请注意,这里,斯密没用could、should、would advance等表达虚拟的情态动词,而是对"私欲导致共利"的现象表示坚定的肯定。所以,大家可以看到,这一表述,与上述市场三大核心价值"自由竞争价格、最小化政府干预、资源最有效配置"没有直接关系。

"第三只手"出现在《国富论》:

实际上,他通常既不打算促进公共利益,也不知道他对公共利益有多少促进。他宁愿支持本国产业而不支持外国产业,只是想要确保他自己的安全;他这种重国内产业、轻国外产业的态度,是为了最大限度地达到产品的价值,是自利的目的使然。与许多其他场合一样,他这样做只是被一只看不见的手引导着,去达到他并不想达到的目的。这种结果,往往既不会对社会更有害,也不是他意愿的一部分。通过追求自己的利益,他比通常自己所真正希望的意愿,更有效、持续地促进了社会利益。

英文原文：

He generally, indeed, neither intends to promote the public interest, nor knows how much he is promoting it. By preferring the support of domestic to that of foreign industry, he intends only his own security; and by directing that industry in such a manner as its produce may be of the greatest value, he intends only his own gain, and he is in this, as in many other cases, led by an invisible hand to promote an end which was no part of his intention. Nor is it always the worse for the society that it was no part of it. By pursuing his own interest he frequently promotes that of the society more effectually than when he really intends to promote it.[1]

"第三只手"的核心意思：第一，投资人重国内产业、轻国外产业主要是为了安全（security），而不是直接推动利润的最大化。第二，这种国内投资的安全性在客观和长期意义上，有助于促进投资人的根本利益。第三，在客观上，资本家更有效、持续地促进了（frequently promotes）社会利益，再一次不是用could、should、would advance等情态动词，而是用确定的动词。第四，这种出于投资安全的理性考虑，不一定符合市场经济所提倡的最佳资源配置效率。第五，尽管投资人满足了古典经济学的两大假

1　Adam Smith, *The Wealth of Nations*, New York: Shine Classics, 2014 (1776), pp. 242–243.

设，即理性和追求利益最大化，但不一定满足市场资源和效率配置的最有效化。所以，与市场经济的三大核心价值也没有直接关系。

分析了斯密所论及的市场和“一只看不见的手”以后，我们现在需要追溯，在斯密眼里，“一只看不见的手”的原创思想是什么？在讨论“一只看不见的手”的原创思想之前，需要提一下“一只看不见的手”的术语和隐喻到底是谁发明的？

“一只看不见的手”的术语不是斯密原创的。“一只看不见的手”起源于“上帝之手”（Divine Hand、God's Hand），最早使用“看不见的手”的人也许是古罗马诗人奥维德，距斯密大约1750年，距今2000年以上。以后的莎士比亚、伏尔泰等都提过“一只看不见的手”。插一句，斯密使用的“手”是单数，而不是复数，因为对基督教而言，上帝只能是一个，所以斯密使用“一只看不见的手”与神学密切相关。但在使用“木星”时，用的是定冠词，指的是“看不见的手”（the invisible hand），特指“木星”，而在后面两本巨著中所用的“手”，用的是不定冠词，指的是“一只看不见的手”（an invisible hand）。

现在我们来看看“一只看不见的手”的原始思想。有许多专家以为，“一只看不见的手”的概念和思想是斯密原创的。其实，“一只看不见的手”的核心意思就是“主观愿望与客观后果不符”。这一概念和思想，在斯密之前许多学者已经普遍使用：如英国经济学家配第（William Petty）、英国哲学家约翰·洛克（John Locke）等，更重要的是比斯密年长53岁的荷兰哲学家曼德维尔（Bernard Mandeville），他在1714年发表《蜜蜂的寓言》，提出"私人之恶乃公共利益"（Private Vices, Public Benefits）。斯密在1759年的《道德情操论》中，连续多次引用了曼德维尔这一思想，斯密一方面认同曼德维尔的基本原则，主观意愿往往与客观效果相反，但也反对私人之恶的提法，因为斯密主张自利（self-interest），实际上斯密想为自利的个人意愿辩护。

（此文及以后两篇系2021年1月30日笔者演讲的发言整理；另见笔者已发表论文《"一只看不见的手"的百年误读——文献还原亚当·斯密的隐喻》，《南国学术》，2021年第1期）

如何、为何误解"一只看不见的手"？

"一只看不见的手"本来是很简单、随意、清楚的一句小小的隐喻，怎么会与"市场"发生联系呢？它是如何被误解的？谁是学界第一个"始作俑者"？首先，必须指出，斯密去世百年间，竟然没有一位经济学大师提及这"一只看不见的手"，包括马尔萨斯的《人口论》、李嘉图的《政治经济学与税收原理》、马克思的《资本论》、马歇尔的《经济学原理》，以及凯恩斯的《就业、利息和货币通论》。

但是到了1875年，剑桥大学法学教授梅特兰（Frederick Maitland）第一次将"一只看不见的手"与"自由放任"（laissez-faire）相联系。其实，"laissez-faire"是在1681年被首次使用，是在法国财政大臣让-巴蒂斯特·科尔贝（Jean-Baptiste Colbert）和一位商人勒·让德尔（M. Le Gendre）对话时第一次出现的。1751年，它在书面上被首次使用。但是，斯密在《国富论》中没有一次使用过“自由放任”一词，也不知道他是否读到过25年前发表的关于自由放任的书。我们千万不能说，亚当·斯密在《国富论》中提到“自由放任”这个词，尽管他有“自由”的意思，但绝没有使用这个词。

很显然，梅特兰将“一只看不见的手”与“自由放任”相联系，就为后人将“一只看不见的手”与“市场”相联系提供了想象力，因为前面提过，“市场”的第二大要素就是“最小化政府干预”，而“自由放任”与“最小化政府干预”的原则类似。其实，“一只看不见的手”的原意与“自由放任”也没有直接关系，相反，斯密再三强调商人与资本单方面的自由会产生许多负面影响，尤其将对员工不利。进入20世纪上半期，也有两位著名经济学家提到“一只看不见的手”，如英国经济学家庇古（Arthur Cecil Pigou）、苏格兰经济学家格雷（Alexander Gray）等，但这些人的解读都不具有影响力，直到1948年。

1948年，美国经济学家萨缪尔森出版《经济学》，划时代地第一次将“一只看不见的手”与“政府”“自由竞争”“市场”紧密相连，其中的原文是：

> ……斯密这个精明的苏格兰人……感到非常激动，因为他发现经济体系中的秩序是受到“一只看不见的手”的神秘

原则指引：每个人好像被"一只看不见的手"指引，只追求自私的利益，但却取得了对所有人都有利的结果，因此，任何由政府做出的对自由竞争的干预行为都是有害的。

英文原文：

... Adam Smith, the canny Scot ... was so thrilled by the recognition of an order in the economic system that he proclaimed the mystical principle of the "invisible hand": that each individual in pursuing only his own selfish good was led, as if by an invisible hand, to achieve the best good of all, so that any interference with free competition by government was almost certain to be injurious.[1]

这一段论述至少有六点与斯密的原文和原意不符：第一，斯密在提到"一只看不见的手"时，完全看不出有"非常激动"的心情，应该是萨缪尔森自己感到很激动；第二，在斯密眼里，"一只看不见的手"不是什么"神秘原则"，而是一个一目了然的比喻而已；第三，斯密从未肯定"自私"（selfish），因为"自私"的最大特征是"损人"，而斯密肯定的是"自利"（self-interest）；第四，也是关键的是，斯密关于"一只看不见的手"的原意，没有包含"政府"与"自由竞争"的关系问题；第五，斯密在《国

---

1   Paul A. Samuelson, *Economics: An Introductory Analysis*, New York: McGraw-Hill Book Company, 1948, p. 36.

富论》中10次提到"自由竞争"（free competition），其中涉及价格、贸易、垄断、银行家和市场，这些都与政府作用没有直接关系；第六，斯密原文用的是肯定词，表示"一只看不见的手"直接提供了一种动力，也就是前面提到的，不是用虚拟的情态动词，更不是玄乎乎的"好像"（as if）。

　　萨缪尔森这本传世经典《经济学》，一共出了19版，卖了500多万册，他在随后的修改版中，不断强化、神化"一只看不见的手"的神奇，但此手已非彼手。比如，他在1951年版中说，斯密的"一只看不见的手"已经看到了一般均衡的基因，但一般均衡是在19世纪70年代发明的，当时斯密已经去世快100年了；在1998年的第16版中，他还把斯密本人闻所未闻的"帕累托最优"，强加到斯密的"一只看不见的手"上。当然，萨缪尔森在经济学上的巨大贡献不能因为这个误解而被削弱，他在1970年获得诺奖的原因是他发展了静态和动态经济理论，提高了经济学分析水平。

　　有了萨缪尔森的加持，"一只看不见的手"的功能顿时有了真正的神力，特别是他在1970年成为美国第一个获得诺贝尔经济学奖的经济学家之后，加上他的众多学生也拿了诺奖、成为各大藤校教授。这里，包括哈耶克（Friedrich August von Hayek）的"自发秩序"也有了"一只看不见的手"的功能，还有阿罗（Kenneth J. Arrow）、托宾（James Tobin）等大家也紧紧跟随，目前由"一只看不见的手"，已经孕育、诞生了11大学派，并出现了16种社会科学和自然科学的理论，都与"一只看不见的手"有关，25本主要教科书重复了萨缪尔森的论点。而且由此还养活了一大批出版社，竟然有33888本专著提到"看不见的手"，1990—1998年达到历史最高峰，然后逐渐减少。

我为什么说，斯密心里对"一只看不见的手"不当一回事？这是因为他的著作有一个特点，只要他重视的概念，一定不断重复，例如，在450页的《道德情操论》中，他对"适度"（propriety）和"同情"（sympathy）两个概念，分别重复了310次和212次；在1280页的《国富论》中，他对"市场"重复了623次，对"价格"重复了1364次，而对"一只看不见的手"只提到一次。

所以，英国经济史学家罗特希尔德（Emma G. Rothschild）认为，"一只看不见的手"不是斯密经济学的重要概念，而只是在开一个反讽的玩笑而已。1902年出版的严复翻译的《国富论》（译为《原富》），甚至将"一只看不见的手"忽略不译了。著名经济学家肯尼迪认为："对亚当·斯密而言，'一只看不见的手'与市场没有任何关系。"

我们已经讨论了两个"何"：何为"一只看不见的手"？"一只看不见的手"如何被理解成"市场"？下面需要讨论最后一个"何"：为何经济学家会对"一只看不见的手"产生这种理解？

第一是学理原因。诠释学理论认为，解释者对历史文本的理解离不开"前理解"（先入之见），这个"前理解"很神奇。所有主观的"前理解"必须忠实于原文和原意，绝不能将"前理解"强加在原著上，无中生有、张冠李戴。这里就需要辨别"历史的斯密"与"斯密的历史"，而"历史的斯密"是比较客观的，

"斯密的历史"则相对比较主观,类似"历史的孔子"与"孔子的历史"。例如,根据复旦大学中文系傅杰教授的考证,"君要臣死,臣不得不死"的名言,不是孔子说的,但《论语》里有这个意思,君君臣臣,父父子子。那么谁编造的,很难找,因为已经过去2000多年了,不如今天的"一只看不见的手",才过去200多年,但如果我们不及时纠正,等到2000年过去,也就成了永远的悬案。

这里需要提一下,在学理上斯密是怎么看待"隐喻"(metaphor)的。大家知道,斯密不仅是一位哲学家、伦理学家、经济学家,也是一位修辞学家,是一个慢、很慢的工匠,一般他所写的东西至少要修改6遍。所以,《国富论》出了4版,《道德情操论》出了6版。当时,"一只看不见的手"的隐喻在欧洲已经广为人知,斯密使用它只是为了增强文字的表达力,以"更醒目和更有趣的方式"予以表达。大家可以设想,对于这么一个严肃、较真的修辞学家,如果决定将一个小小的隐喻,演绎成一个如萨缪尔森所理解的传世的经济学原理,他一定像论述"适度""同情""市场"一样,多次强调、详尽分析和深入论证。但很遗憾,他在每本巨著中都只提到一次而已。

第二是时代因素。"二战"前和"二战"期间,"一只看不见的手"的争议难以大规模出现,因为当时市场失灵,主张政府干预的凯恩斯主义盛行,它是罗斯福"新政"主导经济思想。但在"二战"后,市场复苏,自由主义的现代经济学崛起,包括货币主义、理性选择学派、供应学派盛行,这一背景有助于萨缪尔森的经济学教科书的推广，这反映了市场需要和学生对新知识的渴望。于是，主张市场经济的《经济学》一书应运而生，尤其是，20世纪70年代出现滞胀危机以后，凯恩斯主义失灵，促使有关"一只看不见的手"的研究到20世纪90年代达到高峰，但在2010年前开始式微，因为2008年全球金融危机出现，市场再度失灵。这也是为什么2008年危机后，马克思《资本论》热卖。不同时代，一定呼唤不同的经济学思想。

第三是主观因素。主要有四个主观因素。第一，我们缺乏研读原始文献的良好习惯。专门研究斯密的苏格兰著名经济学家肯尼迪发现萨缪尔森并没有读过斯密原著，只是听信了芝加哥大学一些助教的二手传播。[1]

第二，我们一般不愿或不敢推翻陈说。尽管有些学者也觉得将"一只看不见的手"等同于市场经济过于勉强，而且有点张冠李戴，但鉴于长期的约定俗成，懒得细究，而且推翻前人定论，风险与代价太大。例如，明明知道哥伦布犯了愚蠢的错误，将南美当成了印度，并把当地土著当成了印度人（Indian），后人发现错了，就是不改，只是更愚蠢地将假的印度称为西印度，将真的印度称为东印度。这也是滞后的传统力量和顽固的历史惯性之可怕。

第三，因善而误。有些学者其实知道"一只看不见的手"等

---

1 Gavin Kennedy, "Adam Smith and the Invisible Hand: From Metaphor to Myth," *Economic Journal Watch*, Vol. 6 (2009), p. 251.

于市场的说法不是斯密的原话和原意，但觉得这种手段也无伤大雅，不必较真、小题大做。而且，流行的错误解释更能提升斯密这个自由市场经济学之父的光辉形象，老百姓又不懂斯密高冷的文字修辞和理论精髓，但一句浅显易懂的"一只看不见的手"，既雅俗共赏，又趣味盎然，还可以触类旁通、自由发挥，岂非妙不可言？加上，经常引用"一只看不见的手"也是经济政策和政治论战中的有力修辞，有助于有效、有力地宣扬自由市场经济的思想和理念。

第四，有些学者习惯拉大旗，作虎皮，试图利用大师的"名言"，为自己的特定观点"保驾护航"，希望出现谁反对我的观点，谁就是反对大师的寒蝉效应，结果就导致长期以来的以讹传讹，积重难返。这里既有机会主义的投机，也有实用主义的杜撰。

总之，我今天分享的文献研究有五个要点：其一，斯密一生只在两部著作和一篇论文中，各一处提到"看不见的手"；其二，这只是一句隐喻，主观为己、客观为人，与市场经济没有直接关系；其三，"一只看不见的手"的术语和思想都不是斯密的原创；其四，将"一只看不见的手"与"自由放任"相联系的第一人是1875年的剑桥法学教授梅特兰；其五，将"一只看不见的手"与"市场经济"直接联系的第一人是1948年的萨缪尔森。

还有一点感悟：根据"一只看不见的手"的原理，我们也要防止自己主观良好的愿望，导致客观的损害。对斯密，我们要防止因爱而编、因编而信、因信而损。沃伦·塞缪尔斯（Warren

Samuels）认为，"在经济学中，根本就不存在一只什么看不见的'手'，继续误用这只'手'，只会导致整个经济学界的'尴尬'"。

所以，我的结论是，我们学者的思想色彩是什么，不重要，左中右，完全是自由选择，我们必须互相尊重、互相学习，但澄清原始文献真相是我们所有经济史学者的共同使命与责任，这与我们的思想意识、经济理念和政治观点不应存在任何关系。没有真相，何谈左右？只有真相得以呈现，学者才能根据共同认定的真相表达各自的观点，不然的话，任何讨论与研究都难以达到求实、求真、求是的结果。所以，我们一定要先求"真"，后争"论"。

关于"一只看不见的手"的对话

洪朝辉回应八位教授和专家的评论：你们真的是"八仙过海"，类似"八只看不见的手"，"各显神通"，今晚我是真的尝到了学科交叉的甜头。没有时间回应你们所有精彩独到的评论，只能侧重回答三位教授专家五个睿智的问题。

问一：为什么会对"一只看不见的手"发生兴趣？

洪朝辉：第一是机遇，四年前，我在备课"西方经济学思想史"，仔细查阅了《道德情操论》《国富论》的原文，偶然发现两部巨著仅各一次提到"一只看不见的手"，如此重要的术语，为何只提一次？其中必有奥妙；而且，一年前，在写作关于适度经济学思想的文章时，澳门大学《南国学术》主编田卫平先生建议我再专门写一篇论文,对这个百年定论的"一只看不见的手",提出挑战,所以,感谢这只"看不见"的手给了我"看得见"的机遇。第二,考证"一只看不见的手",能够在经济学意义上厘清斯密所认为的市场到底是什么,"一只看不见的手"的原意又是什么,并寻找"一只看不见的手"与市场到底有什么关系,这对我们理解斯密的原创思想一定有意义,经典永远不会过时。第三,把这一考证,上升到学术态度和学风建设上,就更有意义了。我们现在大都不习惯看原典,其直接后果就是人云亦云、以讹传讹,不断地引用二手货,甚至N手地倒腾,结果,创新也就越来越成为奢望。当然,我在研究这个课题时,不少朋友也嘲笑这是一个三无课题:无趣、无聊、无用。其实,无用之用方为大用,我一直建议我的学生,在大学本科就干三件事:读十本无用的书、修三门无用的课、写一篇无用的文章。

问二: 斯密的著作中,还有哪些地方可能让后世的学者误解他的思想?

洪朝辉: 至少有四个。(1)市场到底是有形的还是无形的?还是兼而有之?这是我下篇论文的主题。(2)如果市场失灵、商人贪婪怎么办?斯密竟然在《道德情操论》中说靠法官和政府官员,这可能吗?为什么?(3)爱国的定义是什么?斯密竟然在《道德情操论》第6版中说,一个不爱政府、不守法律的公民,就不能说是爱国的,这令我跌破眼镜。(4)限制人的自利,靠市场,还是靠道德情操?斯密认为抑制过度自利,不是靠市场,而是靠一个基本点——适度,再加6个核心价值——同情、正义、良心、审慎、仁慈、自制。其实,《道德情操论》是明道,《国富论》是优术,一个是形而上的道,一个是形而下的术,何者为重?

问三: 还有多少其他著名的历史人物、事件、观点被人们长期曲解甚至歪曲?

洪朝辉: 非常多,很想在有生之年编一本《被误解的历史之百科》,例如:(1)哥伦布发现新大陆(Columbus Discovery),如何定义"发现"?(2)美国宪法提到过"民主"一词吗?为什么?(3)为何将奴隶贸易描述为黑人移民(black migration)?(4)美国感恩节的原始意义是感恩上帝、家人,还是印第安人?(5)为何称美国独立战争为美国革命,而不称美国内战为美国第二次革命?

问四: 所谓的"自发调节"是否只指市场的机制?居民自我组织的行为、社区的自主力量,是否也能视为一种调节力量?社区是否能作为一个与市场、政府并列的角色?三者之间又是怎样的关系?

洪朝辉: 首先,传统上,主流经济学家只承认两种调节:政府与市场。而自发调节和哈耶克的"自发秩序"类似,传统上就是指市场调节。但厉以宁先生在《文化经济学》一书中提出第三种调节,就是道德调节,在政府与市场都失灵的情况下,道德调节能够起到作用。但这种道德调节主要体现在三大领域和时间:一是民族危机时期,如抗日战争中;二是大灾大难时期,社区自救时;三是移民团体和社区中,如闯关东、下南洋、走西口等。

而这一问题把这个道德调节再剥离出来,强调社区调节,就很有新意，类似科斯把企业剥离出来一样，因为企业既不是政府，也不等于市场。我在新书《左右之间 两极之上：适度经济学思想导论》里，也提出这种道德调节尤其体现在家族企业中，一旦大灾大难来临，家族企业的生存能力一定比依靠政府调节的国有企业和依赖市场调节的华为、阿里巴巴等，更能够通过家族成员的同甘共苦，渡过难关。所以，你的社区自发调节一说，就是摆脱了市场调节的束缚，很有新意。

需要强调的是，斯密并不认为市场是一种纯粹的自然、自发秩序，而是一种被创造和建构的秩序。所以，市场的运作并非完全独立于人类社会和社区组织之外，而是嵌入人类社会之中。市场有可能被贪婪者控制，并与公共利益相背离，甚至发生直接对抗，并不是一定会像"一只看不见的手"一样，自动、神奇、理性地将个人利益转化为公共利益。而且市场并不永远处在自由、理性、平稳、竞争的状态。比如，人为扭曲的高回报会带来经济和道德危险。所以，道德调节、社区调节、企业组织调节，就成为必要与重要。

问五：斯密对市场与政府关系的辩证认知是什么？

洪朝辉：政府与市场关系的边界，就是斯密苦苦追求的两个字：适度。其中有三个意思。第一，斯密既反对单方面地推崇"自由"，也反对政府的无限干预，这里就是我在他的《国富论》中新发现的一个闪光的思想："对等适度"。一方面，政府不能过度干预，另一方面，商人也不能过度自由，双方都要适度。他特别提到，市场不仅仅是靠经济因素来维持的，还需要许多非经济因素，包括政府的法律、制度、规范，以及道德、习俗等。

第二，人与人之间的关系最好基于合作的道德基础，推动互惠互利的交换，而不是自私的、损人利己的商业行为。自19世纪下半期以来，学界出现一个斯密问题，就是"道德的斯密"与"市场的斯密"的矛盾。但根据我的理解，"道德的斯密"重于"市场的斯密"，他本人也再三强调《道德情操论》高于《国富论》，论述的是两个层次：形而上 vs 形而下。

第三，斯密思想的精髓可以总结为"当有可能，用市场；当有必要，政府干预"（Markets where possible, state intervention where necessary）。也就是说，尽一切可能，依靠市场；如果市场失灵了，政府干预是必要的。

总的来说，研究斯密的思想很有现实意义。他既不是右派的自由主义者，也不是左派的社会主义者，更不是极端保守的专制主义者，而可能是一个温和的适度主义者，类似中间偏右或中间偏左，他对左派和右派的极端分子都提出了挑战。这种适度的学理与哲理对今天黑白分明、左右对立、两党撕裂的社会，尤其具有现实意义。

最后还有一句话：当下是一个不待见经典，但更需要经典的时代；这也是一个追求功利，但更需要心静、心安的时代。人类的一大本性就是缺什么，想什么，期待通过今天"无用"的讨论，给我们增加一点学养、提高一点心性，共同将读经典、解经典进行到底。

市场的真意

亚当·斯密没有写过什么？

2021年，我连续在澳门大学学报《南国学术》杂志上，发表了两篇与亚当·斯密有关的中文学术论文，有点姐妹篇的意思。一篇就前文提到的关于"一只看不见的手"与"市场"到底是否有关系而论，结论是没有直接关系。另一篇就是今天要讲的亚当·斯密关于"市场"的定义和理论的文章。两篇文章有一个共同的目的，就是通过原典，还亚当·斯密的本来面目。

我的主题如下。第一，斯密没说过什么？这是一种排他法，把他没说过的、被我们后人强加于他的重大思想和概念说清楚，就剩下他究竟说了什么。除了强调他没说过的六大重要概念之外，我还要简要说明一下，是谁把这些莫须有的概念加于斯密？第二，斯密究竟说了什么？这就需要精细梳理和还原斯密涉及市场和政府的原话。第三，有了原文作根据，我们就可以对斯密的市场理论和特性做出精确定义和理论解释。第四，对于斯密的市场与政府的理论，做出我个人的总体评价。

首先，亚当·斯密没说什么？今天我的第一个任务是澄清一下，亚当·斯密关于"市场"和"政府"，没有说过什么。主要依据的是他的两部巨著。我还引用了斯密在身后出版的两本著作，即《法理学讲义》和《修辞学讲义》，都是在他去世后近200年才出版的，一本是1978年出版的，一本是1985年出版的。下面主要列举斯密没有说过的有关"市场"和"政府"的六个要点。

第一，斯密没有一次提到"市场经济"（market economy）或"市场制度或体系"（market system）。在他眼里，市场似乎还不存在一个系统和体制，而且，斯密也没有关于市场如何运作的单一理论（single theory），也并不认为自由市场总是有利于人类的福祉（Human well-being）。这也表明，斯密似乎并没有将市场理解为一个系统而完整的经济形态，作为对比，他提及"重商主义制度"（mercantile system）却多达22次。类似地，斯密也完全没有提到"资本主义"（capitalism）一词。

第二，斯密没有说过"经济人"（Homo Economicus或Economic Men）一词，也没有提过"利益最大化"一词。市场的经济人理论都是在斯密身后才出现的，例如，首次提出个人经济利益最大化公理的是英国经济学家西尼尔（Nassau William Senior）；在这个基础上，提出"经济人假设"的学者是穆勒，时间在1859年；但最后将著名的"经济人"一词正式引入经济学的经济学家是帕累托，时间在1935年。此后的经济学家大多借助斯密的大名，"创造性"地强化了"利益最大化"和"经济人理性"的理论。

第三，斯密没有说过"市场有效"。市场有效假说（Efficient Market Hypothesis）的发明人是诺贝尔经济学奖得主、芝加哥大学教授尤金·法马（Eugene F. Fama），他在1970年发表论文，把市场有效假说强加在了斯密的头上。[1]

第四，斯密没有说过"完备理性"（Full Rationality）。从字面而言，斯密在整部《国富论》中只有两次提到理性（rational），一是关于理性谈话（rational conversation），二是关于理性宗教（rational religion），它们与市场的理性和商人的理性没有直接关系。当然，斯密提到合理性（reasonable）多达81次，但这与理性的原意不一致、不相关。另外，虽然斯密在《道德情操论》中多次谈到理性，但他只是将幸福与理性（happiness and sensible beings）相联系，完全没有涉及理性与市场、理性与经济人的关系。

第五，斯密没有说过"自由放任"。斯密在《国富论》中完全没有提及当时已经流行的"自由放任"一词。据记载，1681年，当法国商人勒·让德尔会晤法国财务大臣科尔贝时，首次提出"自由放任"；1751年，"自由放任"一词被书面使用。现在难

1　Eugene F. Fama, "Efficient Capital Markets: A Review of Theory and Empirical Work," *The Journal of Finance*, Vol. 25, No. 2 (May, 1970), pp. 383–417.

以确认斯密在25年后的1776年出版《国富论》时，是否读到过这个词，但有一点可以肯定，斯密在《国富论》中抨击了重农主义（Physiocrats）所主张的反政府干预的理念，认为这种不允许政府干预的理论，是一种乌托邦式的经济政策。因为斯密强调市场是靠信任和信用，而信任和信用则与政府制定的法律密切相关。也就是说，没有政府，就没有法律，而没有法律，就很难建立市场所需的信任与信用。斯密还以为，如果商人可以单方面地自由作为，一定会带来害处，因为如果同行业的商人一起聚会，"他们谈话的结果往往是阴谋反对公众（conspiracy against the public），或是想方设法地提高价格"，所以，任何法律都不应该促进这种聚会，也不应该为这种聚会提供任何便利，更不应该使它成为一种必要。这个观点实在过于保守与反商人。

第六，斯密没有说过"守夜人政府"（night-watchman state）。据查证，德国社会主义者拉萨尔于1862年首次提出"守夜人政府"或"守夜人国家"（德语：Nachtwächterstaat）一词，目的是将政府和国家的功能定位在"仅仅是防止抢劫和盗窃"上，类似一个小警察的职能，而斯密则将政府的功能定位为远远超越"守夜人"的角色，下面会具体谈到这一点。

（此文及以后四篇系2022年2月12日笔者演讲的发言整理；另见笔者已发表论文《文献还原亚当·斯密的"市场"真意》，《南国学术》，2022年第1期）

亚当·斯密究竟写过什么？

我要聊的第二个问题是亚当·斯密究竟写了什么？读过《国富论》的学者都知道，斯密从没有对"市场"给出一个清晰和严谨的理论定义。结果，过去246年，成千上万的各路学者对斯密的市场理论大多是各取所需，左派往左解释，右派往右拉扯，各自进行创造性的解释，但有一点是共同的，就是他们的解释与原文没有直接关系。这样，自然就会出现无数的误解、误传，也有与原始文献没有任何联系的误断。

我希望回归原始文本，侧重《国富论》的4个版本（1776、1778、1784和1786年版）和《道德情操论》的6个版本（1759、1761、1767、1774、1781和1790年版），进行比对，但主要以1786年版的《国富论》和1790年版的《道德情操论》为主，因为最后一版一般比较能反映作者最新、最后和最成熟的想法。很遗憾的是，斯密对他重叠出版的两本巨著，从未互相引用（Cross Citation），也没有澄清它们之间所出现的一些自相矛盾，给后人留下了许多困惑。另外，我将结合斯密于1762—1763年完成的《法理学讲义》和《修辞学讲义》，对斯密眼中的"市场"，进行搜索、还原、比对，试图做出比较明确的定义和理论解释。

《国富论》一书提及"市场"（market）的次数多达623次，《道德情操论》和《法理学讲义》也各提及13次和17次。这里我必须交代一下我的研究方法，我的论文主要是借鉴、应用和发展了"扎根理论"，"扎根理论"侧重于运用实证的方法，比如访谈和问卷调查等，将数据按三类进行整理。但我将这种实证研究的方法，应用到文献研究，似可称为"文献扎根理论"。第一，先把所有有关"市场"的623个关键词当作"一级编码"，一个一个找出来，但不是断章取义，也不是支离破碎地只有孤零零的623个关键词，而是把这些关键词的上下文都排列出来，尤其是把与这个关键词相关的整个段落，甚至2—3个段落，都罗列出来；第二，再从重复率最高、重要性最大、与"市场"和"政府"概念最相关的623个关键词中，分离出8个"二级编码"，目的是发现和建立相同概念之间的有机联系；最后，再从这8个"市场"分类中，提取有关"市场"的最关键、最核心的要素，作为"三级编码"，形成核心类属。

这种方法能帮助学者减少预先设定的理论假设和思维定式，一切以623个原始的"市场"概念为起点，对文本的上下文和总体含义，进行系列、完整的追寻，就像清代学者所提倡的"治经如剥笋"，全身心、无偏见、价值中立地从原始资料中，层层剥离、归纳结论。这就是典型的自下而上的归纳法，类似先了解14亿中国人——一级编码，再把14亿中国人分成56个民族——二级编码，最后，得出中华民族的总特征——核心编码。这个"扎根理论"是在20世纪70年代的美国学术界出现，现在已经从经济学界发展到其他社会科学界，但很少被人文学者和历史学者使用。

现在我们就把斯密关于"市场"的概念分解成八大关系。本篇将论述其中的七组。第一是"市场"与"价格"的关系。《国富论》论及"价格"（price）或"市场价格"（market price）的次数，多达1364次。大致而言，围绕着市场机制问题，斯密将"价格"分为三大内涵。一是自然价格（natural price），它由货币来衡量；二是实际价格（actual price），它加入了为了获取物品所需的劳力成本；三是市场价格（market price）。斯密认为实际价格比自然价格更能反映商品的真正价值，因为实际价格包含了劳工们的劳力成本。对此，马克思很认同，因为这个实际价格理论的实质就是承认和强调了劳动价值论，并把劳动价值论与货币价值论、价格价值论、需求价值论、心理价值论、文化价值论等形成对比。在斯密看来，市场不仅能够调节价格，而且能够调节劳动力的供需。

第二是市场与供需平衡的关系。在斯密眼里，供需问题是市场的精髓。《国富论》提及"需求"（demand）319次、"供应"（supply）178次。斯密强调，市场价格由商品的供应数量和消费者的需求"意愿"所决定；同时，决定这种供需比例，就是一种市场"调节"。市场价格必须考虑三个组成部分：土地的报酬——地租，劳动的报酬——工资，资本的报酬——利润，这就是所谓的三大要素价格。同时，斯密对供需平衡持有宗教信仰般的信心与乐观，强调市场的供需、价格的高低、买卖双方的利益，都在市场中"自然"地得到了"适应"（naturally suits）。斯密在《国富论》中提及"平衡"（balance）与"反平衡"（counterbalance）问题，多达90次，深刻反映了他对平衡与适度思想的良苦用心。大致而言，斯密的平衡思想主要表现在六大主题：一是平衡供需问题，表现在产品供应与需求、生产与消费，这是市场运行机制的关键；二是平衡劳工问题，表现在工资与商品价格、工资与利润、劳动力自由流动等；三是平衡金融问题，包括利润获取与亏损、收入与支出、借款与贷款、收益税与关税等；四是平衡贸易问题，包括进出口贸易、自由贸易与垄断贸易，这反映了宗主国英国对海外殖民地市场的重大关切；五是平衡政教问题，表现在国王专制与殖民地民主、王权与神权、王权与土地贵族之间的关系，由此说明，身处一个封建王权和神权的国家与社会，市场不是一个单纯的经济问题，必将受到政教关系的直接制约；六是平衡自由与安全问题，主要表现在处理民众的总体自由与安全的敏感关系，如果不能有效处理这一永恒的两难问题，市场运作既不可能成功，更不可能持续。

其实，斯密不断重复强调平衡，其核心就是秩序。他最关心的就是市场失序、政府失效、人性的贪婪失去制约。

第三是市场与竞争。《国富论》共有130次提到"竞争"（competition），这是理解斯密市场理论的一个重要参照。斯密经常将竞争与垄断进行对比，认为大商人们大多反对自由竞争，因为自由竞争会导致产品的价格降低和利润减少，这也就是为什么许多大商人非常热爱和支持殖民地公司，因为他们在殖民地可以享受垄断。其实，斯密提出了一个有意思的命题：扩大市场和缩小竞争（widen the market and narrow the competition），对谁有利？斯密认为，扩大市场和自由竞争的最大受益者总是公众，因为他们将在市场上得到更便宜的产品；作为对比，缩小竞争和促进垄断则对商人有利，由此揭露了商人与公众利益难以兼容的秘密。

第四是市场与开放。尽管按照常识，自由市场与开放市场紧密相连，但在这个重大的要开放还是要封闭或要垄断的问题上，斯密的观点存在模糊性和不确定性，甚至充满矛盾。一方面，作为古典经济学之父的斯密，推崇自由竞争和开放市场，而且认为，政府指挥私人如何运用资本的方式，一定是一种"无用或有害的干预"（a useless or a hurtful regulation）。但另一方面，斯密却为国家实施一些高关税保护政策和限制开放政策进行辩解，因为他自己当过苏格兰的海关负责人。他认为，英国征收高额关税，尽管这是一种对国内市场的垄断行为和政策，并会极大地鼓励特定的垄断产业，但这些垄断产业是否能够促进社会总体产业的发展，是否能够推动这些垄断产业自身走向最有利的发展方向，"也许不完全那么明显"（is not, perhaps, altogether so evident）。如果是站在一个典型和彻底的古典经济学家的立场上，一定对这种保护性关税和垄断行为，进行明确而坚定的谴责，但斯密的态度却模棱两可。这种既要自由竞争，又不反对垄断市场的双重标准，有损于斯密一个"自由主义"经济学家的形象。

第五是市场与资源配置的关系。优化配置有限的资源，是对一个健康市场的基本要求。对此，斯密在《国富论》中提到"资源"（resource）与"分配"（distribution）各有13次和27次，提到"有效"或"优化"（effect）多达332次。斯密尤其注重资源、劳力和货物的"流通"（circulation）与"分配"（distribution）。

大家都知道，斯密非常关注劳力资源的分配和劳动分工。斯密在《国富论》提及"劳动分工"（division of labour）共43次，而分工又与市场紧密联系，因为在一个市场不发达的农业社会，分工既没有必要也不可能，但随着市场需求的扩大，要求生产和供应的动力就增加，于是就激励生产者提高生产效率。为了提高效率，优化劳动分工就成了一个有效途径。但是，斯密多次预设了这类劳力、土地和资本有效分配与流通的一大前提，那就是发生在"一个最完美自由的国家里"（a state of the most perfect liberty），并导致"自然分配"（natural distribution）处于一种理想状态。不言而喻，这种预设过于理想，难以实现。

第六是市场与交换的关系。在《国富论》中，交换（exchange）一词的次数出现了184次。

第七是市场与自愿的关系。"自愿"（voluntary, voluntarily）出现了18次，由此凸显市场的本质是一种自愿交换和交易。但限于时间，不在此具体展开。

亚当·斯密如何论述政府与市场的关系？

除了上述七大关系之外，斯密论及市场的第八大相关要素是市场与政府的关系，它成为理解市场机制最具争议的因素。《国富论》提及"政府"（government）多达370次，其中对政府与市场的相关论述，可以分成四大部分进行讨论。

其一，商人自由与政府限制的问题。斯密一方面强调限制私人或限制一个银行家金融交易的权利，是对商人的天然自由之明显侵犯，政府的法律不应是侵犯，而应是支持商人的自由。但另一方面，斯密又提出，少数商人所表现的天然自由，可能危及整个社会的安全。所以，所有政府的法律都会而且应该对商人的自由加以限制，无论是最自由的还是最专制的政府都应该这么做。由此反映了斯密对自由与限制需要平衡的关切，又显现了斯密的模糊立场与矛盾理念。同时，斯密并不认为商人与政府的关系是天然对立的，相反，"商业和制造业逐渐引入了秩序和良好的政府（order and good government），随之而来的是个人的自由和安全"，也就是说，他把似乎完全对立的商人发财、社会秩序、良好政府和个人自由这四大要素，变成可以良性互动和平安相处的四胞胎。现实中，这可能吗？另外，斯密既反商人的殖民垄断，也反商人的奴隶贸易。例如，斯密对重商主义所推崇的垄断、专制、排他型的殖民政府，存在天然的反感，认为一个由商人组成的特权公司型的政府（类似英国东印度公司），"也许对任何国家来说，这都是最坏的政府"（the worst of all governments）。同时，斯密也反对以自由宽松为特征的道德体系，因为这种自由宽松的道德体系一定会表现出"轻浮的恶习"（vices of levity），如奢侈、放纵、违反贞操等。所以，在面对奴隶制和奴隶贸易问题上，斯密坚持道德重于自由贸易。在《道德情操论》中，斯密强烈谴责奴隶制，讽刺支持奴隶制和实行奴隶贸易的人是来自欧洲的"肮脏主人的灵魂"（soul of his sordid master），而且，他认为从经济角度来说，奴隶制没有效率和效益，它之所以能流行于世，是因为懦弱的政府和贵族企图借奴隶制，来表现他们自己对"控制和专制的热爱"（the love of dominion and authority）。

其二，经济发展与政府作用的问题。斯密认为，在经济发展过程中，政府和君主不能被废除，因为他们存在三大责任。其第一大责任是"通过军事力量的履行，来保护社会不受其他独立社会的暴力和入侵"，这样，为了在战时与和平时期维持军事力量，政府就需要增加国防开支，保护市场的稳定与发展。所以，君主和政府的责任，也就成了纳税人的义务，民众必须支付国防军费，并支持政府发展军备。政府或君主的第二个责任是"尽可能地保护社会的每一个成员不受其他成员的不公正对待或压迫"，并建立"一个准确的司法行政责任"。在这里，斯密把社会不平等与政府责任进行了逻辑的联系：首先，"哪里有大量的财产，哪里就有大量的不平等"；其次，正因为社会存在大量的不平等，富人的财产才往往激起穷人的不满；再次，穷人在嫉妒心的驱使下，会借机侵占富人的财产；这样，"只有在行政官员的庇护下"，那些通过几代人的劳动而获得财产的所有者，才能睡一个安稳觉，富人只有通过"不断举起行政官员的有力手臂来责罚这些敌人，他才能得到保护"，因此，商人们为了"获得有价值而又大量的财产，必然要求建立公民政府（civil government）"，只有在没有财产的地方，才没有必要建立公民政府。

斯密这一观点实在令人惊讶。一方面，他没有强调政府具有保护穷人的正义责任，也未追究导致贫富不平等的原因，而是侧重于财富不平等的后果一定会导致穷人暴力抢夺富人合法财产的现象，并由此强调政府保护富人财产的必要与重要，其中所凸显的政府应保护富人的保守立场，十分明显，但也表达了斯密对社会经济秩序的重视。另一方面，斯密又严厉批评欣赏富人、忽视穷人所造成的道德情操上的腐败。他在1790年出版的《道德情操论》第6版中，增加了第一篇第三章第三节和第五篇，他认为这种对富人和权贵的崇拜，以及对贫穷和卑微者的轻视，虽然对建立和维持社会秩序是必要的，但也是道德情操堕落的最大和最普遍的原因。同时，斯密强调，在维护正义和秩序的过程中，政府的权力不能没有边界，司法权与行政权不应该合二为一，而且应该使司法权尽可能地独立于行政权，包括法官不应由于行政权的任性而被免职，法官工资的正常支付也不应取决于行政权。

政府或君主的第三个责任是建立和维持公共机构（public institutions）和公共工程（public works）。尽管这些公共产品对社会大众有利，但人们不能指望任何个人有能力建立或维持这些设施，因为无利可图。于是，政府就应该介入与投资各种公共机构和工程，包括12大领域：国防、司法、行政、教育、道路、桥梁、运河、港口、邮局、警察，尤其是他提到了政府应该介入的两大领域，宗教和医疗。在此，斯密还为政府的作用辩护，强调"在自由国家，政府的安全在很大程度上取决于人民对政府行为可能形成的有利判断，因此，人们不应对政府做出轻率或任性的判断，这肯定是最重要的"。这类极其保守的观点，似乎与后人所假定、设定和判定的斯密的"自由主义"形象存在极大反差。

其三，市场发展与法官和政府官员的作用。首先，斯密强调民众要服从君主与政府。斯密在《道德情操论》中出乎意料地强调了法官和政府官员对经济发展的正面作用。斯密认为，行政长官被赋予权力的原因，不仅是行政长官能够抑制不公、维护和平，而且他们能够建立良好的纪律，来促进国家的繁荣。所以，这些官员有权力制定一些规则，不仅禁止同胞之间的相互伤害，而且要求他们遵守纪律。但如果民众"不服从君主的命令，不仅要受到责备，而且要受到惩罚"，如果民众完全忽视这种君主和官员的权力，将会导致国家面临"许多严重的混乱和令人震惊的暴行"，并最后将"破坏所有自由、安全和正义"。更使人震惊的是，斯密在《道德情操论》第6版新增的第六篇《关于德性的特征》中，对"爱国"（love of our country）提出两个惊人的原则定义：一是对实际建立的宪法或政府形式的某种尊重和敬畏；二是真诚希望我们的同胞尽可能地安全、体面和幸福。他说："如果他（公民）不愿意尊重法律、不愿意服从行政长官、不希望力所能及地促进整个社会的同胞福祉的话，他就不是一个公民，而且他也不是一个好公民。"斯密认为，"应该教导民众在任何情况下，都要赞美对政府官员的服从，并指责所有不服从和反叛行为"。于是，"行政长官的法律应该被视为正义与非正义、正确与错误的唯一的最终标准"。总的来说，斯密表达了对法官与政治家的信任，并把他们尊为"客观的旁观者"，因为他们在任何时候，为了大多数人的安全、利益、甚至荣誉，而牺牲和贡献了自己的生命，这类行为应该得到最高尚德性的赞美，并且他认为"最广泛的公共善行是政治家的善行"。

其四，国民财富与君主和官员的尊严问题。斯密支持要求纳税人支付维护"君主的尊严"（dignity of the sovereign）所需要的必要的昂贵费用。斯密强调，任何人都需要基本的生活用品和时尚，所以，不能奢望君主能独善其身、抵御时尚的诱惑，相反，君主的费用必然比其他官员和臣民更多、更贵。斯密还强调，支持最高行政长官尊严的费用，是为了整个社会的普遍利益。所以，整个社会应该普遍承担这些"特供"费用，所有不同成员需要尽可能按照各自的能力，进行有比例的贡献。

亚当·斯密关于市场的定义与分析

根据上面所提的市场与八大要素的关系，包括市场与价格、供需、竞争、开放、资源、交换、自愿、政府等，我们就有了扎根理论所说的"二级编码"，下面我们就可以进行进一步的归纳，找到斯密关于市场的三级编码或核心编码，大致可以归纳为三大关键要素。第一，市场是买卖各方进行自愿交换的一种交易方式，是一种自由竞争的价格；第二，市场是一种与政府调节产生对等适度的机制，双向平衡商人权利与政府权力、个体利益与社会利益，市场允许政府介入国家安全、司法公正和公共工程等领域，而不仅仅是一个守夜人或一个警察；第三，市场是一种对劳力、土地、资本资源，实行自由流通和有效配置的机制。

有了这个核心编码，最后做出比较明确的、斯密眼中的市场定义，就相对容易了。简而言之，斯密的市场论似可定义为"市场是买卖各方进行自愿交换的一种交易方式，市场机制是一种自由竞争的价格，有形无形、自然、平衡、开放、有效和竞争地调节供需、配置资源，并与政府调节一起形成对等的适度平衡"。为了帮助大家深入理解这个定义，我又可把它分解出五大市场特性。如果前面所讨论的主要是"述"的话，下面开始就是"作"了，述而又作，加进了我本人的思考，但这些思考也是有根有据的。

一是市场的有限自由性。首先，市场的自由性不能被过度强调，因为斯密在《国富论》中只有一次提到"开放与自由市场"（an open and free market），这有点不可思议，别的关键词可以无数次地重复，但最关键的"自由市场"，就只出现一次，有点类似"一只看不见的手"。而且根据上下文，哪怕这唯一的一次，也只是在微观层面强调具体价格的自由竞争，而不是宏观意义上的自由市场和体系。

所以，我们在理解斯密的市场理念时，不能简单而又武断地将自由与市场视为合二为一的双胞胎，以为市场一定是自由的，受管控的市场就一定不是斯密心目中的市场。这种想当然，很容易忽略斯密所极其推崇的公共利益高于个人自由利益的思想，斯密强调："只为自己，不为他人的观点，在世界的每一个时代，似乎都是人类主宰者的卑鄙格言（vile maxim）。"所以，面对政府干预与市场自由的关系，斯密主张相对自由和适度平衡，干预与自由都需要局限在适度的范围，当然前提就是官员和商人都需要具有适度的道德情操，这是各种经济政策设计取得良性效果的保证。

二是市场的相对自然性。斯密在《国富论》中使用"自然"（naturally or natural）一词多达513次，借此表达市场调控供需和价格的"自然"和"天然"，因为市场具有独特的"神性"与"灵性"。斯密认为，供应会"自然"地适应有效需求，并且"自然"地把足够的产品带到市场，满足需求。他强调，也许，商品的市场价格会偶尔和暂时出现波动，但就长期和整体而言，一定会取得平衡。但是，这种市场调节机制的自然性是有条件和相对的，因为斯密为市场这一神奇的调节力量，加上了一个看似简单但却难度极大或者说几乎不可能的先决条件和假设，即有效市场需要在一个"完全自由"（perfect liberty）或"天然自由"（natural liberty）的环境下运作。在现实中，这种完全而又天然自由的环境，恰恰是一种非常稀缺的制度资源，也就预示了市场完美平衡的稀有。这种市场"完美平衡"的假设，只是斯密的一种理想，它不是现实的常态。一旦这种假设失灵，市场就可能失灵。

重要的是，斯密在《国富论》中睿智地预测到了市场可能失灵的情景：由于就业竞争往往越来越激烈，导致工人的工资会降到"最悲惨"（most miserable）的地步，并表现出六大后果——挨饿、乞讨、匮乏、饥荒、犯罪和死亡。由此深刻表明，市场并不总是自然、天然和最有效的，也并不总是能够促使各方利益最大化的。尤其是，也许市场在长期意义上和最终结果上会带来社会经济的繁荣，但在这个繁荣到来之前，许多穷人将面临绝境，最后就是"朱门酒肉臭，路有冻死骨"的两极分化情景。

三是关于市场的对等适度性。根据斯密的观点，不仅政府调节需要适度，市场调节也需要适度。适度思想是斯密《道德情操论》的核心，所以他在《道德情操论》中提及"适度"（propriety）多达310次，远远多于出现212次的"同情"（sympathy）。而且，在斯密眼里，《道德情操论》的层次高于《国富论》，适度的道德情操构成了适度的市场调节的哲学指南、基本准则和定海神针。不过，斯密在17年后出版的《国富论》，发展了《道德情操论》的适度思想，精妙、睿智地提出"对等适度"的思想。例如，斯密在提到国民义务时认为，如果为了维护良好的道路和通信等公共工程，促进整个社会的公益，所有社会大众都有义务做出普遍的贡献，这种贡献不属于不公正，而是天经地义的，一个公民既有享受自由的权利，也有为社会贡献的义务，这就是"对等适度"思想的精髓。

斯密还提到了"自由政府"（free government）的概念，由此提供了一个新解斯密思想的进路，也就是说，市场可以自由，也可以垄断；同理，政府可以专制，也可以自由，其中的深刻含义是，自由不是市场的专利，专制也不是政府的别名。而且，斯密在《道德情操论》中，多次强调"适度的政府"（proper government）的思想，并多次提及"好政府"（good government）的概念，以此激励大家深入思考"好政府"与七大人类美好事物，包括智慧、秩序、理性、感性、神灵、生命、幸福的正面关系。而且强调，市场与政府的互动可以达到良性的正面效用，因为商业和制造业不仅可以引入秩序与良好政府，也能引入个人自由与安全。斯密其实就是一个无可救药的乐观主义者。

所以，斯密的"对等适度"的理念非常关键，因为它提倡适度自由市场与适度政府干预的平衡思想，要求对等制约必要的政府干预与可能的市场运作，促进市场与政府建立双向负责的意识与机制，摆脱市场垄断与政府垄断的两极选择。

四是市场的有形可控性。长期以来，一些学者认为市场是无形的，因为它是"一只看不见的手"。其实，斯密在《国富论》和《道德情操论》中只是各提到一次"一只看不见的手"，与市场没有直接关系。而且，斯密也没有详细论述市场的无形性，相反，他大篇幅、多次数地讨论市场的有形性。斯密多次强调市场是一个有形的"地点"，也就是买卖货物的具体地点和商业场所。斯密多次将市场描写成"空间"（sphere）、"集镇"（market town）、"城市"（cities）、"遥远的市场"（distant markets）等具有地点和空间意义的名词和形容词，将市场视为一种与数据和政策相关的地点，是一个特殊的商业场所。

这种有形市场和看得见的市场的论述，意义重大。因为经济主体可以并且能够对市场建立某种可控性和可调节性，这样就提升了市场的确定性、稳定性和可预测性，减少了市场失灵的几率和程度。更重要的是，斯密认为，市场地点的合理设置，有助于促销剩余产品，既为生产者带来新价值、节省运输费用，又能提供新的便宜物品、提高产品价格、增加生产利润。

另外，斯密也强调市场的社会性，因为它是一个有形的机构，类似古罗马的"论坛"（forum），属于一个"集市"（market place）和一个"公共场所"（public area）。这样，除了商品交易之外，市场就发展出一系列社会价值、公民社会、法律制度和宗教观念，同时，这些非经济要素反过来又发展了市场的有形规模，支持了市场的成长、专业和创新。而且，作为一种组织和场所，市场需要经济主体之间发生交流与合作，所以，市场不可能完全自外于政府、国家、文化、习惯、道德等非客观和非经济因素的制约。对此，斯密不断强调市场与个人消费的特殊性与多元性，认为这种特殊性常常为人类的激情所主导。这样，有形的市场往往导致市场的多元形态、多元功能和多元结构，很难发展出"放之四海而皆准"的市场规律，因为市场是被激情的、多元的消费者所控制的。

五是市场的不完全理性。前面提过，斯密的原文从未提及"市场理性"或"理性市场"，只是有一句被广泛引用的"屠夫"比喻，其实，这句话恰恰可以被理解为一种不完全理性，因为它提到"自爱"，一旦有爱，就很难有绝对理性和完备理性。另外，"自爱"还蕴藏了积极的道德因素，爱什么、恨什么具有强烈的感情因素。而且，"自爱"所推动的商业交易行为能够形成一种文明的力量，把人的精力引导到交流、节俭、勤劳和投资上。所以，那句有关"屠夫"的名言，在一定程度上强调了对他人利益的认同，更强调了交换的互惠互利。

所以，把斯密描写成市场力量的倡导者、政府调控的反对者、"一只看不见的手"的信奉者，实在是一种"漫画手法的夸张"而已。其实，当学者讨论、争论和发展斯密的市场理论时，底线是需要文献还原斯密写了或没写什么，然后去界定斯密市场论的本意与真意。因为在文献研究中，学者使用同一概念可能是"同名异实"，就像同一个"市场"，你说的"市场"是"一只看不见的手"，而我说的"市场"是"一只看得见的手"；同样，当我们使用不同概念的时候，则有可能是"异名同实"，比如你讲的中道，与我讲的适度，实际上是一回事。所以，学术争论需要避免"聋子对话"。经济思想史的研究更应该先澄清"是什么"，才能追究"为什么"。在亚当·斯密的研究中，我们还存在太多的"是什么"的困惑。

因此，如果我们能够重新认识斯密关于市场的相对自由性、有限自然性、对等适度性、有形可控性和不完全理性的话，我们有可能比较完整、精确、深入地理解斯密眼中的市场真意。

最后，我想聊聊如何评价斯密的市场理论。需要强调的是，我们一方面可以把斯密的市场观，理解为前后矛盾的悖论；但另一方面，也可以将这些悖论和不一致理解为一个宏大、复杂思想体系的辩证统一。对大师的思想，我们需要运用更宽阔的意境和更包容的学术标准予以理解，并将看似对立的两面予以谨慎平衡。

其一，根据斯密的思辨，市场既要讲效率，也要讲道德。斯密并不相信商业世界是一个当然的无道德世界，他也不相信政治经济学是，或者应该是，或者可能是一门没有价值观的科学。《道德情操论》的一大基本点——适度，类似取势，形而上；六大核心价值——同情、正义、良心、审慎、仁慈和自制，为市场做了形而中意义上的"明道"，形而中学由新儒家徐复观先生发明。而《国富论》则为市场提供了形而下的"优术"。中国古人有一说：有道无术，术尚可求；有术无道，止于术。

其二，市场需要自由，也需要政府正面干预与助推。斯密思想的精髓应该是尽一切可能，依靠市场；如有必要，实施政府干预。而且，市场是一个被创造的和被构建的秩序，所以，外力的干预不仅必要，而且能够帮助市场更加有效地趋利避害。同时，斯密的市场思想也揭示"自由不是免费的"（freedom is not free）。自由的市场不仅需要约束，而且需要代价。它是一个社会成本很高的价值观念与经济机制，使用过度与不当，都会侵犯国家利益、社会利益、公众利益和其他个体利益，并对伦理、道德、法律造成伤害。当然，这种外力不能只依靠政府调节，还需要道德调节、社区调节、企业调节、国际调节等合力作用。

其三，市场经济原理具有一定的普遍性，但更具有多样性，并充满人性。斯密在1762—1763年完成的《修辞学讲义》中强调，我们经历了所有不同的情感，但人的性格、年龄和环境的差异，会使我们提出的"任何通用规则都不适用"（would not be at all applicable）。斯密还强调，不同的经济发展时代（如渔猎、游牧、农耕和商业四阶段），都会出现与之相适应的法律秩序、政治机构、劳动分工和市场机制，这一说法很有一些历史唯物主义观点的色彩，对马克思产生了深远影响。同时，市场的多样性决定了市场定义的边界是流动的，不同人在不同时代与地点所从事的市场交易，决定了市场定义的流动与移动。

其四，市场研究既是一门经济科学，也是一门关于人性的伦理科学，它必然以精神、哲学、道德、信仰和情操为主，也就是以取势、明道为主，优术、程序为辅。所以，市场的有效运行就需要法律、制度和习惯来维持。这是旧制度经济学的一大思想精华。另外，斯密在形而上的人的科学中，注入了"一种牛顿式的科学程序"，促使他的道德情操指导下的市场理论，不仅具有务虚、想象和隐喻的特点，而且存在具体的、数据的、实证的、规范的和政策的导向。

最后，根据道家的一种说法"俗人见其一"，如只看到市场要么好，要么坏；但"智者观其二"，智者能看到市场的两面性；但一分为二还不够，只有"明者识其三"，明者能够看到市场存在中性、中道和适度的一面，也就是市场中性。在过去250年中，左派拼命把斯密往左拉，右派往右拉，我今天的努力是效仿"明者"，尽量把斯密往中间、适度方向拉。

所以，我们最后是否可以这么说：斯密不是一个什么崇拜自由市场的右派，也不是偏好政府干预的左派，而是一个具有对等适度思想和人文道德情怀的温和派、适度派、中道派？他对左派和右派的极端分子都提出了挑战，这种对等适度的学理与哲理，对今天黑白分明、左右对立、两极撕裂的社会，尤其具有现实意义。

关于亚当·斯密市场论的讨论

问一：什么是斯密的四大悖论？

洪朝辉：1876年，有学者提出"斯密问题"强调"道德的斯密"

与"市场的斯密"的矛盾、"感性的斯密"与"理性的斯密"的矛盾、"公平的斯密"与"效率的斯密"的矛盾。我从1876年的"斯密问题"衍生出四大新悖论：

第一个悖论是市场供需平衡到底属于自然性，还是特殊性？如果是自然性，就是符合所有人性的，符合人性的那就一定是普适的；但如果供需平衡是特殊的，那就一定不是放之四海而皆准的，这样，经济学的市场理论就难以成为一门数学与科学。对此，斯密始终没有给出一个药方，指导我们如何面对市场规律的普适性与市场形态的特殊性之间的冲突。斯密只是纸上谈兵，至于如何用兵，见仁见智。

第二个悖论是当市场运行带来商人利益、公众利益、国家利益三大部门利益的冲突时，优先选择哪一方？怎么来协调贪钱的商人与贪权的官员之间的矛盾？市场自由竞争与国家贸易垄断如何协调？市场开放与公司特权是否可以并存？殖民垄断贸易与国家富强发展孰重孰轻？伸张正义的核心是保护弱者不被强者欺压，还是保护富人财产不被公众暴力抢夺？对这些重大的两难困境，斯密没有给出一个一致而又明确的答案，他只是揭示了三者的对立现象而已。

第三个悖论是道德应该以市场发展为前提，还是以交易公正为核心？也就是说，如果大家都是饥寒交迫，如何讲道德？自古以来都是仓廪实之后，才知礼节、才懂廉耻。还有，商人的贪婪和不道德到底是发财致富的原动力，还是败坏社会道德的重要根源？黑格尔不是强调恶往往是历史发展的动力吗？但必须指出，关于如何评价商人在市场运行中的作用问题上，斯密一直难以自洽。如果斯密能够在《道德情操论》和《国富论》中对商人和道德的关系，进行互相比较和交叉引用，就有助于后人理解他的矛盾立场和不同视角，但他就是有意无意地避免讨论这一尖锐的对立问题。

第四个悖论是如果市场运行的前提是遵守法律，好公民的标准是服从政府的话，那碰到恶法、坏君主和坏政府怎么办？其实，斯密生前已经看到了美国革命（1775）和法国革命（1789）的领袖们，应该都不是"好公民"，因为他们用"非法"的暴力来对抗当时殖民或专制的政府和法律。还有，斯密时代的商人从事"合法"但万恶的奴隶贸易和殖民贸易，难道应该鼓励？也就是说，历史上，许多"非法"的革命，如美国革命，却是正义的，而"合法"的美国奴隶法典（slave code）却是邪恶的。类似尖锐而又简单的问题，斯密课堂上的学生没有提出，斯密著作中也没有讨论，给后人留下了许多困惑不解的难题。这一点，如果这是在苏格拉底的课堂上，添乱和添堵的学生一定问他个二十回合。由此也可见，在批判性思维的层次上，苏格拉底高于亚当·斯密。

问二：斯密悖论的时代原因？

洪朝辉：斯密市场理论所表现的矛盾和模糊，与他所处的转型时代有关，存在决定意识。当斯密在1776年出版第1版《国富论》时，苏格兰正经历有史以来国民经济增长时间最长、增长最快的发展时期，苏格兰的商人和实业家们正在为社会创造巨大的财富。所以，斯密的思想不仅是解释，更是在维护和捍卫市场和商业发展，因为在当时，发展就是压倒一切的硬道理。

但在18世纪70年代后，瓦特发明了蒸汽机，英国开始了工业革命，斯密见证了市场的动荡与失灵、商人的贪婪与自私，也目睹了工业革命初期贫富的两极分化和民众的贫困与不满。同时，斯密所处的时代正是商业社会向工业社会转型的动荡时代，也是重商主义由盛转衰、自由市场由弱转强的时代。但有意思的是，斯密在两本主要著作中只字未提"瓦特蒸汽机""英国工业革命"和"资本主义"这三个关键词，尤其是"资本主义"一词。

所以，一个学者身处急剧转型的历史时期和新旧思想严重碰撞的时候，难免会出现犹豫和困顿，就像今天百年不遇的新冠疫情一样，尤其是对这个极其爱惜自己学术羽毛、慎之又慎的亚当·斯密而言，更是如此。其实，著名历史人物思想的变迁十分常见，他们从青年到晚年的思想倾向都会发生变化。只不过，斯密思想变化的轨迹是从支持商人，到同情穷人、赞美官员；从歌唱资本，到拥抱劳动；从侧重经济发展、财富增长，到关注道德情操、公平正义；总之是从自由走向保守。有人认为，这也许与年龄变大有关，类似美国的年轻人多数投民主党，而年长的则多数投比较保守的共和党一样。

问三：今天道德的滑坡应该归罪于亚当·斯密提倡的市场吗？

洪朝辉：其实，我努力还原亚当·斯密关于"市场"的真正含义，就是想告诉大家，如果我们全面理解斯密的市场理论，是可以减少市场的负面效应的。斯密至少有三点思想值得今天的社会借鉴。

第一，他的对等适度的思想，博大精深。它的核心意思是不要过于强调商人的自由，而要多注重培养商人的责任，而且，钱越多，权越大，权越大，责任就越重。你可以适度自利，但不可以过度自私，因为自私一定是通过损人来利己。商人和官员一样，要见好就收，见坏才上。

第二，"客观的旁观者"的思想。人在做，神在看，这个旁观者可以是一个具有灵性的上帝和神。西方富裕的基督徒大都有一个共识：大家都是上帝的子民，为什么人家这么贫困，而我这么富有？不是因为我有三头六臂，而是因为我有神的恩赐，神帮我取之于社会，所以我必须回馈于社会。不然，神一定会惩罚我；如果神不在我生前惩罚，就是身后也会要我下地狱；如果不惩罚我本人，还有可能惩罚我的亲朋好友。

第三，斯密是提出全人教育理念的先驱。全人教育有一个重要的核心就是道德教育。我新近发表的一篇英文论文[1]，论述了亚当·斯密的道德情操理论与全人教育的关系。斯密提出道德情操教育需要建立一个中心、六个基本点。一个中心就是适度，类似于中庸。同时，六个道德情操的基本点包括同情、正义、审慎、仁慈、良心、自制。这些都非常适合我们今天的道德教育和全人教育。比如，斯密所说的同情，强调的是换位思考，官员要多想

---

[1] Zhaohui Hong,"The Theory of Moral Sentiments and Whole Person Education," Benedict Chan and Victor Chan, eds., *Whole Person Education in East Asian Universities*, New York: Routledge, 2022, pp. 127–142.

想商人和穷人的难处，商人也要想想官员和穷人的难处。同样，穷人也要想想如果把商人杀光，自己就没有就业机会；如果把政府推翻，如果取消警察和军队，穷人自己也许成了别人和别国侵略者的暴力牺牲品，人人自危。另外，斯密特别强调要适度同情，因为过度滥用同情，是对被同情人的二度伤害。

还有，讲到仁慈的时候，也很精彩。斯密说仁慈的关键是要有感恩之心，要求将感恩当作一种内心的道德律令。商人的感恩之心，就是体现在如何回馈社会上，但他又说，帮助和捐助他人的时候，不能期待回报、期待被感恩。同时，斯密所说的自制，对抑制商人和市场的缺德尤其有效。他提出，控制自己需要有两种动机，一是害怕不进行自我控制，会导致牢狱之灾，这是一种治标意义的自制，是表面的、暂时的和不彻底的；二是从道德情操的高度来自制，就是治本之道，因为你将从自己的德性和心性上控制自己的私欲、私心和私利，那就能保持稳定、长久的自制和理性。

问四：斯密秩序观的核心是什么？

洪朝辉：前面提过，斯密主张在六大方面实行平衡，包括平衡供需、平衡劳工、平衡金融、平衡贸易、平衡政教和平衡自由与平衡安全，但所有这些平衡的根本目的是秩序。斯密最怕市场因为过于自由而失序、政府因为过多干预而失效、人性因为过于贪婪而失去自制。所以，我细读斯密原著的一大体会是，斯密讲道德、讲市场、讲政府，其中还有一个核心，那就是讲秩序。

斯密的市场理论不是建立在市场无序或无效的基点上，而是作为维护人类秩序的手段而存在，理解了这一点，就理解了他的保守一面。《道德情操论》其实就是想回答几个重大问题：当民众放弃上帝和宗教以后，我们的社会靠什么来维持秩序？我们的社会在没有上帝的情况下，如何可能会变得更好、更有秩序？有人说，只要我们建立一个法治社会，就可以取代上帝，就可以保证社会的长治久安。但是，大家知道，法律只能管制看得见的犯罪，而且也只能是有限管制，世上存在太多的执法不当、有法不依的现象。于是，我们就需要道德来管住我们看不见的私心杂念、贪婪欲望。类似地，康德也认为，他不信上帝，但不反对上帝，因为上帝是管住我们道德律令的最后一道堤坝。

所以，我一直以为，秩序论才是斯密伦理学和市场学的重要核心，人的美德和人的财富都是手段，真正的目的是秩序。正因为这样，斯密才会主张政府要保护富人的财富不被穷人暴力盗窃，因为如果穷人可以任意抢夺他人财产的话，那么有产人士的美德和财富，就毫无意义，也就是说，没有了秩序，一切免谈，人人自危。对于这样保守的观点，我们可以不同意，但不可以视而不见，因为这既是斯密白纸黑字所写的，更是理解斯密市场理论的一把重要钥匙。

尤其是在今天充满动荡、不确定、难预期的世界里，细读斯密著作的一大现实意义就是重建秩序，包括重建道德秩序、心灵秩序、市场秩序、政府治理秩序，以及重建七大社会经济组织的秩序，包括社区、学校、企业、军队、家庭、国际和宗教组织的秩序。

问五： 在政府与市场的两极选择中，我们能够借助什么样的第三元选择？

洪朝辉： 这是我的《左右之间 两极之上：适度经济学思想导论》一书的主题之一，一分为三、执二用中是王道。现在已有很多学者提出了第三条道路，来平衡政府与市场、权力与资本、官员与商人之间的张力。其中有六种新选择：一是道德调节，是厉以宁先生在他的《文化经济学》上提出的；二是企业调节，科斯认为，企业不是市场，也不是政府，而是一个看得见的组织，企业比市场可控，企业比政府可信；三是社区调节，有学者提出，一旦市场和政府都失灵，社区的力量会加强，尤其是在战争时期、大灾大难时期和移民社区之中；四是家庭调节，其功能类似企业，尤其是家族企业，这个家庭功能是复合与综合的，结合了道德、亲情、习俗、功利、企业和社区；五是国际调节，有时候，作为外力的国际调节不可缺少，尤其是面临新冠蔓延全球的情况下，国际之间的合作与调节，必不可少；六是科技调节，元宇宙、人工智能都是新的调节工具，尤其是比特币和元宇宙，可以超然于政府的管控，天马行空，我行我素。所以，新时期呼唤新调节。

上述调节既不出于市场，也不出于政府，更可以独立或超然于政府与市场，甚至在特定的时空条件下，可以取代政府与市场。所以，只有将多元的调节，进行适度使用、综合复合、多维结合，才能使我们的政策工具箱里多几种工具，才能应付21世纪这个无常的世纪。再强调一下，适度、正义和理想都类似一个圆，大家都想画，但永远不可能徒手画出一个绝对的圆，然而我们不能放弃，迟到的适度比没有适度好，迟到的正义比没有正义好，不完美的正义也比没有正义要好。

问六：斯密的集体主义思想从何而来？

洪朝辉：斯密的集体主义思想来源于他的道德情操论，而任何学者一旦对道德进行高度赞美，就很难不强调对他人利益的尊重与保护，就很容易推崇集体主义的几大理念，包括同情、正义、良心、仁慈。如果你是一个绝对自私自利的人，是不需要什么同情的，同情一定是针对他人。而且，自私的人也不需要讲良心和仁慈。而这些同情等理念正好是斯密的道德观和秩序观的几大支柱，缺一不可。

问七：政府适度调节的计量标准是什么？

洪朝辉：我的新书《左右之间　两极之上：适度经济学思想导论》第八章提到几个适度的计量指标。例如，萨缪尔森认为，失业率在5%以上，政府就需要介入市场，但一旦失业率低于3%，政府就要退出干预，也就是说5%的失业率就是充分就业的标准。类似通胀率在2%—3%属于正常，今天的美国已达到7.5%，所以联邦储备局一定会出手加息。同样，基尼系数应该控制在0.3—0.4之间。许多主要的市场经济国家大多将银行利率、财政赤字、GDP增长率定在2%—5%之间，超过或不及这个区间，政府就需要适度干预。

问八：后世的学者从斯密的悖论中得到什么创新？

洪朝辉：太多了。首先，我的适度经济学就是受到斯密的供需平衡理论的启发，更受到他的对等适度思想的激励。另外，熊彼特的"创造性毁灭"（creative destruction）概念，也是发展了斯密的经济学理论。熊彼特认为，企业家的创新导致"创造性毁灭"的风潮，因为他们的经济创新迫使企业吐故纳新，促使旧的库存、观念、技术和设备被淘汰，在创新中毁灭，但毁灭是一种抑扬顿挫的顿挫，不是一毁不可复活，而是在毁灭中新生。但是，熊彼特发展了斯密的适度思想，提出适度创新、适度毁灭，因为毁灭不能过度，只有适度毁灭才是制度更新的动力，而且，创造与毁灭是一种良性循环的过程，形成创造、毁灭、再创造、再毁灭的持续演进过程，这样才能不断推动社会走向有韧性、活力而又可持续的发展。这一理论帮助现代经济学家，将动态市场机制与研发经济学相结合，提供了一种技术内生化的视角，成为宏观经济学中内生增长理论的一个核心要素。

问九： 你为什么这么强调文献研究，而不是实证研究？

洪朝辉： 第一，实证研究推崇假设，而假设有时候不靠谱，因为这种在具体研究尚未开始前的假设，存在两大风险。一是如果假设的大前提错了，将导致全盘皆错，满盘皆输，而且事实证明，那些没有经过案例研究和证明的假设，出错概率很高。同时，建立在样本不足，或者样本质量不高基础上的假设，学术意义也将受到限制，因为根据大数定律，样本越多，离差越小，而离差越小，精确率越高。二是如果重大前提、假设是"正确的废话"，那么下面的所有证明都可能是无聊的，类似"人不喝水是要死的"假设与证明，就是所谓"精致的平庸"，花了几百万元纳税人的钱，就是为了证明连地球人都知道的常识。在这里，我要特别强调，斯密的研究方法也并不推崇人为假设，因为他既没有提出理性"经济人"假设，更没有提出"有效市场假说"。

第二，实证研究最推崇的方法之一是访谈，但访谈有可能不靠谱，因为同一个访谈对象的观点常常像月亮，初一十五不一样。而且，人很健忘，今天问他你喜欢A总统吗？回答是；明天再去确认，回答不知道，或者我没有说过我喜欢A总统。民意像流水就是这个道理。

第三，实证研究的问卷调查不是很靠谱。首先问卷设计可以非常具有误导性和暗示性，比如，上两次美国总统大选前的民调完全失真，其中一大原因是民调机构是用座机打电话进行民调，因为美国民众的手机号码保密。试想，今天谁在家里等你打座机？年轻的职业人一定不多，所以，得出的民调结果怎么可能全面和精确？更重要的是，你的问卷调查，别人很难证实与证伪，除非我把你的所有原始问卷都拿来，一份一份比对。现实中，一些杂志的主编和匿名评审人一般都没有或无法要求作者提供所有访谈资料和问卷。这样，就有可能为学术不端、学术欺诈提供条件。

第四，作为对比，文献研究能够弥补实证研究的不足。比如，所有学者和读者可以轻而易举地共同查证写在书上的白纸黑字，如斯密到底是否说过"完备理性"，有就是有，没有就是没有，不像面谈，可以随时变卦。如果在座各位，能够找出斯密说过政府就是一个守夜人的文献证据，我立即认错，根本不再需要硬拗、抵赖。同样，我今天说，斯密绝对没有说过"市场经济"一词，你就去查，如果确实没有，你就要认，而不是继续纠缠说：市场和市场经济是一回事。

同时，如果斯密的文献确实提过"一只看不见的手"，但我们理解的意思不同，这就更有意义了，大家就一个字一个字地抠，并结合上下文，引进逻辑学、修辞学、诠释学的各种理论和原理，一起来辩论"一只看不见的手"是否等于市场。这种讨论应该比一些问卷调查有意义。类似上海的50%人认为中国经济会下行，而广州的50%民众认为中国经济会上行，这有什么意义？

在研究方法上，许多经济学家和社会科学家推崇演绎法，所以，必须使用假设。作为对比，我们人文学者和历史学者比较喜欢使用归纳法，是自下而上，研究者预先没有理论假设，而是从众多原始资料和数据中，归纳出结论和理论。还有，我们历史学者更喜欢溯因法，就是从现在的现象，往前追溯这种现象发生的原因，从后往前。

当然，最好的方法是适度组合，王国维、陈寅恪都提出双重证据法，既要有文献，也要有出土文物，我们今天也需要实证。如果在学术研究上，我们能够推动三重证据法，就功德无量了。

光启随笔书目

（按出版时间排序）